Chökyi Dragpa
Die Einheit von Weisheit und Mitgefühl

Chökyi Dragpa

Die Einheit
von Weisheit und Mitgefühl

Erläuterungen zu den
Siebenunddreißig Übungen eines Bodhisattvas

Mit einer Einleitung von Chökyi Nyima Rinpoche

Aus dem Tibetischen ins Englische von Heidi I. Köppl
Ins Deutsche übertragen von Barbara Homann

Arbor Verlag
Freiamt im Schwarzwald

© 2004 by Heidi I. Köppl

© 2006 der deutschen Ausgabe: Arbor Verlag, Freiamt,
by arrangement with Wisdom Publications,
199 Elm Street, Somerville MA 02144, USA
Die Originalausgabe erschien unter dem Titel:
Uniting Wisdom and Compassion.
Illuminating the Thirty-Seven Practices of a Bodhisattva

Alle Rechte vorbehalten

1   2   3   4   5   Auflage
06 07 08 09 10   Erscheinungsjahr

Titelfoto: © 2006
Korrektorat & Lektorat: Hannelore Wenderoth
Gestaltung: Rosalie Schnell
Druck und Bindung: Westermann, Zwickau

Dieses Buch wurde auf 100 % Altpapier gedruckt und ist alterungsbeständig.
Weitere Informationen über unser Umweltengagement
finden Sie unter www.arbor-verlag.de/umwelt.

www.arbor-verlag.de

ISBN 3-936855-43-9

Inhalt

EIN VORTREFFLICHES GEFÄSS VOLL NEKTAR

TEIL 1

DIE VORBEREITENDEN ÜBUNGEN

TEIL 2

DER HAUPTTEIL

TEIL 3

DER ABSCHLUSS:
ZUSAMMENFASSUNG UND BEDEUTUNG

Vorwort zur englischsprachigen Ausgabe

Historische Vormerkungen

Der klassische Text, dessen Kommentar die Basis für diese Übersetzung darstellt, wurde von Gyalse Togme (1295–1369)[1] verfasst. Dieser Text, der im Westen als die *Siebenunddreißig Übungen eines Bodhisattvas (Rgyal ba'i sras kyi lag len sum chu so bdun ma)* bekannt ist, stellt liebevolle Zuneigung und Mitgefühl, die zentralen Gedanken des Mahayanapfades, auf wunderbare Weise dar. Obwohl der Wurzeltext schon vor einigen Jahrhunderten verfasst wurde, ist er dennoch durch die sachlichen Unterweisungen und seinen geradlinigen Ansatz von großer Relevanz für den Leser von heute. Ohne zu sehr ins Detail zu gehen, birgt er die Quintessenz des Mahayanapfades in großer literarischer Schönheit, sodass spirituell Praktizierende ihn Jahrhunderte hindurch wie einen Schatz hüteten.

In diesem Buch wird er mit dem außergewöhnlichen Kommentar von Tubten Chökyi Dragpa (gestorben 1908) präsentiert.[2] Die besonderen Merkmale dieses Kommentars sind nicht nur die vielen Sutren und indischen Abhandlungen, die herangezogen wurden, um den Sinn von Gyalse Togmes Wurzelversen hervorzuheben, sondern die Fülle treffender und zum Teil einzigartiger Ratschläge berühmter Meister der Kadampatradition. Diese Meister waren berühmt für ihre Kernunterweisungen in einfacher, direkter und manchmal sogar derber Sprache.

Der Autor des Textes, Gyalse Togme, lebte zu einer Zeit, als das Sektierertum, das die spätere Entwicklung des Buddhismus in Tibet charakterisiert, seine Grenzen noch nicht gänzlich gezogen hatte; eine offene Geisteshaltung in der Umgebung der Gelehrten ermunterte sie, andere berühmte klösterliche Zentren zu besuchen und dort unabhängig von deren philosophischer Ausrichtung ihren Studien in buddhistischer Philosophie nachzukommen. Die Periode vom 15. bis zum 17. Jahrhundert war von sektiererischen Rivalitäten besonders betroffen, und erst im 19. Jahrhundert gewann eine Bewegung die Oberhand, die in nichtsektiererischer Weise die Vielfalt der Traditionen wertschätzte. Berühmte Eklektiker wie Jamyang Khyentse Wangpo (1820–1892) und Jamgon Kongtrul Lodrö Taye (1813–1899) waren die Begründer der bekannten nichtsektiererischen Rime-Bewegung[3], und in eben dieser Umgebung relativ offener und freier Geisteshaltung finden wir den Verfasser dieses Kommentars vor.

Tubten Chökyi Dragpa, auch bekannt als Minyag Kunzang Sönam, ursprünglich ein Anhänger der Gelugpas, studierte bei dem legendären Yogigelehrten und bedeutenden Vertreter der Rime-Bewegung, Dza Patrul Rinpoche (1820–1892). Nachdem er Patrul Rinpoche mehr als zwanzig Jahre lang in vollkommener Hingabe gedient hatte, wurde er bekannt als Patrul Rinpoches hervorragendster Schüler aus der Gelugpatradition.[4]

Als im 19. und 20. Jahrhundert die Grenzen des Sektierertums klar abgesteckt waren, regten die Meister der Rime–Bewegung an, die eingefahrenen Grenzen zu durchbrechen und schlugen vor, die von allen hochgeschätzten Texte zu studieren, die aus der Zeit vor den strikten Abgrenzungen zwischen den einzelnen Richtungen des tibetischen Buddhismus stammten. Mit dieser Einstellung schrieb auch Chökyi Dragpa seinen Kommentar über Gyalse Togmes *Siebenunddreißig Übungen*. Während sein eigener Kommentar zu jedem Wurzelvers eher kurz gehalten ist, stehen die zahlreichen Zitate aus klassischen Schriften und Unterweisungen der frühen Kadampameister im Mittelpunkt seiner Darstellung.

Die Kadampas waren eine reformierte Linie, die von den tibetischen Anhängern des großen indischen Meisters Atisha

(982–1054) gegründet wurde.[5] Ihr Bestreben war es, die Grundlagen des Buddhismus auf eine Art und Weise zu lehren, die sie gleichermaßen zugänglich machte für die in den Klöstern lebenden ordinierten Praktizierenden und die im geschäftigen weltlichen Leben stehende Laiengemeinde.[6] Die dazu entwickelten Methoden wurden von Atishas tibetischen Schülern[7] kodifiziert und bilden das eigenständige literarische Genre der *Geistesschulung* (*blo sbyong*).[8]

Die *Siebenunddreißig Übungen* selbst werden als Teil der Literaturgattung des *Lamrim* angesehen, der den Stufenweg darstellt, den ein spirituell Praktizierender auf seinem Weg zur Erleuchtung zu durchschreiten hat. In Lamrimtexten findet man Erklärungen zu den drei Arten von Wesen: mit geringer, mittlerer, oder höchster Kapazität. Der Praktizierende beginnt sich auf dem Pfad der Wesen geringer Kapazität zu üben und wird allmählich zu einem Wesen höchster Kapazität, das zum Wohle aller fühlenden Wesen danach strebt Buddhaschaft zu erlangen. Obwohl Lamrimtexte gewöhnlich mit Erklärungen des esoterischen Pfades enden, wird in den *Siebenunddreißig Übungen* nur der Pfad des Bodhisattvas gemäß der allgemeinen Mahayanalehren dargelegt; der Ursprung dieser speziell tibetischen Literaturgattung ist Atishas berühmte *Bodhipathapradipa*.

Obwohl dieser Text klar als Lamrim Text angesehen werden kann, finden wir dennoch in den Versen immer wieder ausgeprägte Elemente der Tradition der Geistesschulung. Aus diesem Grund und weil die meisten der zahlreichen Zitate und Ratschläge der Kadampas aus Texten der Geistesschulung stammen, möchte ich hier kurz auf den Ursprung und die Linie dieser Tradition eingehen.

Die Linie der Geistesschulung wurde in Tibet von Atisha auf seinen Schüler Dromtonpa (1005–1064) übertragen, der als Hauptbegründer der Kadampaschule angesehen wird. Dromtonpas drei berühmteste Schüler, die durch ihre nahe spirituelle Verwandtschaft als die „Drei Brüder" bekannt wurden, sind Puchungwa (1031–1106), Potowa (1027–1105) und Chenngawa (1054–1123). Diese drei waren die treibenden Kräfte der

11

Verbreitung der Kadampalehren. Ein weiterer Kadampameister des 11. Jahrhunderts war „der kleine Meditierende von Kharag", Kharagpa, ein Schüler Potowas. Er war berühmt für seine Ausdauer und die strikte Anwendung der Lehren; man sagt, dass er Belehrungen der Großen Vollendung (Dzogchen) erhielt und später eine Form der Erleuchtung erlangte, die Regenbogenkörper[9] genannt wird.

Gonpawa (11. Jahrhundert) war ein weiterer Schüler Atishas, der die Linie des Kadampa- Lamrim propagierte. Langri Tangpa (1054–1123), der oft zitiert wird, war seinerseits ein Schüler Potowas und ist der Autor der *Geistesschulung in acht Versen*, dem ersten Text, der tatsächlich den Titel „Geistesschulung" trug.

Langri Tangpas Schüler Sharawa (1070–1141)[10], ein weiterer Schüler Potowas, wurde der Lehrer von Chekawa (1101–1175). Chekawa war nach der Lektüre von Langri Tangpas *Geistesschulung in acht Versen* inspiriert, sich dem Studium der Geistesschulung zu widmen, und verfasste in weiterer Folge die berühmte *Geistesschulung in sieben Punkten* und damit einen Text, der berühmte Meister aller tibetischen Schulen (einschließlich Gyalse Togme selbst, den Autor der *Siebenunddreißig Übungen*) veranlasste, Kommentare dazu zu schreiben. Unter den späteren, berühmten Kommentatoren der *Geistesschulung in sieben Punkten* finden wir die großen Begründer der Gelugpaschule, wie Tsongkhapa (1357–1419) und Gendun Drub (1357–1419) sowie die Meister der Rime-Bewegung Jamgon Kongtrul Lodrö Taye und Jamyang Khyentse Wangpo. Die Geistesschulung wurde also von allen Schulen des tibetischen Buddhisms als äußerst wichtige, essentielle Praxis angesehen.

Nun ist es an der Zeit, mit einigen Worten auf Gyalse Togme, den Verfasser der *Siebenunddreißig Übungen* einzugehen. Die wörtliche Bedeutung von „Gyalse" ist „Sohn der Siegreichen", ein Synonym für einen Bodhisattva und damit ein Hinweis, dass er liebevolle Zuneigung und Mitgefühl auf höchste Weise verwirklicht hatte. „Togme" („ungehindert") ist die tibetische Version von „Asanga" (Sanskrit), der Name eines berühmten indischen Mahayanameisters des 4. Jahrhunderts. Es wird berichtet, dass Gyalse Togme den Namen „Togme" in relativ jungen Jahren erhielt, während er Asangas *Abhidharma-Kompendium* studierte.[11] Sein Lehrer fragte die Klasse nach der Bedeutung des Begriffs „Leid ohne Störung"[12], aber außer Gyalse Togme konnte niemand diese Frage beantworten. Er sagte, dass sich dieser Begriff auf eine Art des Leids beziehe, das auch ein Arhat noch als Resultat früherer Handlungen erfahren kann, obwohl ein Arhat bereits frei von störenden Emotionen ist. Von dieser klaren und präzisen Antwort sehr beeindruckt, nannte sein Lehrer ihn von da an „Togme" (Asanga).

Gyalse Togme wurde ein belesener Gelehrter, dennoch war es seine enorme liebevolle Zuneigung und die Verkörperung des Erleuchtungsgeistes (Bodhichitta), die ihn als wahrhaften Bodhisattva berühmt werden ließen. Wie in seiner Lebensgeschichte berichtet wird, machte es Gyalse Togme einmal zu seiner Praxis, einem Bettler Essen zu bringen, der stark von Flöhen befallen war. Eines Tages war der Bettler nicht dort, wo ihn Gyalse Togme normalerweise antraf. Der Meister war beunruhigt und suchte überall nach ihm. Schließlich fand er ihn in einem Straßengraben, wo er sich vor dem Spott der Menge versteckte. Da er intensives Mitgefühl mit ihm verspürte, lud Gyalse Togme den Bettler in sein Zimmer ein, wo er ihm zu essen und zu trinken gab und ihn mit sauberer Kleidung versorgte, nachdem er ihn von seinem mit Flöhen verseuchten Gewand befreit hatte. Als der Bettler gegangen war, blieb Gyalse Togme mit der Kleidung des Bettlers zurück und ebenso einer Menge Flöhe. Da er befürchtete, dass die Flöhe sterben würden, wenn er die Kleider wegwirft, beschloss er sie zu tragen, um die Flöhe mit seinem eigenen Blut zu nähren. Dadurch wurde er schließlich krank. Ein Freund, der ihn besuchte, entdeckte die Ursache seiner Erkrankung und bat den Meister, die flohverseuchten Kleider abzulegen, um zum Wohle aller, denen seine Gegenwart von Nutzen ist, sein kostbares Leben nicht zu gefährden. Gyalse Togme war jedoch nicht dazu bereit: in der Vergangenheit habe er unzählige Male sein Leben sinnlos verloren, doch jetzt habe er die Gelegenheit, seinen Körper zu einem wertvollen Geschenk zu machen. Noch einige Tage nährten sich die Flöhe von seinem Blut, dann begannen sie auf wundersame Weise von selbst zu sterben ohne zuvor noch Eier abzulegen.

Die Geschichten aus seinem Leben berichten auch von einer Zeit, als seine bloße Gegenwart einen Fuchs dazu inspirierte mit dem Jagen aufzuhören. Man sagt, dass Gyalse Togme von derart sensibler Natur war, dass er oft weinte, wenn er Belehrungen gab. Aus diesem Grund wird er oft seinem Zeitgenossen Buton Rinchen Drub (1290–1364) gegenübergestellt, der dafür berühmt war seine Zuhörer zum Lachen zu bringen.

Aus moderner Sicht

Die Geistesschulung ist eine wirkungsvolle Methode für jeden, der sich ändern möchte, der danach strebt seine negativen Gewohnheitsmuster zum Besseren zu transformieren, um auf diese Weise sich selbst und anderen von Nutzen zu sein. Da sie sich aufrichtig und ausdauernd in der selbstlosen, altruistischen Haltung übten, konnten viele Kadampameister, einschließlich Gyalse Togme, den Gedanken nicht ertragen, nach ihrem Tod in einem reinen Bereich wiedergeboren zu werden. Stattdessen beteten sie darum in den Höllenbereichen wiedergeboren zu werden, um für die dort leidenden Wesen sorgen zu können.

Einige Passagen des Textes benötigen vielleicht zusätzliches Hintergrundwissen, damit sie für den modernen Leser verständlich sind. So könnten sich einige beim Lesen besonders an jenen Textstellen stoßen, in denen Frauen als „Wurzel negativer Emotionen" bezeichnet werden, oder in denen Praktizierende dazu ermutigt werden, „ihre Heimat aufzugeben und sich von geliebten Personen zu distanzieren". Man könnte sich fragen, wieso ein Text, der die Entwicklung von Mitgefühl und die höchste Sicht der Realität lehrt, derartige Aussagen vertreten kann.

Die Transformation des Geistes oder auch nur die bloße Veränderung der Einstellung ist nicht etwas, das von einem Tag auf den nächsten geschieht. Es ist ein schrittweiser Prozess, der seine Zeit braucht. Anfänger und manchmal sogar langjährige Praktizierende werden durch ihr gewohnheitsmäßiges Zurückgreifen auf Sinnesvergnügungen leicht von diesem Prozess abgelenkt. Aus diesem Grund werden Mönche und Praktizierende, die sich zur Meditation völlig zurückgezogen haben, traditionsgemäß die Leser buddhistischer Texte, dazu ermahnt weibliche Gesellschaft aufzugeben. Nonnen werden in ähnlicher Weise darin unterwiesen männliche Gesellschaft aufzugeben. Es ist nicht so, dass Zölibat an sich als etwas Heiliges angesehen wird, aber als geschickte Methode kann es dazu beitragen die Geistesschulung zu stabilisieren, den Geist zu entlasten und formbarer zu machen.

Aus ähnlichen Gründen werden wir zu Beginn aufgefordert, dem Platz, den wir als unsere Heimat ansehen, fernzubleiben, da unsere Emotionen der Anhaftung und der Abneigung dort stark zum Tragen kommen. Wenn wir unsere negativen Emotionen wie Eifersucht, Ärger oder Selbstmitleid ständig nähren, wird sich unsere Praxis kaum entwickeln können. Aus diesem Grund mahnt uns der Text, zuerst an einem einsamen Ort ein gewisses Maß an emotionaler Stabilität zu entwickeln, bevor wir uns in Situationen begeben, die unsere negativen Emotionen wahrscheinlich wieder aufflammen lassen. Obwohl diese Ermahnungen, dem anderen Geschlecht oder seinem Geburtsland fernzubleiben, wenig mitfühlend oder sogar engstirnig erscheinen mögen, sollten sie jedoch in diesem Zusammenhang als einleitende oder vorbereitende Unterweisung an einen Yogi verstanden werden, der das höchste Ziel anstrebt: die Entwicklung unparteiischer, liebevoller Zuneigung und Mitgefühl für alle fühlenden Wesen.

Eine interessante Geschichte berichtet, auf welche Weise viele der alten Kadampaklöster schließlich zu Nonnenklöstern wurden und zeigt damit einige wichtige Punkte der Geistesschulung auf, an die man sich bei der Lektüre der *Siebenunddreißig Übungen* und dem dazugehörigen Kommentar erinnern sollte.[13] Einst kam eine Dakini, eine weibliche Emanation des Erleuchtungsgeistes, in ein Kadampakloster. Die Mönche vertrieben sie unverzüglich aus dem Klosterbereich, da sie Disziplin als das Wichtigste für ihre Praxis ansahen. Nach diesem Empfang machte die Dakini eine Prophezeiung: die Praxis, Frauen zu meiden, werde ironischerweise gerade dazu führen, dass solche Klöster in Zukunft von Nonnen bewohnt sein würden. So kann diese Geschichte als Warnung verstanden werden vor einseitiger Betonung formaler Disziplin, die auf Kosten des Kernpunktes der Mahayanalehren geht: dem Erleuchtungsgeist. Die meisten Kadampameister hatten die Gelübde des Zölibats abgelegt und schätzten die klösterliche Disziplin sehr hoch, denn die Kadampaschule war ja eine reformierte Tradition, die unter anderem das Wiederherstellen des Vinaya zum Ziel hatte. Die Geschichte erzählt uns auch, wie wichtig es ist, dass sich unsere Praxis langsam entwickeln kann, genauso wie es in diesem Buch dargelegt wird.

Chökyi Dragpas einleitende Kapitel betonen, wie wichtig es ist, weibliche Gesellschaft zu meiden und ebenso Orte, die wahrscheinlich Gefühle der Anhaftung und der Aversion hervorrufen. Aus der nachfolgenden Diskussion geht klar hervor, dass die Praxis aber damit nicht endet. Die Kapitel am Ende des Buches fordern uns dazu auf, alle Phänomene als Illusion zu sehen und ihre Leerheitsnatur zu verstehen. Sie erläutern auch, wie man schmerzliche Erfahrungen, das Zusammentreffen mit unangenehmen Objekten, ebenso wie erfreuliche Erfahrungen, das Zusammentreffen mit angenehmen Objekten, durch die Kraft des Mitgefühls und der Einsicht als Pfad nutzen kann. So sollte ein Bodhisattva durch die Kraft der Einheit von Mitgefühl und Einsicht dazu im Stande sein, auf geschickte Weise mitten in einer herausfordernden Situation zu verweilen, um seine Praxis voranschreiten zu lassen. Die *Siebenunddreißig Übungen* führen uns auf geschickte Weise Stufe für Stufe in Richtung Erleuchtung: sie zeigen uns, wie wir als Anfänger Objekte oder Orte meiden sollten, die unsere Übung stören könnten. Später, wenn unsere Praxis vorangeschritten ist, werden wir als Bodhisattvas dazu ermutigt, uns bewusst mit solchen Objekten oder Orten zu konfrontieren, um uns in Eigenschaften wie Geduld, unparteiischer liebevoller Zuneigung und dem Erkennen der illusionsgleichen Natur aller Phänomene zu schulen.

Textaufbau

Chökyi Dragpas Kommentar zu den *Siebenunddreißig Übungen* ist ein Beispiel für die Vielfalt und den Reichtum der buddhistischen Lehren. Wie aus dem Untertitel *Einheit der schriftlichen Überlieferung und der mündlichen Unterweisung* hervorgeht, kommt hier die Kombination zweier unterschiedlicher Charakteristika der buddhistischen Tradition zur Anwendung: Zitate aus klassischen Texten sowie mündliche Kernunterweisungen. Die klassischen Texte setzen sich aus den zwei folgenden Kategorien zusammen: den Worten des Buddha, wie sie in den kanonischen Texten *(bka' 'gyur)* festgehalten sind, und den Erklärungen dazu, wie man sie in den klassischen indischen Abhandlungen (*bstan 'gyur*) findet. Die zweite Art von Schriften muss als authentische buddhistische Abhandlung zwei Qualitäten aufweisen: die Fähigkeit, die Krankheit der störenden Emotionen zu heilen und die Wesen vor dem unendlich tiefen Abgrund der niederen Bereiche zu schützen. Auch der Autor einer buddhistischen Abhandlung muss über etliche Qualifikationen verfügen. Der am höchsten qualifizierte Autor ist derjenige, der über eine direkte Einsicht in die inhärente Natur aller Dinge verfügt. Aber auch Personen ohne diese grundlegende Verwirklichung können spirituelle Abhandlungen verfassen, wenn sie eine Vision ihrer Meditationsgottheit erfahren haben und sowohl von dieser Gottheit als auch von ihrem Lehrer um die Abfassung einer Abhandlung gebeten wurden. Umfassende Kenntnis aller buddhistischen Lehren ist jedoch die Minimalanforderung an jeden Autor einer Dharmaabhandlung. Chökyi Dragpas Erläuterungen beziehen sich oft auf die klassischen Texte und zitieren daraus.

Mündliche Unterweisungen, die zweite Art der Lehren, auf die Chökyi Dragpa zurückgreift, stellen die Quintessenz der umfassenden und tiefgründigen Bedeutung dar, die in den oben erwähnten Schriften gelehrt wird. Derartige mündliche Unterweisungen erleichtern das direkte Verständnis und die Umsetzung in die Praxis. Sie werden von Meistern verschiedener Traditionen gegeben, die direkt auf ihre eigene praktische Erfahrung zurückgreifen, um die Essenz der Praxis zu erläutern. Wenn ein Praktizierender derartige Unterweisungen erhält und sie verinnerlicht, kann er ohne viel vorangegangenes Studium der Schriften in kurzer Zeit Einsicht erlangen. Die Sprache der mündlichen Unterweisungen ist oft sehr direkt und sachlich gehalten und man stellt fest, dass die Kadampameister Redensarten aus dem Volk, Geschichten und Analogien verwenden, um die zentrale Botschaft des Buddhismus zu erklären. Der Untertitel unseres Kommentars *Einheit der schriftlichen Überlieferung und der mündlichen Unterweisung* verdeutlicht den zentralen Punkt der Methode, die in der Kadampatradition zur Anwendung kommt. Als Ziel und als grundlegende Identität dieser Tradition wurde die Erkenntnis beschrieben, dass jede buddhistische Belehrung und Doktrin tatsächlich nichts anderes als eine mündliche Unterweisung ist.[14] So gelangt man durch die Vorgehensweise der Kadampatradition dazu, alle klassischen Schriften als nichts anderes als mündliche Kernunterweisungen zu sehen, die zur direkten Anwendung und Umsetzung gedacht sind.

Das ist es, was Chökyi Dragpa seinen Lesern zu vermitteln versucht. Er erklärt diese Vorgehensweise jedoch selbst in einem Kolophon gegen Ende seines Kommentars, sodass ich hier nur noch kurz auf den Aufbau seiner Erläuterungen und die verschiedenen Elemente des Inhalts eingehen möchte.

Chökyi Dragpa   Gyalse Togme

1. **Eigentlicher Kommentar:** Jedem <u>Wurzelvers</u> lässt der Verfasser des <u>Kommentars</u> eine Erklärung der Bedeutung dieses Verses folgen. Die Betonung liegt hier auf einer Wort-für-Wort-Erklärung der Aussagen des Wurzeltextes.
2. **Zitate aus klassischen Texten:** Als nächstes untermauert Chökyi Dragpa seine Erläuterung jedes Verses mit Zitaten aus den Worten des Buddha und mit Passagen aus den Abhand-

lungen der großen Meister. Dass die Zitate aus den Sutren zuerst kommen, zeigt auf, dass die Worte des Erleuchteten von vorrangiger Bedeutung sind. Eine ähnliche Vorgehensweise kann man in den Abhandlungen selbst feststellen: die von den indischen Meistern verfassten Kommentare stehen vor denen der tibetischen Autoren; dadurch erweist der Autor dem indischen Ursprung des Buddhismus seinen Respekt. In fast allen Kapiteln finden wir Zitate aus den Sutren; dann folgen Verse aus dem berühmten Werk Bodhicaryavatara (Eintritt in das Leben zur Erleuchtung) des indischen Meisters Shantideva. Diese wunderbare Darstellung der Sichtweise und des Verhaltens eines Bodhisattvas war eine der wichtigsten Inspirationen für die gesamte Literaturgattung der Geistesschulung und wird als einer der „sechs grundlegenden Texte der Kadampas" angesehen.[15]

3. **Anweisungen der Kadampameister:** Dieser Abschnitt beginnt mit Worten von Atisha. Man sagt, dass in punkto Gelehrtheit, reinem Verhalten und Betonung des Erleuchtungsgeistes niemand an Atisha heranreichen konnte. Seinen Unterweisungen folgen Zitate seiner spirituellen Erben, den großen Meistern der Kadampalinie.

4. **Zusätzliche Unterweisungen von Gyalse Togme:** Fast jedes Kapitel endet mit einem Zitat „des Bodhisattvas Gyalse Togme selbst", wodurch die Erläuterungen wieder zu ihrem Ausgangspunkt, dem Autor der *Siebenunddreißig Übungen*, zurückkehren.

Viele der Zitate aus den Schriften und mündlichen Unterweisungen der Kadampameister scheinen im tibetischen Text nur in abgekürzter Form auf; nur die erste Zeile wird zitiert in der Erwartung, dass der Leser den Rest des Verses oder des Abschnittes auswendig kennt. Zum Wohle aller Leser, die in der buddhistischen Literatur nicht ganz so bewandert sind wie der ursprüngliche Adressatenkreis dieses Textes, habe ich die fehlenden Zeilen der Übersetzung hinzugefügt.

Danksagung

Nur durch die Güte, die ständige Unterstützung und Unterweisung, besonders aber durch das lebende Beispiel meines vollkommenen Lehrers Chökyi Nyima Rinpoche war es mir möglich, diesen wunderbaren Text zu übersetzen.

Diese Übersetzung begann ich vor vielen Jahren, habe sie aber wegen der Schwierigkeiten, die ich mit einigen Zitaten der Kadampameister hatte, immer wieder zur Seite gelegt. In meinen Bemühungen diese Unterweisungen zu verstehen, die oft in einer nicht mehr gebräuchlichen Sprache und überdies zuweilen in einem örtlichen Dialekt verfasst waren, wurde ich zur Plage für viele Khenpos, bei denen ich wieder und wieder Hilfe zum Entschlüsseln dieser komplizierten Aussagen einholte. Es ist mir nicht möglich hier alle anzuführen, die so freundlich waren, mir bei dieser Aufgabe zu helfen, aber als erstem möchte ich Khenpo Appe Rinpoche danken, dessen Güte und umfassendes Wissen mich tief berührt haben. Weiter gilt mein Dank Dzogchen Khenpo Choga, Kyabje Khenpo Tashi Palden, Khenpo Pema Gyaltsen, Khenpo Sherab Sangpo, Lopon Yeshe Trinley, Lopon Sherab Oser and Tulku Sangngag Tenzin für ihre Erklärungen und ihren Beistand.

Meinem Mann Thomas Doctor, der die Übersetzung mit dem tibetischen Original verglich, sowie unseren beiden Familien möchte ich meine tiefste Dankbarkeit für ihre andauernde Unterstützung und ihren Rat zum Ausdruck bringen.

Weiter bin ich Kathy Morris sehr dankbar für ihre kenntnisreiche Hilfe und stehe bei meiner Lektorin Joanne Larson in großer Schuld dafür, dass die diesen Text so gründlich editierte und dabei stark verbesserte. Dem Übersetzer Erik Pema Kunsang möchte ich dafür danken, dass er mich mit Punkten für das Glossar versorgte. Dank schulde ich auch Dan Kaufer und Jonas Doctor für ihre Hilfe beim Korrekturlesen. Schließlich möchte ich Professor John Makransky meinen Dank für seine Unterstützung und seinen Beistand aussprechen, ebenso David Kittelstrom für seinen erfahrenen und scharfsichtigen Rat und dem Verlag dafür, dass er diesen Text der Öffentlichkeit zugänglich machte.

Etwaige Fehler oder Fehlübersetzungen haben sich ausschließlich aufgrund meiner Unzulänglichkeit eingeschlichen und ich bedaure sie zutiefst. Es ist mein aufrichtiger und sehnlicher Wunsch, dass dieses Buch mit all seinem Reichtum klassischer spiritueller Lehren und praktischer Kernunterweisungen mich und viele andere dazu inspirieren möge den Mut aufzubringen, unsere gewohnheitsmäßigen egoistischen Neigungen aufzugeben. Mögen wir uns der herausfordernden, aber wahrhaft lohnenden Aufgabe widmen, das unbebaute Feld unseres Geistes mit Hilfe all jener Techniken zu bestellen, die hier auf so wunderbare Weise dargestellt werden.

HEIDI I. KÖPPL

Einleitung

von Chökyi Nyima Rinpoche

Man sagt, dass der Buddha, unser Lehrer, alles Negative gereinigt und das Potential aller positiven Qualitäten perfektioniert hat. Was bedeutet das? Zuerst zeigt uns diese Aussage, dass der Buddha nicht eine Art „Supermann" oder Außerirdischer ist, der mit überirdischen Fähigkeiten versehen auf die Erde kam. Wir alle besitzen dasselbe Potential, das auch der Buddha besaß, bevor er Erleuchtung erlangte. Aber diese positiven Qualitäten können sich nur zeigen, wenn alles Negative, das sie verdeckt, gereinigt ist. Der Dharma, die Lehren des Buddha, gründet auf seinen persönlichen Erfahrungen und beschäftigt sich mit nichts anderem, als die jedem innewohnenden positiven Eigenschaften hervorzubringen und negative Gewohnheitsmuster zu vermindern. Der Dharma führt uns in geschickter Weise auf eine spirituelle Reise: Damit wir denselben erleuchteten Zustand erreichen wie der Buddha selbst, entdecken wir unser wahres Potential, das uns zuvor unbekannt war.

Negativität oder Verdunkelungen sind mentale Defekte; unsere guten Qualitäten sind positive mentale Faktoren. Auf einer subtileren Ebene können diese mentalen Defekte eingeteilt werden in die Verdunkelungen der negativen Emotionen und die kognitiven Verdunkelungen. Die Verdunkelungen der negativen Emotionen beinhalten Anhaftung, Ärger oder Zorn und Eifersucht, all die groben, leidvollen Emotionen. Die kognitiven Verdunkelungen umfassen jeden Gedanken, der die Vorstellung von Subjekt, Objekt und Handlung beinhaltet. Wenn man sich von diesen zwei Verdunkelungen und ihren Gewohnheitsmustern befreit hat, ist man vollständig gereinigt. Die erste Silbe des tibetischen Wortes für Buddha, *sang-gye*, bedeutet diese vollkommene Reinheit. Die zweite Silbe, *gye*, bedeutet die vollkommene Entfaltung zahlloser Qualitäten wie Weisheit, Mitgefühl, die Fähigkeit andere zu beschützen, erleuchtete Aktivität und dergleichen mehr. Jemand, der diese Ebene der Perfektion erreicht hat, wird als ein Buddha bezeichnet und ist ein berechtigter und authentischer Lehrer.

Da wir nun einen kleinen Einblick in die Bedeutung des Wortes „Buddha" erlangt haben, müssen wir auch noch den Begriff „Dharma" verstehen. Dieser bezieht sich auf die Lehren des Buddha, die umfassend und tiefgründig sind. All diese Lehren können dennoch in mündlichen Unterweisungen für Praktizierende zusammengefasst werden: Dies sind die Kernunterweisungen, die direkt auf unsere mentalen Defekte, unsere Fehler, Schwächen und Unvollkommenheiten abzielen und auf diese Weise das zentrale Anliegen aller Lehren des Buddha umsetzen. Der Kommentar zu den *Siebenunddreißig Übungen*, der in diesem Buch präsentiert wird, ist ein perfektes Beispiel einer solchen mündlichen Unterweisung. Hier können wir auf eine wahrhaft präzise und effektive Weise lernen, wie der spirituelle Weg aussieht, wie wir Schritt für Schritt die uns innewohnenden tiefsitzenden negativen Gewohnheiten abbauen, unsere selbstsüchtigen Sorgen loslassen und auf diese Weise der uns innewohnenden positiven Natur erlauben hervorzuleuchten. Indem die *Siebenunddreißig Übungen* unsere spirituelle Reise nicht auf die vier Wände und das Meditationskissen beschränken, zeigen sie uns, wie wir mit den verschiedenen Situationen, die uns im Leben widerfahren, auf konstruktive Weise umgehen können. Zum Beispiel: Was können wir tun, wenn wir in ein tiefes emotionales Loch fallen? Wie sollen wir reagieren, wenn wir Pleite gehen? Was machen wir, wenn wir, außerordentlich vom Glück begünstigt, berühmt oder reich werden? Nützliche und therapeutische Reaktionen auf Kritik, Verleumdung und Beschimpfung ebenso wie auf plötzlichen Erfolg werden hier beschrieben und geben uns die großartige Gelegenheit, jeden Moment auf einer zwar anspruchsvollen, aber wahrlich lohnenden Reise voranzuschreiten. Jedem Vers folgt nicht nur ein klarer und präziser Kommentar, sondern die Bedeutung jedes Verses wird auch noch durch wunderbare Zitate aus Sutren und Kommentaren erklärt. Zu guter Letzt ist die einzigartige Vielzahl sachlicher Anweisungen der Kadampameister, die oft sehr direkt unsere persönlichen Schwachpunkte aufdecken, eine großartige Inspiration für unsere Praxis. Da sie ohne komplizierte Terminologie und in einem unmittelbar verständlichen, alltäglichen Stil verfasst sind, kann man sich diese Kernunterweisungen leicht wieder ins Gedächtnis zurückrufen, wenn man mit schwierigen Situationen konfrontiert ist.

Im Folgenden möchte ich den Leser in diesen wunderbaren Kommentar einführen, indem ich kurz über die *Geistesschulung in acht Versen* von Langri Tangpa spreche, die ein gutes Beispiel für das Genre der Geistesschulung ist. Vielleicht wundern Sie sich, warum ich gerade diesen Text gewählt habe. Vielleicht denken Sie, dass es besser gewesen wäre, in dieser Einleitung auf soziale und historische Hintergründe jener Zeit einzugehen, in der dieser Kommentar und sein Wurzeltext verfasst wurden. Einerseits bin auch ich der Meinung, dass es wichtig ist, die geschichtlichen und soziologischen Hintergründe eines Autors und seines Textes zu erforschen. Aber ich halte es für noch wichtiger dem Leser dabei zu helfen, sich der essentiellen Qualität des Kommentars von Anfang an öffnen zu können. Aus diesem Grund habe ich die *Acht Verse* wegen ihres erstaunlich praktischen, unmittelbaren und das Selbst transformierenden Ansatzes gewählt. Obwohl man von den *Siebenunddreißig Übungen* sagen kann, dass sie über viel mehr Aspekte verfügen und vielschichtiger als die *Acht Verse* sind, ist die Kernaussage letzterer nichts anderes, als unseren starren, egoistischen Geist in jedem Moment zu zähmen und in sein positives Gegenteil zu verkehren. Daher habe ich mir die Freiheit genommen, hier direkt diese essentielle Qualität aufzuzeigen, die so präzise und prägnant in der *Geistesschulung in acht Versen* gelehrt wird.

Beim Lesen beider Texte sollten wir versuchen, deren Bedeutung in unseren Geist aufzunehmen. Wir sollten sie nicht als bloße Theorie betrachten, sondern sie in unser Leben integrieren.

Erinnern Sie sich an diese Verse, wenn Sie die verschiedensten Situationen durchleben und nehmen Sie sich diese Verse als einen persönlichen Rat zu Herzen, der genau für Sie gemeint ist.

Der Dharma wird gelehrt, damit man ihn sofort in die Praxis umsetzt. Die Zielsetzung des Dharma wird nur dann erfüllt, wenn man ihn anwendet. Daher erinnern Sie sich bitte daran, dass die Lehren nur deshalb gelehrt werden, damit Sie sie persönlich nehmen und anwenden. Um die Lehren anzuwenden, muss man zuerst wissen, auf welche Weise man sie anwenden soll. Das wird in den mündlichen Unterweisungen erklärt. Wenn wir mündliche Unterweisungen erhalten, verstehen wir, was mit Praxis gemeint ist: Dann liegt es an uns, dieses Wissen in unserem Leben anzuwenden. Wenn wir die Unterweisungen anwenden, sobald wir sie gehört haben, werden wir auch sofort eine positive Veränderung feststellen. Ist das nicht wahrhaft bemerkenswert? Wir sollten daher diese Lehren nicht als bloßes theoretisches Gerede sehen, denn dadurch, dass wir den Geist sanfter machen, wird unsere Praxis auf dieselbe Weise blühen und gedeihen, wie es bei unzähligen Meistern der Vergangenheit geschah.

Unter all den verschiedenen Arten mündlicher Unterweisungen sind jene über die Geistesschulung am wichtigsten für uns Praktizierende. Wir alle müssen unseren Geist zähmen, müssen ihn geschmeidig und sanft machen. Solange wir den starren, wilden Charakter unseres Geistes nicht zähmen, werden sich die uns innewohnenden guten Qualitäten nicht entfalten können. Daher ist es essentiell, sich mit der Praxis vertraut zu machen, die Geistesschulung genannt wird.

Wenn ich mir vor Augen halte, dass alle fühlenden Wesen
eine höhere Aufgabe erfüllen
als selbst ein wunscherfüllendes Juwel,
dann werde ich sie stets als sehr wertvoll betrachten.

Der erste Vers besagt, dass man alle fühlenden Wesen als sehr wertvoll schätzen soll. „Ich" bezieht sich auf jeden Einzelnen von uns, und „alle" schließt wirklich alle fühlenden Wesen ein, bis hinunter zum kleinsten Insekt. Wir sollten sie alle als wertvoll betrachten, egal ob es sich um Feinde, Freunde oder uns Unbekannte handelt. Wir sollten dies mit der Vorstellung tun, dass sie eine Funktion erfüllen, die selbst die eines wunscherfüllenden Juwels übertrifft. Viele Geschichten aus alten Zeiten berichten von der Existenz wunscherfüllender Juwelen, die alle Wünsche erfüllten und die Hoffnungen all jener wahr werden ließen, die sie darum baten. Dank der fühlenden Wesen können wir uns im unermesslichen Verhalten eines Bodhisattvas üben, in den Sechs Vollkommenheiten (Paramitas) von Großzügigkeit, Disziplin, Geduld, Fleiß, meditativer Konzentration und Weisheit, ebenso wie in den Vier Methoden der Anziehung, wie der Großzügigkeit, dem Sprechen freundlicher Worte, dem Geben angemessener Lehren und der Übereinstimmung zwischen dem, was man sagt und was man tut. Die Übung in den Sechs Paramitas und den Vier Methoden der Anziehung führt uns schließlich zur Erleuchtung. Mittels dieser Übungen kommt der Bodhisattva allen Wesen zur Hilfe, trotz aller Schwierigkeiten und trotz der langen Zeitspanne, die dazu nötig ist. Kurz gesagt hängt das schwer auszuübende, unermessliche Verhalten eines Bodhisattvas stets mit den fühlenden Wesen zusammen und auch von ihnen ab.

Das Erlangen höchster Befreiung und des Zustands der Allwissenheit wird tatsächlich durch die Güte zahlloser fühlender Wesen erreicht. So können wir zum Beispiel die spirituellen Ansammlungen erlangen und unsere Verdunkelungen reinigen, indem wir uns nach Art der Bodhisattvas großzügig gegenüber fühlenden Wesen verhalten. Dadurch erlangen wir vollkommene, höchste Befreiung, die größte aller Errungenschaften. Auf diese Weise helfen uns fühlende Wesen etwas zu erreichen, das weit über dem liegt, was ein wunscherfüllendes Juwel uns jemals gewähren könnte.

Wird nicht auch gelehrt, dass schon jedes fühlende Wesen zu irgendeinem Zeitpunkt in einem unserer zahllosen Leben unsere gütige Mutter oder unser gütiger Vater war? Als sie unsere Mutter oder unser Vater waren, haben sie mit Liebe und Zuneigung für uns gesorgt. Wenn man all dies in Betracht zieht, sollten uns fühlende Wesen zu allen Zeiten lieb und teuer sein. Wir sollten uns nicht nur bei Gelegenheit um sie kümmern, sondern dies mit der Zuneigung einer Mutter für ihr Kind stets aus tiefstem Herzen tun.

Wenn man jemanden wohin begleitet,
sollte man sich stets als allen anderen unterlegen betrachten
und aus tiefstem Herzen respektvoll
andere als höherstehend betrachten.

Wann immer wir mit anderen zusammen sind, sollten wir sie, unabhängig davon, ob sie von niedrigerem, gleichem oder höherem Rang sind als wir, stets als uns überlegen betrachten. Mit einer aufrichtigen und von Herzen kommenden, ungekünstelten Bestimmtheit sollten wir andere schätzen, indem wir sie als höherstehend ansehen. Wir sollten bedenken, dass es sehr wahrscheinlich ist, dass sie in Bezug auf Intelligenz und Mitgefühl viel reifer und weiter entwickelt sind als wir. Wir sollten erwägen, dass es sehr wahrscheinlich ist, dass sie fähige und tüchtige Praktizierende des Bodhisattvapfades sind und viel geschickter in der Übung der Paramitas. Wir sollten uns vorstellen, dass es uns nur unserer Verblendungen wegen nicht möglich ist, ihre Überlegenheit und Vortrefflichkeit zu erkennen.

Unsere übliche Reaktion ist in der Regel das glatte Gegenteil davon. Wir gehen davon aus, dass wir besser als die anderen sind, und sehen diese daher als uns unterlegen an. Geshe Langri Tangpa unterweist uns darin dieses Gewohnheitsmuster, uns selbst für besser als andere zu halten, ins Gegenteil zu verkehren, und macht uns auf diese Weise bewusst, dass unsere übliche Einstellung extrem ungesund und ganz sicher nicht im Einklang mit der Methode der Geistesschulung ist. Um daher unsere negativen Emotionen wie Stolz und Arroganz zu überwinden, müssen wir aufrichtig und aus tiefstem Herzen die Überzeugung hegen, dass andere uns überlegen sind, und sie daher aus ganzem Herzen hochschätzen.

Möge ich während all meiner Aktivitäten meinen Geist über-
wachen
und, sobald negative Emotionen sich in mir regen,
sie mit direkten Methoden abwehren,
da sie mir und anderen Schaden zufügen.

Was immer wir auch gerade tun mögen, ob gehen, sitzen, essen oder liegen, stets sollten wir unseren Geist auf das Vorhandensein negativer Emotionen prüfen. Als Dharmapraktizierende haben wir die Tendenz, zwischen Praxissitzungen und Pausen zu unterscheiden. Während der Praxissitzungen versuchen wir unseren Geist zu zügeln, aber während der Pausen verhalten wir uns wie jede beliebige weltliche Person, indem wir zulassen, dass unser Geist von allen möglichen egoistischen Wünschen und negativen Emotionen beherrscht wird. Aber steht nicht unser Geist im Zentrum unserer Praxis? Und weil dieser stets mit uns ist, egal ob Praxissitzung oder Pause, haben wir die Möglichkeit, die ganze Zeit zu praktizieren. Nicht nur, dass wir die Möglichkeit haben zu praktizieren, als Dharmapraktizierende müssen wir tatsächlich unsere Praxis ständig aufrechterhalten.

Was machen wir also jetzt gerade? Sind wir dabei, positive Qualitäten wie liebendes Mitgefühl oder Einsicht in die Leerheitsnatur aller Phänomene zu entwickeln? Oder ist das Gegenteil der Fall: Sind wir von negativen Emotionen wie Ärger, Dummheit, Verlangen oder dergleichen beherrscht? Auf diese Weise sollte man ständig seinen Geist prüfen und an ihm arbeiten. Wir müssen verstehen, dass negative Emotionen wie Verlangen, Ärger, Engstirnigkeit, Stolz, Eifersucht und Geiz überreichlich in uns vorhanden sind und eine Gefahr für uns wie für andere darstellen, indem sie uns zeitweiliges wie auch letztendliches Leid zufügen. Daher sollten wir negative Emotionen, sobald diese in uns aufsteigen, sofort und ohne zu zögern abwehren.

Im Zusammenhang mit der Geistesschulung wird besonders eine Einstellung, die sich selbst über andere stellt, als Hauptursache für alles eigene und fremde Leid angesehen. Daher sollten wir, sobald wir eine egoistische Einstellung bemerken, sie sofort stoppen und versuchen, das gerade Gegenteil dieser Einstellung zu kultivieren: Dies wäre die altruistische Einstellung, sich um das Wohlergehen anderer zu bemühen. Wir sollten keine Zeit verstreichen lassen und das Gegenmittel nicht erst zögerlich zum Einsatz bringen. Wenn wir erkennen, dass diese kranke Einstellung Gift für uns ist, müssen wir sie in dem Moment, da sie auftritt, durch direkte Methoden stoppen und zerstören. Wenn unser Ziel darin besteht, ein wirklicher Dharmapraktizierender zu sein, müssen wir uns auf diese Weise üben. In den Lehren werden negative Emotionen mit Gift verglichen. Aber sind negative Emotionen eigentlich nicht viel schädlicher als Gift? Gift gefährdet unser Leben, im schlimmsten Fall sterben wir daran und führen das Ende dieses Lebens herbei. Negative Emotionen jedoch schaden uns nicht nur in diesem Leben, sondern auch in allen zukünftigen. Außerdem fügen sie nicht nur uns Schmerz zu, sondern bringen auch vielen anderen fühlenden Wesen Schmerz und Leid.

Wenn ich auf fühlende Wesen schlechten Charakters treffe,
die von heftiger Negativität und Leid gequält werden,
dann sollte ich sie hochschätzen, da sie ebenso selten sind,
wie die Entdeckung eines kostbaren Schatzes.

Jeder der acht Verse dieses Textes unterweist uns darin, wie wir unseren Geist trainieren können. Sie zeigen uns das unermessliche Verhalten eines Bodhisattvas, das dem glatten Gegenteil unseres normalen Verhaltens entspricht. In diesem Vers werden wir zum Beispiel dazu ermuntert, Wesen üblen Charakters zu schätzen, indem wir sie als kostbarer als einen wertvollen Schatz ansehen. Wenn wir normalerweise eine Person treffen, die sehr zornig, eifersüchtig, mit Hass erfüllt, stolz, arrogant, von ausgeprägtem Konkurrenzdenken oder sogar bösartig ist, fühlen wir uns dann von einer solchen Person angezogen? Nein, wir werden sicher alles daran setzen, einem solchen Menschen so fern wie möglich zu bleiben. Die Ausrichtung eines Bodhisattvas ist jedoch vollkommen anders. Wenn ein Bodhisattva auf ein

Wesen stößt, das von Natur aus zornig, eifersüchtig oder stolz ist, erkennt er als erstes, dass dieses Wesen leidet. Er erkennt, dass solche Wesen von starkem Leid und von Bosheit gequält und angetrieben werden. Sie haben nicht nur während vieler vergangener Leben zahllose untugendhafte Handlungen angesammelt, sondern setzen dies auch noch in diesem Leben fort. Auf diese Weise erfährt ihr Geist ein intensives Gefühl des Unglücklichseins, der Depression und des Elends, das sich dann physisch und verbal ausdrückt. Man kann ihnen nicht wirklich einen Vorwurf machen, da sie hilflos sind, denn sie sind von Bosheit und Leid überwältigt. Wenn Bodhisattvas nun auf solche Wesen treffen, möchten sie ihnen helfen. Ein Bodhisattva wird sich darum bemühen, ein solch unglückliches Wesen zu beeinflussen und direkt oder indirekt eine positive Verbindung zu ihm herzustellen. Versuchen wir daher es ihm gleich zu tun.

Überdies wird gesagt, dass wir solche Wesen als kostbar betrachten und auf sie so reagieren sollten, als ob wir auf einen wertvollen Schatz gestoßen wären. Wenn man auf einen seltenen Schatz stößt, kann man sich alle Wünsche erfüllen, die man jemals in Bezug auf Essen, Kleidung, Unterkunft und dergleichen gehegt hat, und alle Genüsse und Annehmlichkeiten dieses Lebens stehen einem offen. Aber die Entdeckung eines solchen Schatzes ist kein alltägliches Ereignis, es tritt nur überaus selten ein. Ebenso sind von starkem Leid und Bosheit gequälte Wesen selten und wenn man wirklich auf ein solches trifft, sollte man erkennen, dass man sich in einer ganz besonderen Lage befindet.

Wir sollten solche Personen als unsere Lehrer ansehen. Wir können klar erkennen, dass ihr unangenehmes Verhalten und alles Leid, das ihnen widerfährt, von ihren eigenen bösen Taten her stammt und sie durch ihr gegenwärtiges Verhalten weiteres Leid für sich und andere schaffen. Wenn wir den Schaden verstehen, den untugendhafte Handlungen uns und anderen zufügen, werden wir besser dazu im Stande sein, uns im Verhalten eines Bodhisattvas zu üben, und es wird leichter für uns, Herausforderungen zu bestehen. In der Begegnung mit solch schwierigen Wesen und beim Versuch ihnen zu helfen, haben wir die perfekte

Gelegenheit jene Ansammlungen zu erwerben, die für einen wirklichen spirituellen Fortschritt notwendig sind, und können uns auf diese Weise von unseren Verdunkelungen reinigen. So werden wir schließlich vollkommene Erleuchtung erlangen. Daher sind jene Wesen bösen Charakters, die von extremer Bosheit und von Leid getrieben sind, tatsächlich perfekte Umstände dafür, dass wir Erleuchtung und Allwissenheit erlangen. Sobald wir Erleuchtung erlangt haben, werden wir in einem wahrhaft großen Ausmaß zum tatsächlichen Wohl fühlender Wesen wirken können. Aus diesem Grund sollten wir diese Wesen von Herzen schätzen.

All dies klingt sehr schön, nicht wahr? Aber Sie sollten verstehen, dass diese Unterweisung nur von Nutzen ist, wenn Sie sie auch wirklich anwenden.

Wenn mich andere aus Eifersucht heraus
ungerechterweise beschimpfen und attackieren,
dann sollte ich die Niederlage auf mich nehmen
und den Sieg anderen überlassen.

Wenn mich jemand aus intensivem Neid direkt oder indirekt beschimpft, schlecht behandelt oder attackiert und mir auf diese Weise Schmerz zufügt, dann werde ich diese Niederlage oder diesen Verlust auf mich nehmen und mir denken: „Was auch immer geschehen ist, muss mein eigener Fehler sein. Ich bin derjenige, der während vergangener Leben alle möglichen untugendhaften Handlungen begangen hat und daher werde ich jetzt misshandelt und beschimpft. Jetzt aber bereinige ich meine karmische Schuld, und das ist wirklich großartig." Auf diese Weise sollten wir Niederlagen hinnehmen. Wenn wir in derartig schwierige Situationen geraten, dürfen wir uns nicht rächen und Gleiches mit Gleichem vergelten.

Ein Bodhisattva übt sich in den folgenden Vier tugendhaften Praktiken: Nicht mit Zorn auf jene reagieren, die ihm mit Zorn begegnen; nicht zurückschlagen, wenn er geschlagen wird; nicht zurückschimpfen, wenn er ausgescholten wird; und nicht jemandes geheime Fehler aufdecken, der seine geheimen Fehler aufgedeckt hat. Wenn es uns vollkommen gelingt, uns in diesen Praktiken zu üben, dann haben wir den Pfad eines Bodhisattvas betreten. Wenn wir uns in diesen Praktiken üben, werden wir die wohltuenden Auswirkungen sofort spüren. Aber nicht nur wir werden die positiven Auswirkungen fühlen, auch dem Angreifer wird auf indirekte Weise geholfen.

Wir werden auch nicht lange auf derartige Situationen warten müssen, die uns Gelegenheit bieten uns in diesen vier Praktiken zu üben. Solchen Situationen begegnen wir tatsächlich oft und sind daher öfters in der glücklichen Situation uns üben zu können.

Auch diese Praxis ist unseren Neigungen wieder direkt entgegengesetzt. Normalerweise akzeptieren wir Siege freudig und sind sehr freigiebig damit, jeglichen erlittenen Verlust an andere weiterzureichen. Hier werden wir daher ermutigt, diese Tendenz um 180 Grad zu drehen, indem wir den Sieg anderen überlassen und jegliche Niederlage auf uns nehmen. Wenn uns zum Beispiel andere beschimpfen, wollen sie den Wortstreit gewinnen und hoffen sich dadurch besser zu fühlen. Aus diesem Grund sollten wir ihnen alle Siege und Gewinne überlassen. Grundsätzlich bedeutet das, dass wir uns denken sollten: „Möge jeder Sieg, Gewinn und alles Glück, kurz gesagt alles Positive, bei anderen zur Reife gelangen und möge alles Unerfreuliche, das man erfahren kann, ausschließlich mir zufallen."

Selbst wenn jemand, dem ich geholfen
und in den ich große Hoffnung gesetzt hatte,
mir stattdessen irrationalerweise Schaden zufügt,
dann werde ich diese Person als meinen wahren spirituellen
  Lehrer ansehen.

Es mag jemanden geben, in den wir große Hoffnung gesetzt haben, jemand, dem wir in der Vergangenheit mit Nahrung, Kleidung, Unterkunft, Ausbildung und dergleichen geholfen haben und von dem wir nun erwarten, dass auch er uns Gutes tut. Ohne Rücksicht auf uns selbst haben wir keine Anstrengung gescheut, dieser Person zum Erfolg zu verhelfen. Aber wir haben auch die ganze Zeit hindurch subtile egoistische Gedanken gehegt wie: „Da ich mich dieser Person gegenüber wahrhaftig liebevoll verhalten habe, wird er oder sie mir in Zukunft diese Güte sicher vergelten." Was aber, wenn diese Person nun nicht nur unsere Güte missachtet und uns nicht von Nutzen ist, sondern zusätzlich dazu absurderweise all ihre Energie darauf verwendet, uns physischen oder mentalen Schmerz zuzufügen? Wie würden wir uns dann fühlen? Ganz sicher würde unsere Reaktion darauf sein, dass wir sehr leiden, dass wir sehr verletzt, schockiert oder selbst aggressiv sind. Und dennoch werden wir hier dazu aufgefordert, diese Person als unseren verehrten spirituellen Lehrer zu betrachten. Wieso das? Weil sie es ist, die uns dazu bringt uns in der Praxis eines Bodhisattvas zu üben und uns eine gute Gelegenheit verschafft, sie zu meistern. Denn ist es nicht diese Person, die uns bloßstellt und uns unsere egoistischen Interessen vor Augen führt? Als wir uns um diese Person kümmerten, haben wir damit gewisse Erwartungen verbunden. Denn haben wir uns nicht wenigstens irgendeine Belohnung dafür erhofft? Solche Erwartungen sind zur Gänze egoistischer Natur und dank jener Person ist uns nun unser eigener egoistischer Charakter vor Augen geführt worden. Solch ichbezogene Interessen sind die Wurzel alles Leids und nun sind wir endlich dazu in der Lage, den Schuldigen zu erkennen und zu ergreifen, der die ganze Zeit unbemerkt hinter all unseren Gedanken und Handlungen gesteckt hatte. Da wir nun die Ursache all unserer Probleme erkannt haben, sind wir in der Lage sie zu überwinden und zu beseitigen. Daher sollten wir diese Person ohne die geringste Spur von Zorn als unseren verehrten spirituellen Freund ansehen, der uns zu solch höchster Einsicht verholfen hat und uns die Möglichkeit gibt, uns im Verhalten eines Bodhisattvas zu üben.

Möge ich daher, kurz gesagt, all meinen Müttern
direkt oder indirekt mein Glück und meine Vorteile überlassen,
und möge ich im Geheimen all ihren Schaden und ihr Leid
auf mich nehmen.

Dieser Vers fasst alle vorangegangenen in nur wenigen Zeilen zusammen, indem er uns erklärt, dass wir alles Glück und allen Nutzen unseren Müttern überlassen sollten. Es besteht kein Zweifel daran, dass alle fühlenden Wesen in der Vergangenheit schon einmal unsere Eltern waren. Da es also kein fühlendes Wesen gibt, das in der Vergangenheit nicht schon einmal unsere liebevolle Mutter war, sollten wir ihnen alles, was wir an Glück und Nutzen haben, direkt oder indirekt darbringen und sollten dies ohne Voreingenommenheit oder Parteilichkeit tun. Mögen wir ihnen mit einer Vielzahl von Methoden zu Glück verhelfen, selbst wenn es sich nur um vorübergehendes Glück handelt, und ihnen schließlich das Geschenk des letztendlichen Glücks machen, welches der Zustand der Befreiung selbst ist. Wir sollten im Geheimen, ohne es jemandem zu sagen, allen Schaden und alles Leid auf uns nehmen, das unseren Müttern widerfahren mag. Mögen wir dazu in der Lage sein, ihren Schmerz zu lindern und ihr Elend zu vertreiben. Wie kann es uns gut gehen, wenn all unsere Eltern leiden? Wir müssen ihr Leid und ihren Schmerz unbedingt auf uns nehmen. Und wieso sollten wir das im Geheimen tun? Denn nur wenn wir so vorgehen, werden wir nicht in die Falle der Arroganz gehen und unseren Stolz überwinden können.

All das sollte nicht durch die Mängel
der „Acht Belange" verunreinigt werden.
Mögen wir die Fesseln der Anhaftung überwinden,
indem wir alle Phänomene als Illusion erkennen.

Mögen diese Praktiken, mit denen wir unseren Geist trainieren, indem wir anderen Sieg, Glück und Nutzen überlassen und Verlust, Schuld und Schaden auf uns nehmen, nicht durch die

„Acht weltlichen Belange" verunreinigt werden. Diese entsprechen dem Wunsch nach Gewinn, Glück, Ruhm und Lob sowie dem Bestreben das jeweilige Gegenteil zu vermeiden. Denn was geschieht gewöhnlich, wenn wir gelobt, berühmt, von Glück begünstigt und reich werden? Dann freuen wir uns ganz außerordentlich darüber. Aber wenn das Gegenteil eintritt, wenn wir irgendeine Art von Verlust, Schmerz oder schlechte Behandlung erfahren, wenn wir nicht beachtet werden oder unseren Ruf verlieren, dann tendieren wir dazu in Depression zu versinken. Hier werden wir jedoch darin unterwiesen, nicht diesen weltlichen und egoistischen Neigungen nachzugeben, wenn wir unseren Geist trainieren, sondern vollkommen unberührt von diesen weltlichen Konzepten zu bleiben.

Indirekt wird uns auch geraten bezüglich unserer Dharmapraxis nicht anmaßend und unaufrichtig zu werden. Denn wir könnten das Gefühl bekommen, dass es wichtig ist, von den anderen als Dharmapraktizierender erkannt zu werden, und damit beginnen mehr Nachdruck auf die äußere „Dharmaerscheinung" zu legen als auf den Zustand unseres Geistes. Wie können wir es nun vermeiden auf eine unaufrichtige, anmaßende Weise zu praktizieren? Wenn wir es zulassen, dass diese Unterweisungen unser Herz berühren, dann wird Anmaßung und Oberflächlichkeit automatisch verschwinden.

Über die „Acht weltlichen Belange" hinausgehend müssen wir aber auch noch verstehen, dass alle Phänomene tatsächlich Illusion sind. Was immer wir auch tun, jede unserer Praktiken muß auf einer Einsicht in die Leerheit aller Phänomene beruhen. Indem wir verstehen, dass alle Phänomene unwirklich, substanzlos, illusorisch und nichts als der Ausdruck von Leerheit sind, befreien wir uns von den Fesseln des Nach-Etwas-Greifen-Wollens. Es ist wegen dieses Nach-Etwas-Greifen-Wollens, dass wir in den drei Existenzbereichen kreisen und millionenfaches Leid erfahren. Mögen wir daher von der Knechtschaft der Anhaftung dadurch befreit werden, dass wir die korrekte Sichtweise bezüglich der Natur aller Dinge entwickeln, jene Einfachheit, die frei von allen mentalen Konstrukten ist. Mögen wir auf diese Weise das Wohlergehen aller Wesen ohne jede Anhaftung, Fixierung oder Vorliebe vollständig perfektionieren. Dies wird als die vollkommene Art zu praktizieren bezeichnet.

Wenn wir diese Verse studieren, ist es wichtig, dass wir sie nicht bloße Theorie bleiben lassen, sondern sie unserem Wesen einverleiben. Es handelt sich zwar nur um ein paar Zeilen, die noch dazu recht leicht zu verstehen sind, trotzdem ist das, was sie ansprechen, von großer Tiefgründigkeit. Wenn wir uns wirklich darum bemühen, dann können wir diese Unterweisungen, in denen der Sinn der Sutren und der Abhandlungen vollständig enthalten ist, in die Praxis umsetzen.

Es ist so wichtig, dass wir unseren Geist schulen. Wenn wir es versäumen unseren Geist zu schulen und zu reinigen, dann wird er einem unkultivierten Feld ähneln, auf dem keine Saat keimen kann. Ein Feld muss gepflügt und sorgfältig vorbereitet werden, damit die Erde den richtigen Grad an Feuchtigkeit, Dünger und dergleichen aufweist. Ebenso muss auch unser Geist vorbereitet werden. Eine sehr effiziente Methode dazu ist die Übung in der Geistesschulung. Wenn unser Geist durch die Übung in der Geistesschulung bearbeitet wurde, werden sich alle höheren Praktiken spontan einstellen. Mitgefühl wird von selbst größer werden und Einsicht sich von selbst entfalten.

Das Herz, die Wurzel und die Essenz aller buddhistischen Praktiken ist die Einheit von Mitgefühl und Leerheit. Diese Einheit ist unbedingt notwendig. Für unsere Praxis brauchen wir einzig diese Einheit, ohne sie fehlt uns alles. Wer immer diese Einheit kennt, wird Befreiung, den Zustand der Allwissenheit erlangen. Auf der anderen Seite kann man in den Schriften sehr bewandert sein, sich in zahlreichen Praktiken üben und Millionen von Rezitationen und Visualisierungen absolvieren und trotzdem nicht weit kommen, wenn man diese Einheit nicht versteht. Wirkliche Realisation kann sich auf diese Weise nicht einstellen. Diese Einheit von Mitgefühl und Leerheit ist von äußerster Bedeutsamkeit. Damit sich die Realisation dieser Einheit auf wahrhafte Weise einstellt, müssen wir zuvor unseren

Geist schulen. Ohne Geistesschulung werden wir niemals wirklich dazu im Stande sein, Leerheit und Mitgefühl zu verstehen.

Da es so wichtig ist seinen Geist zu schulen, möchte ich Sie alle dazu ermuntern, diese Übungen zu studieren und zu praktizieren. Im Besonderen sollten wir alle diese Belehrungen lesen und sie direkt auf unseren Geist anwenden. Während wir sie anwenden, sollten wir beständig unseren Geist auf folgende Weise kontrollieren: „Vor drei Tagen habe ich mit der Geistesschulung begonnen. Was ist bisher geschehen? Was hat sich in meinem Geist verändert?" – „Es ist jetzt eine Woche her, seit ich mit der Geistesschulung begonnen habe. Wie ist mein Geist? Hat er sich verändert?" – „Jetzt ist es ein Monat her, sechs Monate, ein Jahr. Wie hat sich mein Geist in diesem Monat, in diesem Jahr verändert?" Auf diese Weise sollten wir unseren Geist kontinuierlich analysieren und erziehen.

Als die Kadampameister ihren Geist auf diese Weise schulten, hatten sie zwei Steinhaufen neben sich, einen mit schwarzen Steinen zu ihrer Rechten und einen mit weißen zu ihrer Linken. Während sie sorgfältig ihren Geist beobachteten, nahmen sie für jeden tugendhaften Gedanken einen weißen Stein, einen schwarzen für jeden untugendhaften, und legten sie vor sich. Zu Beginn ihres Trainings hatten sie nach einem langen Tag der Übung einen Berg schwarzer Steine vor sich liegen und nur zwei oder drei weiße. Nachdem sie die Steine gezählt hatten, rügten sie sich und sagten sich, was für schlechte Praktizierende sie seien, die nur untugendhafte Gedanken hegten und nie tugendhafte. Wenn sie ihre Praxis auf diese Weise fortsetzten, hatten sie nach einiger Zeit gleich viele schwarze wie weiße Steine. Dann sagten sie sich: „Jetzt bin ich nicht mehr so schlecht, aber trotz allem bin ich noch weit davon entfernt ein guter Praktizierender zu sein." Schließlich hatten sie am Ende eines jeden Tages viele weiße Steine und nur ein paar schwarze vor sich. Als sie das sahen, lobten sie sich und sagten: „Heute ist es mir endlich gelungen meinen Geist gut zu schulen."

Es gibt viele derartige Geschichten darüber, wie die Kadampameister in der Vergangenheit ihren Geist schulten. Wir sollten ihrem Beispiel folgen, denn nur ihre Lebensgeschichten oder ihre Lehren zu lesen reicht nicht aus. Wir müssen diese Unterweisungen anwenden und in eigene Erfahrung umsetzen. Wenn wir es versäumen uns die Lehren zu Herzen zu nehmen, wird es uns nicht gelingen irgendetwas zu erreichen. Nehmen Sie daher diese Unterweisungen bitte ernst und wenden Sie sie bei sich an.

EIN VORTREFFLICHES GEFÄSS
VOLL NEKTAR

*Einheit der schriftlichen Überlieferung und
der mündlichen Unterweisung*

Ein Kommentar zu Gyalse Togmes

Siebenunddreißig Übungen eines Bodhisattvas

von Chökyi Dragpa

Namo Guru

Erkranken die Aggregate, mein Fata-Morgana-gleicher Körper
und der anderer:
Wie erfreulich ist ihre Erkrankung!
In der Vergangenheit angesammeltes schlechtes Karma erschöpft
sich dadurch.
Die verschiedenen Aktivitäten der Dharmapraxis gibt es nur
dazu,
die zwei Verdunkelungen reinigen zu können.

Wenn der Körper gesund ist: Wie erfreulich ist das!
Wenn Körper und Geist sich guter Gesundheit erfreuen, erhöht
sich die tugendhafte Aktivität.
Tugendhafte Aktivität von Körper, Rede und Geist
ist der Sinn und Zweck dieser menschlichen Geburt.

Wenn man arm ist: Wie erfreulich ist das!
Man ist frei von der Bürde sein Vermögen schützen zu müssen
und braucht keine Verluste zu fürchten.
Wie viele Sorgen auch immer durch Probleme entstehen,
sie kommen doch nur wegen des so ersehnten und geschätzten
Reichtums.

Wenn man reich ist: Wie erfreulich ist das!
Tragt Sorge dafür, dass sich eure Ansammlung von Verdienst vermehrt.
Wieviel auch immer an Wohlergehen und Glück vorhanden sein
mag,
es ist die Ernte vergangener Verdienste.

Wenn man früh stirbt: Wie erfreulich ist das!
Ohne die Last angehäufter schlechter Umstände
und von den eigenen vortrefflichen Gewohnheiten getragen
wird man zu diesem Zeitpunkt sicher den rechten Pfad betreten.

Wenn man alt wird: Wie erfreulich ist das!
Man kann die Ernte reicher Erfahrung einbringen.
Ohne zuzulassen, dass sich das befruchtende Nass der mündlichen Unterweisungen verflüchtigt,
es lange Zeit hindurch zu hegen wird es schließlich zur Reife bringen.
Was immer auch kommen mag: Seht es als etwas Erfreuliches!

In Beantwortung der Frage eines Geshes, was im Falle einer Erkrankung zu tun sei, gab ich diese Erläuterungen. Die Methode, Krankheit und dergleichen als Pfad zu nutzen, wurde von dem Mönch Togme, der den Dharma lehrt, zusammengestellt.

Möge es segensreich sein!
Mangalam.

Der gute Anfang

Ich verneige mich vor den großen Helden und ihren
  Nachkommen,
vor jenen, die große Verwirklichung erreicht haben, und
  jenen, die sie noch erreichen werden,
die mutig die Last auf sich genommen haben,
alle Wesen, die den weiten Raum erfüllen, zur Erleuchtung zu führen.

Vor ihm, der nie sein Versprechen bricht
voll Mitgefühl auf jene zu blicken, die in Samsara umher-
  irren,
vor diesem Herrn des Dharma, als der dieser höchst Edle
  sich zeigt,
zu Füßen Gyalse Togmes verneige ich mich in Demut.

Die erhabene Pforte, die alle Sieger und ihre Kinder
schon durchschritten haben oder noch durchschreiten
  werden,
diesen hervorragenden Pfad, der von Glückseligkeit zu
  Glückseligkeit führt,
diese Praxis soll hier erläutert und euren Händen überge-
  ben werden.

Die Erläuterungen zu den Übungen eines Bodhisattvas, die von
Gyalse Togme, dem Sohn der Siegreichen, verfasst wurden, sind
in drei Punkte gegliedert:

  1. Lobpreis und das Versprechen eine Abhandlung zu
     verfassen

2. Die Art der zu verfassenden Abhandlung
3. Die Bedeutung des Abschlusses

Lobpreis

Namo Lokeshvaraya
Da er erkannt hat, dass alle Phänomene jenseits von Entste-
hen und Vergehen sind,
strebt er ausschließlich nach dem Wohlergehen aller fühlen-
den Wesen.
Vor dem höchsten Meister und Beschützer, vor Avalokitesh-
vara,
verneige ich mich unaufhörlich und respektvoll mit Körper,
Rede und Geist.

Der erste dieser Punkte: „Namo Lokeshvara" bedeutet „Ich verneige mich vor dem Herrn der Welt." Seine allwissende Weisheit
erkennt alle Phänomene genauso so, wie sie sind, als den natürlichen Zustand des Geistes, der eigentlichen Natur, in dem die
Komplexität der acht Extreme von keinerlei Bedeutung ist: Entstehen und Vergehen, Ewigkeitsglaube und Nihilismus, Existenz
und Nichtexistenz, Eines und Viele. Dennoch strebt er durch die
Kraft seines großen Mitgefühls und seiner liebevollen Zuneigung
mit ungeteilter Aufmerksamkeit danach, das Wohl der fühlenden
Wesen herbeizuführen. Vor diesem höchsten Lama, der mir den
Weg des Großen Fahrzeugs zeigt und der untrennbar eins ist mit
dem edlen Avalokiteshvara, dem personifizierten Mitgefühl aller
Buddhas, dem Beschützer all jener, die ohne Schutz sind, vor
ihm verneige ich mich respektvoll mit Körper, Rede und Geist.

Das Versprechen eine Abhandlung zu verfassen

*Vollkommen Erleuchtete, Quellen jeglichen Nutzens und
    Glücks, gibt es,*
weil sie den Dharma verwirklicht haben.
*Da diese Verwirklichung davon abhängt, dass man die dafür
    notwendigen Übungen kennt,*
*werde ich im Folgenden die Übungen der Bodhisattvas erläu-
    tern.*

Die vollkommen Erleuchteten, jene Quellen temporären Nutzens und letztendlichen Glücks: Was ist die Ursache ihres
Erscheinens in dieser Welt? Im Zusammenhang mit der Übung
auf dem Pfad gibt es sie nur, weil sie den heiligen Dharma des
Großen Fahrzeugs auf korrekte Weise praktiziert haben. Man
mag sich fragen: „Wie kommt das?" Ganz zu Beginn bringen sie
eine geistige Einstellung hervor, die grundlegendes großes Mitgefühl ist. Danach bemühen sie sich um die Ansammlungen,
die den Aspekt der Methode, die Sechs Paramitas wie Freigie-
bigkeit und dergleichen ebenso umfassen wie den Aspekt der
Weisheit, der erkennt, dass alle Phänomene frei von inhärenter
Existenz sind. All diese Qualitäten hängen ausschließlich davon
ab, dass man weiß, wie man sie entwickeln kann. Für alle, die
sich auf dem Pfad des Großen Fahrzeugs üben möchten, um
Buddhaschaft zu erlangen, wurde daher folgendes Versprechen
abgelegt: „Ich werde erklären, wie man sich in der Motivation
und im Verhalten eines Bodhisattvas übt, so wie es in den Pitakas
des Großen Fahrzeugs und in den dazugehörigen erläuternden
Kommentaren dargelegt ist."
Aus der *Erleuchtung Vairochanas*:

Ihr Herren des Geheimwissens: die allwissende Weisheit
entwächst der Wurzel des Mitgefühls, entsteht aus deren
Ursache Bodhichitta und wird durch den Einsatz geschickter Methoden zur Vollkommenheit gebracht.

46

Aus der *Kostbaren Girlande des Mittleren Weges*:

Wenn ich und die gesamte Welt danach streben,
unübertreffliche Erleuchtung zu erlangen,
so beruht dies auf einem Erleuchtungsgeist, der beständig
 wie der Berg Meru ist,
auf einem in alle Richtungen reichenden Mitgefühl
und auf einer Weisheit jenseits von Dualität.

Dieses große Wesen Gyalse Togme ist dazu in der Lage, anderen die Übungen eines Bodhisattvas zu erläutern, weil er die für das Verfassen einer derartigen Abhandlung notwendigen Qualifikationen vollständig erfüllt, denn er hat auf zahlreiche Lehrer vertraut, ist gelehrt in den ozeangleichen Mahayanalehren, hatte eine Vision seiner Meditationsgottheit und dergleichen mehr. Im Besonderen ist er dazu in der Lage, weil er, wie in seiner Lebensgeschichte beschrieben wird, sich in allen Aspekten des Bodhisattvaverhaltens auf korrekte Weise geübt hat.

Die Art der zu verfassenden Abhandlung

Der zweite Punkt, die Art der Abhandlung, besteht aus zwei Teilen:

Teil 1: Die Vorbereitung, die die Art und Weise aufzeigt,
 wie man den Pfad des Dharma betritt
Teil 2: Der Hauptteil, der die Pfade der drei Arten von
 Wesen zeigt

Der erste Teil wird wiederum in sieben Punkte unterteilt.

TEIL 1

DIE VORBEREITENDEN ÜBUNGEN

Wie man den Pfad des Dharma betritt

1

Die Freiheiten und günstigen Bedingungen sinnvoll nutzen

Dazu, wie man die Freiheiten und günstigen Bedingungen, die so schwer zu erlangen sind, sinnvoll nutzt, wird gesagt:

unser körper

Jetzt, da sie das seltene rettende Schiff der Freiheiten
und günstigen Bedingungen erreicht haben, ist es die Übung
der Bodhisattvas,
ohne Ablenkung Tag und Nacht zuzuhören, zu reflektieren
und zu meditieren,
um sich selbst und andere aus dem Ozean von Samsara zu
retten.

Die Stütze eines mit den acht Freiheiten und zehn günstigen Bedingungen ausgestatteten Körpers gleicht einem rettenden Schiff: „Die acht Freiheiten" bedeuten, dass man nicht in einen der acht unfreien Zustände hineingeboren wurde. „Die zehn günstigen Bedingungen" setzen sich aus zehn förderlichen Faktoren zusammen, die im Inneren und Äußeren vollzählig vorhanden sein müssen. Wie schwer es ist, einen so ausgestatteten Körper zu erlangen, kann mit einem Bild, mit einem Zahlenbeispiel und mit der Darstellung der dafür notwendigen Ursachen veranschaulicht werden.[16]

Mit Hilfe dieser Errungenschaft können die großen Ziele Befreiung und Allwissenheit erlangt werden. Daher sollte man diese Stütze, sobald man sie erlangt hat, nicht dafür verschwenden, dass man sich nur mit sinnlosen und trivialen Angelegenheiten beschäftigt. Stattdessen sollte man zuerst den mündlichen Unterweisungen eines spirituellen Freundes aus dem Mahayana folgen, um sich selbst und andere aus dem immensen Ozean von Samsara zu befreien. Dann sollte man über die Bedeutung der Unterweisungen nachdenken und sie mittels der vier Arten logischer Untersuchung analysieren. Schließlich sollte man über sie meditieren und sie auf diese Weise verinnerlichen. Dies sollte man stets und zu allen Zeiten, Tag und Nacht und ohne Ablenkung tun. Das ist die Praxis, mit der sich Bodhisattvas darin üben, die Freiheiten und günstigen Bedingungen sinnvoll zu nutzen.

Aus dem *Sutra der geschmückten Ordnung*:

> Einen menschlichen Körper zu erlangen ist sehr schwer;
> alle Freiheiten vollkommen zu erlangen ist noch schwerer.

Aus dem *Eintritt in das Leben zur Erleuchtung*:

> Die Freiheiten und günstigen Bedingungen sind extrem
>   schwer zu erlangen;
> sie sind es, die dazu verhelfen, den Zweck der menschli-
>   chen Existenz zu erfüllen.

Weiter wird gelehrt:

> Auf Grund dieses rettenden Schiffes, des menschlichen
>   Körpers,
> kann man sich aus dem großen Fluss des Leids retten.

Im *Brief an einen Freund* wird angeführt:

> Da es äußerst schwierig ist eine menschliche Geburt zu
>   erlangen,

solltet ihr sie sinnvoll nutzen, ihr Herren der Menschen,
indem ihr den Dharma praktiziert.

Die Begriffe „Freiheiten und günstige Bedingungen" stellen die
Freiheiten und günstigen Bedingungen als essentielle Qualitäten
dar. „Rettendes Schiff" und „sich selbst und andere aus dem samsarischen Ozean zu befreien" weisen auf die erhabene Bedeutung
der Freiheiten und günstigen Bedingungen hin. Was sich Wesen
wünschen, ist das erhabene Leben eines Gottes oder eines Menschen, Befreiung, oder das höchste Gut der Allwissenheit. Was
immer es ist, was man erreichen möchte, mittels dieser Stütze
kann es erreicht werden.

Was das Wort „selten" anbelangt, so wird die Seltenheit mit
einem Bild, einem Rechenbeispiel und einer Darstellung der
dafür notwendigen Ursachen veranschaulicht.

Formulierungen wie „ohne Ablenkung Tag und Nacht" und
„zuhören, kontemplieren und meditieren" weisen darauf hin,
dass man sich in der Dharmapraxis anstrengen muss, um den
vollen Nutzen daraus ziehen zu können, dass man die Freiheiten
und günstigen Bedingungen erlangt hat.

Obwohl der Wurzeltext nicht besonders darauf hinweist, wie
schwer es sein wird, in Zukunft eine derartige Stütze wieder zu
erlangen, wenn man sie jetzt vergeudet, wird im *Eintritt in das
Leben zur Erleuchtung* Folgendes angeführt:

Es wird schwierig sein, in Zukunft dieses rettende Schiff
zu erlangen,
wenn man es jetzt nicht dafür verwendet, wofür es gedacht
ist.

Weiter aus dem Mund des unvergleichlichen Meisters Atisha:

Jetzt wurde ein Körper mit allen Freiheiten und günstigen
Bedingungen erlangt,
der nur schwer zu erlangen ist.

Da es sehr schwer sein wird, einen solchen in Zukunft
wieder zu erreichen,
sollte man ihn jetzt sinnvoll nutzen und beharrlich praktizieren.

Dromtonpa sagte:

Diese Stütze mit ihren Freiheiten und günstigen Bedingungen ist außerordentlich schwer zu erlangen.
Es ist so selten, dass man den Lehren des Buddha begegnet;
daher darf man die Freiheiten und günstigen Bedingungen,
die so schwer zu erlangen sind, nicht verschwenden.

Dromtonpa fragte einmal Chen-ngawa: „Kontemplierst du die
Errungenschaft eines mit allen Freiheiten und Reichtümern
ausgestatteten menschlichen Körpers?" Chen-ngawa antwortete:
„Wenn ich daran denke, wie schwer die Freiheiten und günstigen Bedingungen zu erlangen sind, dann finde ich keine Zeit
mehr für Schlaf oder Muße." Dies war seine Antwort und es wird
berichtet, dass er ausschließlich in Meditation verweilte. Wenn
er von einer Praxis zu anderen wechselte, rezitierte er Folgendes:

Wenn man trotz freier und förderlicher Umstände sich
selbst nicht meistert, fällt man in den Abgrund und wird
abhängig. Wie wird man sich von dort jemals wieder erheben?[17]

Nachdem er sich dies vor Augen geführt hatte, meditierte er.

Puchungwa erläuterte wie folgt:

Wenn man nach dem Erlangen eines Körpers, der mit
den Freiheiten und günstigen Bedingungen ausgestattet
ist, stirbt ohne tugendhaft gewesen zu sein, ist es, als ob
man ein unschätzbar wertvolles Juwel nur findet, um es
ungenutzt wieder wegzuwerfen.

Wenn man gar nur Böses tut, ist es, als ob man ein Juwel gegen eine Portion verdorbenes, mit Gift vermischtes Essen eintauschen würde.

Potawa sagte:

Statt die so schwer zu erlangenden und doch so leicht zu vergeudenden Freiheiten und günstigen Bedingungen ungenutzt verstreichen zu lassen, muss man sie sinnvoll nutzen und zur Vollendung führen.

Kharagpa erklärte:

Wenn man diesen so schwer zu erlangenden wertvollen, mit allen Freiheiten und günstigen Bedingungen ausgestatteten menschlichen Körper erlangt hat, dann sollte man ihn dazu nutzen Erleuchtung zu erlangen, und diese Errungenschaft nicht ungenutzt vergehen lassen.

Weiter benutzte er das Bild, die Stütze des menschlichen Körpers so zu verwenden, als ob er ein rettendes Schiff sei.

Shabopa sagte:

Zurzeit haben wir einen mit allen Freiheiten und günstigen Umständen ausgestatteten menschlichen Körper erlangt, einen spirituellen Lehrer getroffen und eine Verbindung zu den Mahayanalehren hergestellt. Jetzt ist der Zeitpunkt, zu dem wir uns auf unsere zukünftigen Leben vorbereiten und stetig in Richtung Befreiung und Allwissenheit bewegen müssen.

Der erhabene Herr des Dharma, Gyalse Togme, führte Folgendes an:

> Da die Freiheiten und günstigen Bedingungen so schwer
> zu erlangen sind, solltest du sie sinnvoll nutzen, sobald du
> sie erlangt hast.

In diesem Sinne fuhr er fort:

> Daher solltet ihr Gelehrten, ohne euch selbst zu betrügen, den Dharma auf korrekte Weise praktizieren, indem
> ihr auf authentische Weise Zuhören, Kontemplieren und
> Meditieren verbindet. Auf diese Weise könnt ihr die Freiheiten und günstigen Bedingungen auf Gewinn bringende
> Weise nutzen.

Er selbst praktizierte gerade auf diese Art und Weise.

2

Die Heimat aufgeben

Bezüglich des Aufgebens der Heimat, jener Quelle der Drei Geistesgifte, wird gelehrt:

> *Die Anhaftung an Freunde tobt wie ein reißender Fluss;*
> *der Hass gegenüber Feinden lodert wie ein Feuer.*
> *Daher ist es die Übung der Bodhisattvas, jene Heimat auf-*
> *zugeben,*
> *in der die Dunkelheit der Dummheit vorherrscht, die vergisst*
> *was anzunehmen und was abzulehnen ist.*

Wenn man in seiner Heimat ist und versucht den Dharma zu praktizieren, wird sich das Hauptaugenmerk wie von selbst auf geliebte Personen richten: auf die Eltern, bedingt durch gegenseitige tiefe Zuneigung, und auf Freunde, durch Anhaftung und dergleichen. Daraus entsteht begehrliches Anhaften, einem reißenden Fluss gleich, das einen in den unaufhörlichen Strom der Existenzen davonträgt. Auf ähnliche Weise ruft starke Abneigung, die man Feinden gegenüber hegt, wie Feuer brennenden Ärger hervor, der die eigene Ansammlung tugendhafter Handlungen wie auch die anderer verbrennt. Eine dumpfe, dunkle Dummheit steigt in einem auf und verursacht, dass Achtsamkeit, die in korrekter Weise die zu pflegenden Tugenden und die aufzugebenden Untugenden erkennt, verkommt und vergessen wird. Daher ist es eine Praxis der Bodhisattvas, ihre Heimat aufzugeben, die wie von selbst eine Vielzahl an Fehlern entstehen lässt, und es ist ihre Methode, einen unzuträglichen Platz aufzugeben, der die Wurzel von Anhaftung und Abneigung ist.

Aus dem *Höchste Absicht inspirierenden Sutra*:

> Es ist am besten sich hundert Meilen von einem Ort zu
>   entfernen,
> an dem Verstrickung und Streit vorherrschen.
> Verweile auch nicht einen Augenblick lang an einem Ort,
> wo negative Emotionen die Oberhand haben.

Wenn man in seiner Heimat lebt, einem Platz, der die Basis für Fehler wie Anhaftung und Aversion, Verstrickung und Streit ist, dann wird man unter die Herrschaft negativer Emotionen fallen und nicht fähig sein, den Dharma zu üben. Aus diesem Grunde wird gelehrt, dass man einen solchen Platz hinter sich lassen muss. „Seine Heimat zu verlassen, um ein heimatloser Entsagender zu werden" bedeutet im Besonderen, dass man den Fußstapfen des Buddha folgen sollte, indem man Freunde hinter sich lässt, die der Grund für das Entstehen von Anhaftung sind, und indem man Feinde hinter sich lässt, die das Objekt des Ärgers sind. Aus demselben Sutra:

> Aus welchem Grund entstehen Verstrickungen?
> Du besitzt kein Feld und auch kein Geschäft;
> du hast keine Frau, keine Söhne, keine Töchter,
> keinen Haushalt, nicht einmal mehr eine Gruppe von
>   Freunden;
> du hast keine Diener, keine Mägde, keinen Herrn.
> Sobald du ordiniert bist, lass dich nicht in Streit verwikkeln!

Ebenso wird im *Eintritt in das Leben zur Erleuchtung* hinsichtlich der Notwendigkeit, Freunde aufzugeben, gelehrt:

Wesen, die selbst vergänglich sind,
haften in starkem Maß an dem, was vergänglich ist.

Aus den *Jataka-Geschichten* stammt Folgendes:

Wenn du den Dharma praktizieren willst, entfliehe den
Pflichten eines Haushaltsvorstands.
Wie kann man je den Dharma praktizieren, wenn man
sich vom Leben eines Haushaltsvorstands angezogen
fühlt?

Durch diese und andere Zitate werden die Fehler des Verbleibens
in der Heimat wie auch die Vorteile der Entsagung auf umfassende Weise belegt.

Um ein Entsagender zu werden, muss man frei wie das Hochwild und die Vögel sein, ohne auch nur irgendetwas, Heimat,
Freunde, einen Ort oder einen Lebensunterhalt, als sein eigen zu
betrachten. Im *Mondlicht-Sutra* wird Folgendes gesagt:

Jene, die nichts als ihr Eigentum betrachten
und die niemals einen Herrn hatten,
die wie ein Rhinozeros alleine in der Welt verweilen, –
sie gleichen dem Wind, der durch den offenen Raum
streicht.

Wenn man nach Aufgabe seiner Heimat trotzdem unter Menschen verbleibt und unter die Herrschaft von Anhaftung und
Abneigung gerät, so widerspricht dies dem Dharma.

Der erhabene Meister Atisha lehrte:

Zerstöre dieses dämonische Gefängnis Heimat.
Zerschneide die Fesseln der weltlichen Sorgen.
Geliebte Freunde und verhasste Feinde,
negative Handlungen, Land der Anhaftung und Abneigung: Entfliehe all dem!

Er fuhr fort:

Meide Plätze, die schädlich für deinen Geist sind.
Verweile an einem Ort, wo deine Tugenden stetig zunehmen.

Dromtonpa sagte Folgendes:

Durchschneide sorgfältig das Samsara deiner geliebten,
schädlichen Heimat.

Und weiter:

Vertraue ausschließlich auf einen Wohnort, an dem du
frei von Anhaftung und Abneigung bist.

In Potowas Lehren findet man Aussagen wie:

Gib deine Heimat auf und distanziere dich von geliebten
Personen.

Weiter lehrte er:

Sei stets in Bewegung wie Sonne und Mond, verweile nie
an einem Platz und lass dich nirgendwo nieder.

Er lehrte auch, dass, obwohl die drei Dinge, die man aufgeben
muss, die Heimat, geliebte Personen und ungeprüfte Objekte[18],
der mündlichen Tradition von Radreng entsprechen, alle zukünftigen Generationen Schwierigkeiten haben werden, das Aufgeben dieser drei zu praktizieren.
Kharagpa erklärte:

Die drei Dinge aufzugeben bedeutet: Das Land aufgeben,
in dem man geboren wurde, sein Heim und seinen Haus-
halt, seine Arbeit und sonstige Betätigungen.

Gyalse Togme selbst lehrte:

Nachdem du die Anhaftung an deine Heimat,
die Quelle aller Fehler,
aufgegeben hast,
bleib an einem Ort,
wo deine Tugend zunimmt!

Dem *Eintritt in das Leben zur Erleuchtung* folgend, lehrte er auf umfassende Weise, wie man als Praktizierender des Mahayanapfades einen Ort, der Anhaftung und Abneigung erzeugt, aufgeben muss und verhielt sich in seiner eigenen Praxis entsprechend.

3

In Abgeschiedenheit verweilen

B ezüglich des Verweilens in Abgeschiedenheit, der Quelle aller guten Qualitäten, wird gesagt:

> *Wenn man negative Plätze aufgibt, nehmen störende Emoti-*
> *onen allmählich ab;*
> *wenn man frei von Ablenkung ist, vermehrt sich spontan die*
> *Praxis der Tugend;*
> *mit erhöhtem Gewahrsein entsteht Vertrauen in den Dharma;*
> *in der Abgeschiedenheit zu verbleiben ist die Übung der*
> *Bodhisattvas.*

Nachdem man einen abträglichen Ort wie die Heimat aufgegeben hat sollte man in der Einsamkeit verbleiben. Dadurch werden sich nach und nach alle negativen Emotionen wie Anhaftung und Abneigung beruhigen und verringern und schließlich
zu einer reinen Disziplin führen. Da einsame Plätze nicht mit
den Fehlern von Ablenkung und Arbeit behaftet sind, wie der
Verpflichtung zu Handel oder Feldarbeit, die man gegenüber
Freunden, der Familie, sich selbst und anderen gegenüber hat,
wird die Schulung der Drei Tore in tugendhaftem Handeln,
wie die Schulung im Yoga einsgerichteter Versenkung, spontan
zunehmen. Durch das Erreichen des Ruhigen Verweilens wird
der Geist sanftmütiger. Wenn man auf intelligente Weise mit
Hilfe dieser Klarheit die Bedeutung des Dharma erforscht und

analysiert, entsteht dabei Gewissheit; die Fähigkeit zur Praxis nimmt zu und die Drei Arten der Schulung[19] entwickeln sich. Das Verweilen in solcher, mit vielen derartigen Qualitäten ausgestatteten Einsamkeit ist die Praxis der Bodhisattvas und ihre Art und Weise, in einer förderlichen Umgebung zu verbleiben.

Aus der *Zierde der Sutren* stammt folgendes Zitat:

Der Platz, an dem Verständige praktizieren,
ist gut ausgestattet und ein hervorragender Ort zum Verweilen.
Es ist ein fruchtbarer Boden mit guten Gefährten
und mit der Zierde yogischer Glückseligkeit versehen.

Ein hervorragender Platz zum Verweilen ist der, wo die Versorgung mit Almosen und ähnlichem reichlich ist und wo es keine Räuber und Diebe gibt. Ein fruchtbarer Boden ist dort, wo keine Krankheiten durch die fünf Elemente hervorgerufen werden und wo vortreffliche Gefährten in Harmonie mit dem Dharma leben. Es ist ein Platz, der mit der Zierde yogischer Glückseligkeit versehen ist, da sich der meditativen Versenkung keine Hindernisse entgegen stellen. An einem solchen Ort sollte man bleiben.

Im *Brief an einen Freund* wird Folgendes angeführt:

Man verbleibt an einem Platz, der dem Dharma förderlich ist und vertraut auf heilige Wesen.

Aus dem *Eintritt in das Leben zur Erleuchtung*:

Auf diese Weise brecht den Bann, den die Objekte der Begierde auf euch gelegt haben;
erzeugt in euch eine Vorliebe für die Einsamkeit inmitten eines friedlichen Waldes,
frei von Streit und negativen Emotionen.

Nachdem man die Unzulänglichkeiten von Ablenkung und Geschäftigkeit erkannt und hinter sich gelassen hat, muss man den Dharma an einem einsamen Ort praktizieren, der mit besonderen Vorzügen ausgestattet ist. Aber wie praktiziert man eigentlich? In diesem Zusammenhang wird in derselben Quelle angeführt:

> Indem du dir die Qualitäten der Einsamkeit vor Augen führst,
> besänftige das Denken und meditiere über Bodhichitta.

Es wird gelehrt, dass man über liebevolle Zuneigung und Bodhichitta meditieren soll, indem man sich selbst gegen andere austauscht. In gleicher Weise wird im *Sutra der höchsten juwelengeschmückten Wolke* und dem *Vom Haushaltsvorstand Ugra erbetenen Sutra* erklärt, dass man sich ausschließlich in Tugend üben solle, während man in Abgeschiedenheit verweilt.

Vorzüge und Nutzen des Verweilens in Abgeschiedenheit werden im *Mondlicht-Sutra* ausführlich gelehrt. Zum Beispiel:

> Die Vorzüge des Verweilens in Abgeschiedenheit
> sind konstante Entsagung von dem Bedingten,
> nicht das leiseste Begehren irgendetwas Weltlichen,
> und nicht die geringste Zunahme irgendeiner der Befleckungen.

Der große Meister Atisha lehrte:

> Solange ihr keine Stabilität erreicht habt, sind alle Tätigkeiten schädlich.
> Aus diesem Grund solltet ihr euch in einen tiefen Wald in die Abgeschiedenheit zurückziehen.

In seiner *Methode zur Verwirklichung des Mahayanapfades* lehrte er auf dieselbe Weise. Er fuhr fort:

> Dies ist nicht die Zeit für ein Gefolge;
> dies ist die Zeit, in der man auf Einsamkeit vertraut.

Weiter wird angeführt:

> Wenn man in Abgeschiedenheit verweilt, sollte man dahin gelangen, dass man alle Wünsche und Sorgen dieses Lebens aufgibt, indem man nur den Dharma praktiziert, denn zum Zeitpunkt des Todes sollte man ohne Reue sein.

Dromtonpa erklärte:

> Die gegenwärtige Zeit der Entartung ist keine Zeit, in der gewöhnliche Menschen fühlenden Wesen helfen können, ohne zuerst ihren Geist im Bodhichitta von liebevoller Zuneigung und Mitgefühl trainiert zu haben, indem sie in Abgeschiedenheit verweilen.

Potowa sagte:

> In Einsamkeit zu verweilen wird zur Ursache für die Vertiefung des Samadhi der meditativen Versenkung und für reine Disziplin.

Neuzurpa behauptete das Folgende:

> Wenn man seine Aktivitäten einschränkt, während man in der Einsamkeit verweilt, und in der richtigen Weise tugendhafte Handlungen ausführt und sich untugendhafter enthält, wird man den Dharma verwirklichen.

Geshe Nambarwa führte an:

> In einem ungeschulten Geist können sich gute Absichten nicht halten. Daher sollte man den Erleuchtungsgeist in der Abgeschiedenheit entwickeln.

Der große Gyalse Togme selbst sagte:

> Indem man seine Anhaftung an Freunde, Feinde, Vergnü-
> gungen und geliebte Personen aufgibt,
> sollte man an einem hervorragenden Platz unaufhörlich
> über den Erleutungsgeist meditieren,
> damit alle Wesen, deren Zahl der Unermesslichkeit des
> Raumes gleicht, Glück erfahren mögen.

Dies lehrte er wiederholte Male und richtete sich auch in seiner
eigenen Praxis danach.

4

Weltliche Aktivitäten aufgeben

B esinnung auf unsere eigene Vergänglichkeit lässt uns damit aufhören, ständig mit weltlichen Aktivitäten beschäftigt zu sein. Zu dieser Methode wird gesagt:

> *Getrennt von allen schon lange vertrauten Gefährten,*
> *schwer erarbeiteten Besitz und Reichtum zurücklassend,*
> *verlässt das Bewusstsein den Körper wie ein Gast seine Her-*
> *berge.*
> *Daher ist es die Übung der Bodhisattvas, es aufzugeben*
> *ständig mit weltlichen Aktivitäten beschäftigt zu sein.*

Wie viele Freunde wir auch haben mögen, wie viele Menschen uns auch teuer sein mögen wie zum Beispiel unsere Eltern, wie viele Personen es auch geben mag, die uns seit langem begleiten und mit denen wir unser ganzes Leben verbracht haben, zum Zeitpunkt des Todes werden entweder sie uns verlassen oder wir sie. Gewiss ist jedoch, dass wir voneinander getrennt werden.

Unseren Besitz und Reichtum, den wir mit großer Mühe angehäuft haben, ohne uns vor Leid und üblen Taten zu scheuen, können wir zum Zeitpunkt des Todes nicht mit uns nehmen; nicht das allerkleinste Stückchen kann uns folgen.

Während der Geist sich noch weigert loszulassen, löst er sich von diesem Leben wie ein Haar, das aus einem Stück Butter gezogen wird, und lässt alles hinter sich. Auch die aus einer Masse von

Fleisch und Knochen zusammensetzte fleischliche Herberge des Körpers, die uns stets begleitet hat, wird von dem gastgleichen Bewusstsein abgeworfen, wenn wir allein und ohne Freund zu einem unbekannten Ort aufbrechen. Auf diese Weise sollte man über alle Aspekte des Abschieds von diesem Leben nachdenken.

Von diesem Tag an sollte man sich daher nicht mehr um die Angelegenheiten dieses Lebens kümmern; sie sind voller Unzulänglichkeiten und banaler Aktivitäten, wie das Bezwingen von Feinden, das Umwerben von Freunden und das Bestellen der Felder. Stattdessen sollte man sich bemühen eine geistige Einstellung einzunehmen, die sich auch um das nächste und alle weiteren Leben bemüht: Auf diese Weise begibt man sich auf den Pfad des Dharma. Dies ist auch die Praxis der Bodhisattvas, mit der sie damit aufhören, ständig in weltliche Aktivitäten verstrickt zu sein.

Aus einem Sutra:

> Die Drei Bereiche sind vergänglich wie Wolken im Herbst;
> zu erleben, wie Wesen geboren werden und sterben, ist als
> ob man dem Ablauf eines Schauspiels folgte.

Es gibt noch zahlreiche andere Beispiele, die alle zeigen, dass die äußere Welt und die in ihr lebenden Wesen, das Gefäß und sein Inhalt, vergänglich sind.

So heißt es auch in den *Jataka-Geschichten*:

> Ab dem Zeitpunkt, zu dem sie in den Mutterleib eintreten,
> bewegen sich alle Wesen, die ihren Fuß auf diesen Pfad
>   gesetzt haben,
> ohne sich auf einen anderen zu verirren,
> stetig auf den Herrn des Todes zu.

Aus dem *Eintritt in das Leben zur Erleuchtung*:

> Obwohl ich mich im Netz der negativen Emotionen ver-
>   fangen habe

und in die Falle der Wiedergeburt gegangen bin,
ist mir doch nicht bewusst,
dass ich mich in den Rachen des Herrn des Todes verirrt
habe.

Da jeder, der einmal geboren wurde, letztendlich auch sterben muss, sollte man die Besinnung auf den eigenen Tod zu seiner Kontemplation machen. Obwohl es viele verschiedene Vorgehensweisen für dieses Nachdenken über die eigene Vergänglichkeit gibt, wird hier jene der Drei Wurzeln, Neun Gründe und Drei Entscheidungen erläutert.

Die Drei Wurzeln sind wie folgt:

1. Der Tod ist gewiss
2. Der Zeitpunkt des Todes ist ungewiss
3. Zum Zeitpunkt des Todes kann uns nichts außer dem Dharma helfen

Zur ersten der Drei Wurzeln, der Gewissheit des Todes, gibt es drei Erläuterungen:

Niemand wurde in der Vergangenheit geboren,
der nicht auch gestorben ist.
Der physische Körper besteht in Abhängigkeit.
Das Leben bewegt sich mit jedem Augenblick seinem
Ende zu.

Bezüglich der zweiten Wurzel, dem ungewissen Todeszeitpunkt, wird Folgendes gesagt:

Die Dauer der Lebensspanne ist ungewiss.
Der Körper hat keinerlei Essenz oder wahrhafte Existenz.
Umstände, die zum Tod führen können, sind zahlreich
vorhanden.

Bezüglich der dritten Wurzel, dass zum Zeitpunkt des Todes nichts außer dem Dharma von Nutzen ist, heißt es:

Freunde können uns nicht von Nutzen sein.
Nahrung und Reichtümer werden uns nicht von Nutzen sein.
Selbst der eigene Körper wird uns nicht von Nutzen sein.

Alle diese Punkte belegen die Gewissheit des Todes und die damit verbundenen Fakten. Ohne jeden dieser Punkte ausführlicher darzustellen, werden nur die Erläuterungen der dritten Wurzel im Wurzelvers explizit angeführt.

Weiter:
Durch die Gewissheit des Todes erkennen wir die Notwendigkeit zur Dharmapraxis, damit es zum Todeszeitpunkt etwas gibt, das uns von Nutzen ist.

Durch den ungewissen Todeszeitpunkt erkennen wir die Notwendigkeit, den Dharma vom gegenwärtigen Zeitpunkt an zu praktizieren.

Da uns nichts außer dem Dharma von Nutzen sein kann, wird die Notwendigkeit festgestellt, ausschließlich den Dharma zu praktizieren.

Im *Eintritt in das Leben zur Erleuchtung* wird Folgendes erwähnt:

Alles hinter sich lassend muss jeder gehen;
aber weil ich das nicht verstanden habe,
habe ich meiner Freunde und Feinde willen
viel Böses angerichtet.

Dies zeigt die Fehler auf, die aus dem mangelnden Nachdenken über unsere Sterblichkeit resultieren.

Aus einem Sutra:

Von allen Zeitpunkten zum Pflügen ist der Herbst am besten.[20]

Wenn wir uns in die Träumereien dieses Lebens verstricken, wird nichts, was wir an Gutem schaffen, sich in ursprünglichen, reinen Dharma verwandeln, sondern nur ein bloßer Abglanz dessen bleiben. Daher sollten wir uns nicht auf diese Weise verwickeln lassen.

Es wird gelehrt, dass genau dieses Nachdenken über den Tod die direkte Ursache für das Durchschneiden der Träumereien dieses Lebens ist.

Der große Meister Atisha führte Folgendes an:

Alles hinter dir lassend, musst du aus diesem Leben gehen. Gib daher alle Betätigungen auf und hänge an nichts und niemandem.

Dromtonpa erklärte:

Das Leben eilt dahin. Wie ein Blitz, der den Himmel erhellt, ist es ein Phänomen, das vergeht, kaum dass es entstanden ist.

Und:

Wenn wir nicht damit aufhören uns ständig um die Angelegenheiten dieses Lebens zu kümmern, dann wird, was immer wir auch tun, nicht zum Dharma werden, da wir nicht frei von den Acht weltlichen Belangen sind. Aber wenn wir aufhören uns um dieses Leben zu sorgen, dann werden wir auf dem Pfad der Erleuchtung voranschreiten, ohne uns in die Acht weltlichen Belange zu verstricken.

Yerba Shangtsun erläuterte:

Um das Verstricktsein in die Angelegenheiten dieses Lebens ablegen zu können, ist es wichtig kontinuierlich über ihr Gegenmittel Vergänglichkeit nachzudenken. Wenn man sich nicht schon am frühen Morgen die Vergänglichkeit aller Dinge vor Augen hält, werden bis Mittag alle Aktivitäten nur diesem Leben gelten. Wenn man zu Mittag nicht bedenkt, dass alle Dinge vergänglich sind, dann werden den Nachmittag über alle Aktivitäten nur diesem Leben gewidmet sein. Wenn alle Sorge nur diesem Leben gilt, wird schließlich keine deiner Taten zum Dharma geworden sein.

Chen-ngawa berichtete:

Ohne eine morgendliche Praxissitzung über Vergänglichkeit wird der ganze Tag ausschließlich den Angelegenheiten dieses Leben gewidmet sein.

Kharagpa sagte Folgendes:

Es gibt keinen Ort, wo Menschen leben ohne sterben zu müssen.
Der Tod ist gewiss und bald schon werden auch wir sterben.
Da einem nichts mehr von Nutzen ist, wenn man stirbt, sollte man sich zu Herzen nehmen, dass es keine Zeit zu vergeuden gibt.

Dragyabpa erläuterte:

Wieviel Mühe du dir, angespornt durch die Sorge um dieses Leben, auch immer gegeben haben magst: Wenn du morgen stirbst, musst du nackt und mit leeren Händen gehen. Daher solltest du, bevor der Tod sich nähert, einen Dharma praktizieren, der nicht mit den Angelegenheiten dieses Leben vermischt ist.

Kamapa erklärte:

Der Tod sollte uns jetzt erschrecken,
denn kurz vor dem Tod sollte man nicht in Angst verfallen.
Wir jedoch tun das Gegenteil: Wir sind jetzt ohne Angst
vor dem Tod,
aber an seiner Schwelle werden wir uns vor Angst die Fin-
gernägel in das Fleisch unserer Brust bohren.

Neuzurpa merkte an:

Es gibt drei Dinge, die gleichzeitig auftreten: dass man
sich auf seine Sterblichkeit besinnt; dass man die ständige
Beschäftigung mit den Angelegenheiten dieses Leben aufgibt; und dass man den Dharma praktiziert. Denken dass
man nicht sterben wird, ständig mit den Angelegenheiten
dieses Leben beschäftigt sein und Übles tun sind auch drei
Dinge, die gleichzeitig auftreten.

Damit wird der Nutzen beschrieben, der daraus erwächst, wenn
man sich auf seinen Tod besinnt, ebenso wie die Mängel, die
entstehen, wenn man es unterlässt seine Sterblichkeit zu kontemplieren.

Es gibt viele Aussagen heiliger Wesen, die beschreiben, wie
wichtig die Besinnung auf die eigene Vergänglichkeit ist, da sie
dazu führt, dass wir den Pfad des Dharma betreten, dann unseren Fleiß verstärken und schließlich den strahlenden Dharmakaya verwirklichen.

Gyalse Togme selbst erläuterte dazu:

Wenn ein natürliches Gefühl von Vergänglichkeit in uns
aufsteigt, werden wir unter keinen Umständen an etwas
anderes als den Dharma denken. Aber es gibt nur sehr
wenig Praktizierende, in denen diese Erfahrung wirklich
entstanden ist.

Und:

> Der Tod ist gewiss, aber der Zeitpunkt des Todes ist unge-
> wiss.
> Und zum Zeitpunkt des Todes ist uns nur der Dharma
> von Nutzen.

Er gab viele Erläuterungen dieser Art und machte die Kontemplation seiner Vergänglichkeit zu einer seiner Hauptpraktiken.

5

Schlechte Gesellschaft meiden

Zum Aufgeben des negativen Umstandes „schlechte Gesellschaft" wird gelehrt:

Wenn sich durch die Freundschaft mit jemandem
die Drei Gifte vermehren,
die Aktivitäten von Studium, Reflexion und Meditation ver-
mindern
und liebevolle Zuneigung und Mitgefühl verschwinden,
dann ist es die Übung der Bodhisattvas, diese schlechte Gesell-
schaft zu meiden.

Die Gesellschaft gewisser Freunde kann eine Zunahme unserer
negativen Emotionen, der Drei Geistesgifte, bewirken, wodurch
die Antriebskraft zur Befreiung durchtrennt wird. Dadurch werden sich Aktivitäten des Dharma wie Studium, Reflexion und
Meditation, die die Hauptursache für das Erlangen der Befreiung
sind, automatisch vermindern. Zudem kann schlechte Gesellschaft bewirken, dass alle in der Vergangenheit angesammelten
tugendhaften Qualitäten völlig verschwinden, wie Bodhichitta,
liebevolle Zuneigung und Mitgefühl, die absoluten Grundlagen
des Mahayanapfades. Verdorbene Gesellschaft und unzuträgli-
che Freunde aufzugeben, indem sie als gefährliche wilde Tiere
angesehen werden, ist die Praxis der Bodhisattvas und ihre Art
und Weise schlechte Gesellschaft aufzugeben.

Aus den *Zweckmäßigen Äußerungen*:

> Meide die Gesellschaft von Menschen, die negativ beein-
> flusst sind.
> Wenn du dich jenen anschließt, die Negatives tun,
> werden andere dich auch des Negativen verdächtigen,
> obwohl du dich davon fern gehalten hast,
> und dein schlechter Ruf wird sich überallhin verbreiten.

Ebenso:

> Personen, die mit niederträchtigen Menschen Umgang
> pflegen, werden selbst verdorben.

Wenn man auf untugendhafte Freunde vertraut, wird sich die
Menge der eigenen Unzulänglichkeiten vergrößern und die der
Qualitäten verringern. Deshalb wird gesagt, dass man solche
Freunde aufgeben soll.
Aus dem *Sutra über die Anwendung von Achtsamkeit*:

> Schlechte Freunde, der Grund für Begierde, Zorn und
> Ignoranz, gleichen einem giftigen Baum.

Weiter aus dem *Nirvana-Sutra*:

> Ein Bodhisattva fürchtet schlechte Gesellschaft mehr als
> einen verrückten Elefanten. Denn der kann nur den Kör-
> per zertrampeln, aber schlechte Gesellschaft zerstört die
> Reinheit von Geist und Tugend.

Aus dem *Eintritt in das Leben zur Erleuchtung*:

> Die Gesellschaft kindischer Menschen führt dazu,
> dass man sich selbst lobt und andere herabsetzt.

Kurz gesagt: Wenn man den Umgang mit unzuträglichen Freunden pflegt, färben ihre Fehler auf einen ab und der tugendhafte Dharma, der noch nicht entstanden ist, kann sich nicht entfalten. Ebenso wird der schon entstandene sich wieder verringern. Schlechte Gesellschaft hat viele Nachteile dieser Art.

Der Meister Atisha lehrte:

> Denkt immer daran Freunde aufzugeben, die bewirken,
> dass unsere negativen Emotionen sich verstärken,
> und stattdessen auf Freunde zu vertrauen, die unsere
> Tugenden stärken.

Ähnliches sagen die *Fragen und Antworten der Belehrungen des Vaters*:

> „Atisha, wer ist der schlimmste aller Widersacher?"
> „Drom, schlechte Gesellschaft ist der Erzfeind."
> „Atisha, welche Umstände sind die abträglichsten für die
>   Gelübde?"
> „Drom, das sind Frauen und dergleichen, gib sie deshalb
>   auf."

Dromtonpa selbst sagte einmal:

> Halte dich auf geschickte Weise von schlechten Freunden
> fern, die Anhaftung und Abneigung erzeugen.

Ebenso wird gesagt:

> Wenn sich eine Person niederen Charakters einem ausgezeichneten Gefährten anschließt, kann sie nicht besser werden als jemand mit einem mittelmäßigen Charakter. Wenn jedoch eine Person ausgezeichneten Charakters Umgang pflegt mit einer anderen von schlechtem Charakter, dann wird die mit dem ausgezeichneten Charakter mühelos einen schlechten Charakter annehmen.

Potowa erklärte Folgendes:

> Wer schwach ist und zusätzlich noch auf den Rat schlechter Gesellschaft hört und deren Verhalten übernimmt, dessen kurz- und langfristige Ziele werden fehlgeleitet sein.

Und:

> Wie mit der Nähe von Hunden auch ein größeres Risiko einhergeht gebissen zu werden, so riskieren Praktizierende im Allgemeinen und Ordinierte im Besonderen durch die Nähe junger Frauen einen schlechten Ruf in diesem Leben und eine niedere Wiedergeburt in zukünftigen Leben.

Sharawa sagte:

> Da Frauen eine der Wurzeln negativer Emotionen sind, halte dich nicht in ihrer Umgebung auf.

Shabopa:

> Es wird nicht verstanden, dass liebende, aber üble Freunde ein verheerendes Vorbild sein können, während zornige, aber tugendhafte Freunde von großem Nutzen sind.

Nyugrumpa führte an:

> Du solltest in dir die Vorstellung entwickeln, dass ein untugendhafter Freund dein Todfeind ist. Ebenso solltest du in dir die Vorstellung entwickeln, dass schlechte Gesellschaft einer ansteckenden Krankheit gleicht.

Der große Gyalse Togme selbst lehrte:

> Wenn du auf üble Freunde vertraust, wird das Unheilsame
> in dir zunehmen, da sie Hindernisse für die tugendhafte
> Dharmapraxis schaffen.

Und:

> Jeder, der sich Glück in allen Leben wünscht,
> sollte sich von Freunden mit schlechtem Charakter fern-
> halten.

Dies lehrte er und wendete es auch an in seinem Leben.

6

Auf einen spirituellen Freund vertrauen

Bezüglich des günstigen Umstands „Auf einen spirituellen Freund vertrauen" wird gesagt:

Wer auf einen erhabenen spirituellen Freund vertraut,
dessen Fehler verschwinden
und die Menge seiner guten Qualitäten wächst wie der
zunehmende Mond.
Daher ist es die Übung der Bodhisattvas, solch einen spiritu-
ellen Freund höher zu schätzen als das eigene Leben.

Wenn wir bestimmten Freunden folgen oder ihnen dienen, werden sich unsere Unzulänglichkeiten, wie Anhaftung und Abneigung, erschöpfen und alle guten Qualitäten, wie Zuhören, Reflektieren und Meditieren, liebevolle Zuneigung, Mitgefühl und Bodhichitta, größer und größer werden gleich dem zunehmenden Mond. Heilige spirituelle Freunde und ausgezeichnete Weggefährten höher zu schätzen als sogar das eigene Leben und den eigenen Körper und ihnen auf richtige Weise nachzueifern, das ist die Praxis der Bodhisattvas und ihre Art, einem spirituellem Freund zu folgen.

In diesem Zusammenhang wird im *Sutra der geschmückten Ordnung* gesagt:

Du solltest nie genug bekommen vom Anblick deines spirituellen Freundes. Wenn du dich fragst wieso, dann ist die Antwort, dass es schwierig ist auf spirituelle Freunde zu treffen, da sie nur selten in Erscheinung treten.

Überdies wird in diesem Sutra angeführt, dass es viele Vorteile mit sich bringt, von einem spirituellen Freund akzeptiert zu werden: Man wird davor bewahrt in die niederen Bereiche zu fallen, in die Hände schlechter Gesellschaft zu geraten oder leicht von Karma und negativen Emotionen überwältigt zu werden.

Aus den *Jataka-Geschichten* stammt folgendes Zitat:

Niemand sollte fern vom Meister sein.
Mit sanftem Gebaren sollte man nach Tugend streben.
Wenn wir in ihrer Nähe bleiben, werden ihre Qualitäten
    auf uns abfärben,
ohne dass sie uns eingebläut werden müssen.

Zur Notwendigkeit auf jemanden zu vertrauen, der fortgeschrittener ist als man selbst, wird in den *Zweckmäßigen Äußerungen* angeführt:

Da man Verwirklichung erreicht, indem man auf einen
    Meister vertraut,
sollte man auf jemanden vertrauen, der fortgeschrittener
    ist als man selbst.

Im Vinaya wird gelehrt, dass unser reines Verhalten vollständig von einem spirituellen Freund abhängt.

Im *Brief an einen Freund* wird erklärt:

Dadurch, dass du auf einen spirituellen Freund vertraust,
wird dein Verhalten vollkommen rein.

Es gibt zweierlei Arten auf einen spirituellen Freund zu vertrauen: durch Gedanken und durch Taten. Bezüglich der ersten

Art gibt es wiederum zwei: indem man sich in grundlegendem Vertrauen übt und indem man sich der Güte des spirituellen Freundes erinnert. Es wird gelehrt, dass dieses Vertrauen Wurzel und Voraussetzung aller reinen Dharmas darstellt.

Aus einem Sutra:

> Zur Vorbereitung entwickle das „muttergleiche", grundlegende Vertrauen.

Es werden viele Zitate dieser Art angeführt.

Der Güte des spirituellen Lehrers erinnern wir uns dadurch, dass wir uns vor Augen führen, was zum Beispiel im *Sutra der geschmückten Ordnung* gelehrt wird, nämlich, dass er derjenige ist, der uns vor den niederen Bereichen bewahrt.

Die zweite Art, einem spirituellen Freund zu vertrauen, ist die durch Taten. Dies wird in der *Zierde der Sutren* auf folgende Weise gelehrt:

> Man sollte einem spirituellen Lehrer folgen, indem man ihm Dienste erweist und Gaben darbringt, ihn verehrt und sich der Praxis widmet.

Daher sollte man seinem Lehrer dienen, indem man ihn mit Hilfe dieser drei Möglichkeiten erfreut.

Aus dem *Eintritt in das Leben zur Erleuchtung*:

> Du solltest niemals, nicht einmal auf Kosten deines
>   Lebens,
> deinen spirituellen Freund aufgeben,
> der gelehrt ist in der Bedeutung des großen Fahrzeuges
> und größte Erfahrung in der Praxis des Bodhisattvapfades
>   besitzt.

Weiter:

Gerade wie in der Lebensgeschichte von Shri Sambhava
beschrieben,
sollte man auf einen Meister vertrauen.

Wer einem spirituellen Lehrer auf richtige Weise folgt, dessen Unzulänglichkeiten verschwinden vollständig und seine guten Qualitäten vermehren sich; das bewirkt viel Positives. Das Gegenteil all dieser guten Qualitäten entsteht, wenn man einem spirituellen Freund nicht auf die richtige Weise folgt.

Der Meister Atisha erläuterte:

Geschätzte Freunde, da ihr einen Meister benötigt, bis ihr Erleuchtung erreicht, solltet ihr einem verwirklichten spirituellen Lehrer folgen.

Und:

Es wird gesagt, dass sich alle Qualitäten des Großen Fahrzeugs nur entwickeln, wenn man auf einen Lehrer vertraut.

Als eine laute Stimme bat: „Atisha, bitte gib uns mündliche Unterweisungen!" antwortete er: „He, ich höre sehr gut! Um mündliche Unterweisungen zu bekommen braucht man Vertrauen, hörst du?"

Dromtonpa fragte Atisha: „Du, dessen Verhalten rein ist, hängt dein reines Verhalten von deinen Gefährten ab?" Atisha antwortete: „Reines Verhalten hängt sicherlich von tugendhaften Gefährten ab!"

Dromtonpa sagte auch:

Vertraue Tag und Nacht auf nichts anderes als deinen Lehrer.
Stütze dich auf deinen verwirklichten Freund wie auf einen Wanderstab.

Potowa führte weiter aus:

Auch wenn man selbst unsicher ist, wird der ausgezeichnete Freund, dem man folgt, nicht zulassen, dass man vom richtigen Pfad abweicht. Er wird einem dabei helfen die Gelübde zu bewahren und all das zu tun, was tugendhaft ist.

Und:

Um seine Qualitäten weiter und weiter entwickeln zu können, hängt ein Anfänger ohne Verständnis des Dharma vollkommen von einem Meister des Großen Fahrzeugs ab. Bis er geistige Stabilität erreicht hat, sollte er nicht einmal für kurze Zeit von seinem Meister getrennt sein. Aus diesem Grund muss er beharrlich einem spirituellen Meister folgen.

Weiter führte er aus:

Wer keinen Respekt vor seinem Meister hat, dem würde auch kein Nutzen
daraus erwachsen, wenn er dem Buddha persönlich diente.

Kharagpa sagte:

Folge einem verwirklichten Meister, der über die Qualitäten von Gelehrtheit
und Reinheit verfügt und sich nicht um weltliche Belange kümmert.

Weiter sagte er:

In einer Person ohne Vertrauen wird sich nicht die geringste positive Qualität einstellen können. Deshalb solltest du einem spirituellen Meister folgen und die Sutren lesen.

Nyugrumpa sagte:

> Du solltest deinen spirituellen Meister als wunscherfül-
> lendes Juwel sehen und deine ausgezeichneten Freunde als
> starke Festung.

Jayulwa sagte das Folgende:

> Folge stets einem spirituellen Freund, denn er ist es, der
> den Weg zu Befreiung und Allwissenheit weist.

Jayulwas Lebensgeschichte selbst ist ein außergewöhnliches und
edles Beispiel dafür, wie man einem spirituellen Freund richtig
nachfolgt.

Puchungwa sagte bezüglich der Notwendigkeit, sich vom
Beispiel eines Meister inspirieren zu lassen, dessen Qualitäten
größer als die eigenen sind:

> Ich studiere sorgfältig all die beispielhaften Leben der
> Meister, denn sie dienen mir als Inspiration.

Tazhi verlautete:

> Die alten Meister von Radreng stehen im Mittelpunkt
> meines Interesses.

Gyalse Togme selbst lehrte:

> Tugend nimmt zu, wenn man auf einen spirituellen
> Freund vertraut.

Und:

> Er ist es, der die erhabene Methode aufzeigt zu erkennen,
> was jenseits von Entstehen ist. Einen solchen Meister
> sollte man als Juwel über seinem Scheitel verehren.

So lehrte er und so praktizierte er auch, indem er mehr als vierzig spirituellen Lehrern folgte, wie den unvergleichlichen Meistern Sonam Dragpa und Sherbumpa Rinpoche.

7

Zuflucht nehmen

In Bezug auf Zufluchtnahme, dem Zugang zu den Belehrungen, wird gesagt:

Wen könnten die weltlichen Götter beschützen,
wenn sie doch selbst im Kerker von Samsara gefangen sind?
Daher ist es die Übung der Bodhisattvas,
Zuflucht zu nehmen zu den unfehlbaren Drei Juwelen.

Wie groß ihre Macht auch sein mag, die großen weltlichen Götter und ähnliche Wesen sind doch selbst im Gefängnis des Existenzkreislaufs gefangen, aus dem nur sehr schwer zu entkommen ist. Da sie selbst hilflos gebunden sind mit den eisernen Fesseln von Karma und negativen Emotionen, dem Ursprung allen Leids, wie könnte da einer ihresgleichen Wesen beschützen, die nach den Wohltaten der höheren Bereiche streben und Befreiung vom Leid Samsaras und der niederen Bereiche suchen? Sie haben nicht die geringste Möglichkeit derartigen Schutz zu gewähren.

Wenn man daher nach Schutz sucht, sollte man Zuflucht zu den Drei Juwelen nehmen, indem man sich voller Zuversicht jenen anvertraut, die von Natur aus unfehlbar sind; sie verfügen über die Fähigkeit, jeden vor der in Samsara herrschenden Angst und den Verlockungen des Nirvana zu bewahren. Dies ist die Art von Praxis, mit der Bodhisattvas sich darin üben, auf richtige Weise Zuflucht zu nehmen.

Aus dem *Eintritt in das Leben zur Erleuchtung*:

> Siegreicher, Beschützer aller Wesen,
> der danach strebt alle Wesen zu behüten,
> dessen große Kraft jegliche Angst zerstreut,
> von diesem Tag an nehme ich Zuflucht zu dir.

Was ist mit der Bezeichnung „Beschützer aller Wesen" gemeint? Sie bedeutet, dass der Siegreiche alle Wesen aus einem Mitgefühl heraus beschützt, das von keiner Parteilichkeit gefärbt ist. Aus dem Ausdruck „Der danach strebt alle Wesen zu behüten" folgt, dass er auch ohne jegliche Parteilichkeit zu deren Wohle wirkt. „Große Kraft" bedeutet, dass er frei von jeglicher Angst ist. „Dessen große Kraft jegliche Angst zerstreut" heißt, dass er geschickt ist in der Anwendung von Methoden, mit deren Hilfe er die Ängste anderer Wesen zerstreut. Wer über diese vier besonderen Merkmale verfügt, wird als geeignetes Zufluchtsobjekt angesehen. Da der Buddha über diese Merkmale verfügt, andere wie Ishvara jedoch nicht, heißt es, dass der Buddha die höchste Zuflucht darstellt. Daraus folgt, dass sowohl der von ihm gelehrte Dharma wie auch die Sangha seiner Anhänger geeignete Zufluchtsobjekte sind.

So wird in den *Siebzig Stanzen der Zufluchtnahme* erklärt:

> Der Buddha, der Dharma und der Sangha
> sind die höchste Zuflucht für jene, die nach Befreiung
> streben.

Einer der Vorteile der Zufluchtnahme ist, dass man dadurch den Pfad des Buddhismus betritt.

Das *Paramita-Kompendium* fasst dies so zusammen:

> Wenn der Wert der Zufluchtnahme eine Form hätte,
> wäre selbst das dreitausendfache Universum zu klein sie
> aufzunehmen.

Wenn man jedoch in seinem Herzen kein wirkliches Vertrauen zu den Drei Juwelen fühlt, wird sich wirklicher Nutzen nur schwer einstellen können. Die Nachteile, die daraus folgen, dass man nicht Zuflucht nimmt, sind das Gegenteil des entsprechenden Vorteils der Zufluchtnahme. Die dazugehörigen Übungen allgemeiner und besonderer Art sollten anderswo gelernt werden.

Der Meister Atisha lehrte:

Vertraue dich völlig den Objekten der Zuflucht an:
Der höchsten Zuflucht, dem Meister, und den Drei Juwelen.
Vertraue ihnen mit einem Glauben, jenem unermesslichen Grund der Tugend,
der auf Bewunderung, Sehnsucht und Gewissheit beruht.

Da er die Zufluchtnahme als Grund des Dharma erkannt hatte, veranlasste Atisha alle Mönche und Laien von Nyetang und von sonst wo, die Zufluchtnahme zu einem Hauptteil ihrer Praxis zu machen. Auf diese Weise wurde er als der so genannte „Zufluchtsmeister" bekannt.

Dromtonpa erklärte:

Es ist schwierig sich aus dem Ozean von Samsara zu befreien,
es ist aber auch schwierig all das Leid ertragen zu können.
Aus diesem Grund müssen wir gemeinsam mit all unseren Eltern Zuflucht suchen.
Wer anderswo nach einer Zufluchtsmöglichkeit sucht,
wird herausfinden, dass es keine höhere gibt als die Drei Juwelen.

Und:

Es gibt keinen Lehrer, der mit dem Buddha vergleichbar wäre.
Es gibt keinen Schutz, der mit dem Dharma vergleichbar wäre.

Es gibt kein Verdienstfeld, das mit dem Sangha vergleichbar wäre.
Deshalb nehme ich Zuflucht zu ihnen.

Potowa sagte:

Wir sollten Zuflucht nehmen zum hervorragenden und siegreichen Buddha, der eine Quelle des Schutzes ist gegen unsere Ängste vor samsarischem Leid und vor allem dem Leid der niederen Bereiche. Weltliche Götter, Ishvara, Nagas, Zauberer und andere können nicht als Zuflucht dienen, da sie Samsara selbst nicht überwunden haben.

Er fuhr fort:

Wenn man darüber immer wieder nachdenkt, wird unser Vertrauen stetig zunehmen, unser Wesen reiner werden und großer Segen für uns daraus entstehen. Nachdem man aus ganzem Herzen mit unerschütterlicher Gewissheit Zuflucht genommen hat, praktiziert man gemäß den Unterweisungen. Was immer man dann auch tut, wird der Aktivität des Buddha selbst entsprechen. Aber Menschen wie wir können sich die Weisheit des Buddha nicht einmal als eine Art intelligenter Wahrsagerei vorstellen.

Weiter:

Im Lande Yungwa erfuhr niemand größeres Glück als Geshe Khamlungpa, der auf die Drei Juwelen vertraute. Im Lande Lungsho tat Chen–ngawa das gleiche, und sein Glück, sein Wohlergehen und sein Ruhm waren groß. Dasselbe gilt für alle anderen, die den Dharma praktizieren. Wenn auch wir auf die Drei Juwelen vertrauen, ist es sicher, dass auch uns Glück, Wohlergehen und Ruhm begegnen wird.

Kharagpa sagte:

> Sie werden dich nie enttäuschen, wenn du ihnen vertraust.
> Das trifft nur auf die Drei Juwelen zu,
> deshalb solltest du auch nur zu ihnen Zuflucht nehmen.

Gyalse Togme selbst erklärte dies auf folgende Weise:

> Da alle weltlichen Götter und Menschen selbst nicht frei
> von Ängsten sind,
> sind sie auch nicht in der Lage, anderen Schutz zu gewäh-
> ren,
> und sollten daher nicht als höchste, dauerhafte Zuflucht
> angesehen werden.

> Da wir bei jenen Zuflucht suchen,
> die tatsächlich dazu im Stande sind zeitweiliges und letzt-
> endliches Glück zu schenken,
> sollten wir vollkommen auf die Drei Juwelen vertrauen.
> Nehmt freudig Zuflucht mit einem Geist voller Hingabe.

Solange wir noch auf dem Weg sind, so lehrte er außerdem, ist die Zufluchtnahme zugleich vorbereitende Übung, Methode zur Beseitigung von Hindernissen und erhabener Hauptteil. Dementsprechend praktizierte er.

TEIL 2

DER HAUPTTEIL

Die Pfade der drei Arten von Wesen

8

Pfad der Wesen geringerer Kapazität

Von den drei Punkten des Hauptteils über „die Pfade der drei Arten von Wesen" ist der erste der Pfad der Wesen mit geringerer Kapazität. Sie unterlassen untugendhafte Handlungen aus Angst vor dem Leid der niederen Bereiche.

Alles Leid der niederen Bereiche, das so schwer zu ertragen ist,
wird von dem Weisen als Folge negativer Handlungen erklärt.
Daher ist es die Übung der Bodhisattvas, nie negative Hand-
lungen zu begehen,
auch wenn es das eigene Leben kosten mag.

Allein vom Leid der drei niederen Bereiche zu hören ruft Angst hervor, und wenn es einen sogar selbst trifft, ist es äußerst schwer zu ertragen. Der allwissende Weise, der über die Fähigkeit verfügt, die unzähligen karmischen Handlungen und ihre Auswirkungen zu überblicken, lehrte, dass das Leid, das durch die Qualen unerträglicher Empfindungen hervorgerufen wird, nicht ohne eine entsprechende Ursache entsteht: Es ist die gereifte Folge übler Taten wie der Zehn untugendhaften Handlungen.

Nie eine untugendhafte Handlung zu begehen, selbst wenn es ihr Leben kosten mag, ist daher die Praxis, mittels derer sich Bodhisattvas darin üben tugendhafte Handlungen auszuführen und untugendhafte zu unterlassen.

Aus der *Kostbaren Girlande des Mittleren Weges*:

> Stell dir vor, was nur ein einziger Tag
> in den heißen oder kalten Höllen bedeutet;
> Denk auch an die Hungergeister, ausgezehrt von Hunger
>   und Durst;
> Schau dir die Tiere an und halte dir deren zahlreiches Leid
>   vor Augen.

Es gibt achtzehn Arten von Höllenbereichen, drei Arten von Bereichen der Hungergeister und zwei Arten von Bereichen der Tiere. Es ist gewiss, dass all das Leiden darin unter Hitze und Kälte, Hunger und Durst und Sich-Gegenseitig-Fressen nichts als die Auswirkungen untugendhafter Handlungen sind.

Aus dem eben zitierten Text:

> Alles Leid entsteht aus Untugend;
> Alle niederen Bereiche ebenso.

Im *Eintritt in das Leben zur Erleuchtung* wird Folgendes angeführt:

> Elend, geistiges Unbehagen,
> die verschiedenen Arten der Angst,
> das Nicht-Erreichen dessen, was wir uns wünschen:
> Alles resultiert aus unserem üblen Verhalten.

Weiter wird gelehrt:

> Wie kann ich mich gewiss von untugendhaftem Verhalten,
> der Ursache meines Leids, befreien?
> Bei jeder Gelegenheit, Tag und Nacht
> soll dies mein einziges Anliegen sein.

Daher ist es wichtig über Karma, Ursache und Wirkung, nachzudenken. Bezüglich der allgemeinen Überlegungen über die

Auswirkungen von Karma gilt:
· Karmische Folgen sind eine Gewissheit,
· Karmische Handlungen vervielfachen sich,
· Man hat nicht die Folgen von etwas zu tragen, das man nicht verursacht hat,
· Vollendete Handlungen lösen sich nicht einfach auf.

Bezüglich konkreter Überlegungen zu Karma und seinen Auswirkungen gibt es grob zusammengefasst die Zehn untugendhaften Handlungen und ihr Gegenteil, die Zehn tugendhaften Handlungen. Jede dieser Handlungen hat ihre individuelle Auswirkung, wie das vollständig gereifte Resultat, das der Ursache ähnliche Resultat, das vorherrschende Resultat usw. Sehr wichtig ist, dass wir zuversichtliches Vertrauen zu Karma und seinen Auswirkungen entwickeln, nachdem wir darüber nachgedacht haben, auf welche Weise jede einzelne dieser Auswirkungen erfahren wird.

Wenn man über das Leid in Samsara nachdenkt, entsteht in uns Entsagung und Mitgefühl. Wenn man über Karma und seine Auswirkungen nachdenkt, wird man, bedingt durch zuversichtliches Vertrauen genau wissen, was anzunehmen oder abzulehnen ist. Dies ist der Nutzen, der sich aus dem Nachdenken über diese Punkte ergibt.

Der Meister Atisha sagte:

Der Weise wird keinerlei negative Handlungen begehen, da diese zum Leid der niederen Bereiche führen.

Er fuhr fort:

Karma und seine Auswirkungen ist der einzige wirklich tiefgründige Punkt. Stabiles Vertrauen zu Karma, Ursache und Wirkung, zu erlangen ist wichtiger als eine Vision des eigenen Yidams.

Der Meister Atisha gab ein Beispiel für Karma und seine Auswirkungen:

Wenn die Wurzel giftig ist, sind auch die Zweige und die Blätter giftig. Wenn die Wurzel von medizinischem Wert ist, sind auch die Zweige und die Blätter von medizinischem Wert. Auf ähnliche Weise ist alles untugendhaft, was aus Anhaftung, Hass und Unwissenheit heraus geschieht.

Da er nichts anderes als Karma und seine Auswirkungen lehrte, während er in Westtibet weilte, wurde er bekannt als der so genannte „Meister Karma und seine Auswirkung".
Dromtonpa sagte ebenfalls:

Wenn wir in die drei niederen Bereiche fallen, gibt es kein Glück, sondern ausschließlich Leid.

Und:

Was immer wir während dieses Lebens Gutes oder Böses geschaffen haben:
Die Auswirkung dessen wird uns irgendwann in der Zukunft begegnen.

Er fuhr fort:

Wenn du dich jetzt nicht bemühst tugendhaft zu handeln, wird dir in Zukunft ohne Zweifel Leid widerfahren.

Ebenso:

Ihr Herren, seid nicht vermessen,
denn das Gesetz vom Abhängigen Entstehen ist in der Tat ein subtiles.

Potowa erklärte Folgendes:

Wenn wir uns gegenwärtig der Zehn untugendhaften Handlungen enthielten und den Zehn Tugenden folgten, dann würden wir die drei niederen Bereiche nicht einmal finden, wenn wir danach suchen würden. Wenn wir jedoch sorglos die Zehn Untugenden begehen, nachdem wir die Zehn tugendhaften Handlungen aufgegeben haben, werden wir umher irren, ohne die höheren Bereiche und Befreiung zu finden, selbst wenn wir angestrengt nach ihnen suchen.

Potowa fuhr fort:

> Nur Karma und seine Auswirkungen sind von äußerster Tiefgründigkeit;
> selbst Leerheit kann mit Hilfe logischer Überlegung verstanden werden.

Puchungwa sagte:

> In meinem hohen Alter bin ich nun endlich „den Weisen und den Narren"[21] begegnet.

Khamlungpa sagte zu Puchungwa: „Der spirituelle Freund hat gelehrt, dass nur Karma und seine Auswirkungen von Bedeutung sind. Aber ist nicht gerade dieser Teil der Belehrungen über Karma und seine Auswirkungen schwer zu lehren, zu verstehen und zu praktizieren?"

Puchungwa antwortete: „So ist es."

Als Langri Tangpa von Chen-ngawa Unterweisungen erbat, sagte Chen-ngawa:

> Herr, ich halte die Kontemplation über die Auswirkungen von Karma für nichts anderes als eine mündliche Unterweisung.

Kharagpa sagte:

> Die Ursache für das Leid der niederen Bereiche sind negative Handlungen. Gib sie deshalb auf!

Sharawa erklärte Folgendes:

> Eine Vorliebe für so genannte „hohe" Belehrungen zu
> hegen, ohne die Auswirkungen von Karma studiert zu
> haben, ist als ob man eine Burg auf Eis baue.

Gyalse Togme selbst lehrte:

> Alle in den niederen Bereichen leiden unter zahlreichen
> Qualen, wie Hitze und Kälte, Hunger und Durst und
> dem Sich-Gegenseitig-Fressen.

Er fuhr fort:

> Da alles Glück und Leid edler oder gewöhnlicher Wesen
> von ihrer Tugend oder Untugend hervorgerufen und auch
> zur Reife gebracht wird, strebe immer nach dem tugend-
> haften Dharma und tue nichts Schlechtes, auch wenn es
> dein Leben kosten mag.

So lehrte er und praktizierte entsprechend.

9

Pfad der Wesen mittlerer Kapazität

Bezüglich des Pfades der Wesen mittlerer Kapazität, die nach Befreiung streben ohne am samsarischen Glück zu haften, wird gesagt:

> *Das Glück der drei Bereiche ist wie ein Tautropfen an der*
> *Spitze eines Grashalms;*
> *von einem Moment auf den nächsten vergeht es von selbst.*
> *Daher ist es die Übung der Bodhisattvas*
> *nach der höchsten Ebene der Befreiung zu streben, die unver-*
> *änderlich ist.*

Wieviel Glück auch immer in den drei Reichen oder Existenzbereichen, dem Begierde-, Form- und Formlosen Bereich, existieren mag: es gleicht doch nur einem Tautropfen an der Spitze eines Grashalms. Da es von selbst von einem Moment auf den nächsten vergehen kann, ist es unvernünftig daran anzuhaften.

Die höchste Ebene der Befreiung jedoch ist von den Fesseln der Zwei Verdunkelungen befreit und von Natur aus stabil, unveränderlich und ewig. Das ist vollkommene Erleuchtung. Der entsagende Geist, der nach dieser Befreiung strebt, scheut auf dem Pfad des Großen Fahrzeugs keine Mühe. Dies ist die Art und Weise, wie sich alle Bodhisattvas darin üben eine geistige Einstellung hervorzubringen, die nach vollkommener Befreiung strebt.

Aus den *Vierhundert Versen des Mittleren Weges*:

> Wie kann derjenige, der in diesem Leben keinen Kummer kennt,
> sich jemals zur Befreiung hingezogen fühlen?

Im *Eintritt in das Leben zur Erleuchtung* wird auch angeführt:

> Ohne Leid gibt es auch keine Entsagung.

Wenn man nicht die gesamte Existenz als Leid erkannt hat und aus Traurigkeit darüber eine geistige Einstellung entwickelt, die sich danach sehnt diesen samsarischen Zustand aufzugeben, wird man nicht den Eifer entwickeln, der nach einer alles Leid besänftigenden Befreiung strebt. Aus diesem Grund sollte man auch nicht am Glück der höheren Bereiche anhaften, denn wenn man daran anhaftet, kann man die samsarische Existenz nicht überwinden.

Aus einem Sutra:

> Jeder, dessen Geist an Samsara anhaftet, wird für alle Zeiten darin kreisen.

Um einen entsagenden, nach Befreiung strebenden Geist zu entwickeln, muss man die Wahrheit vom Leiden, die Mängel der zyklischen Existenz und die Wahrheit vom Abhängigen Entstehen, den Stufen des Verwickeltseins in Samsara, verstehen.

In demselben Sutra werden die allgemeinen Mängel von Samsara erklärt, die aus sechs Unzulänglichkeiten bestehen: die Unbeständigkeit von Freund und Feind, der Mangel an befriedigenden Erfahrungen, das wiederholte Ablegen des physischen Körpers, die Monotonie der Wiedergeburten, das Schwanken zwischen hoher und niederer Wiedergeburt und die Einsamkeit zum Zeitpunkt des Todes bedingt durch das Fehlen von Weggefährten. Hier wird auch gelehrt, dass es acht bzw. drei Arten von Leid gibt und dergleichen mehr. Hinsichtlich der speziellen, individuellen Leiden gibt es nicht nur die früher erwähnten drei niederen Bereiche, die von Natur aus schmerzvoll sind, sondern auch das Leid der drei höheren Bereiche.

Aus einem Sutra:

> In Samsara gibt es nicht einmal soviel Glück,
> wie auf eine Nadelspitze passt.

Maitreya erklärt:

> So wie Exkrementen der Wohlgeruch fehlt,
> so sind die fünf Klassen von Wesen bar jeglichen Glücks.

In den *Vierhundert Versen des Mittleren Weges* wird angeführt:

> Die Weisen fürchten die höheren Bereiche so,
> wie sie die Höllen fürchten.

Daher reicht es jetzt nicht mehr länger aus, sich auf die Mängel der niederen Bereiche zu konzentrieren, wie das im Zusammenhang mit den Wesen geringerer Kapazität geschehen ist. Jetzt müssen wir verstehen, dass der gesamte Existenzbereich eine stete Quelle des Leids darstellt, ähnlich dem Inneren eines brennenden Hauses. Wenn man das erkannt hat, beginnt man damit nach Freiheit zu streben und wird auf dieser Basis Nirvana erreichen.

In den *Zweckmäßigen Äußerungen* wird erläutert:

> Wenn man die Mängel auf diese Weise erkannt hat,
> wird man schnell Nirvana erreichen.

Wenn man über die Wahrheit des Abhängigen Entstehens nachdenkt, das den Prozess des Verwickeltseins in Samsara darstellt, erkennt man, dass alles Leid des Daseins seinen Ursprung in karmischen Handlungen hat, die ihrerseits ihren Ursprung in negativen Emotionen haben. Die Wurzel aller negativen Emotionen liegt im Haften an einem Selbst. Wenn man fähig ist, dieses Haften an einem Selbst aufzuheben, wird man imstande sein, das Ende des Leidens im Zustand des Verweilenden Nirvanas oder der Befreiung zu erlangen. Was wird in diesem Zusammenhang unter „Befreiung" verstanden? Es ist das Freisein von den Fesseln des Karma und der negativen Emotionen.

Der Pfad, der zur Befreiung führt, ist die Praxis der Drei Arten von Schulung. Unter diesen dreien ist das Wissen, das die Ichlosigkeit erkennt, das, was tatsächlich das Haften an einem Selbst und somit die Wurzel von Samsara neutralisiert. Dieses Wissen basiert auf meditativer Versenkung. Da die Basis all dieser Qualitäten Disziplin ist, stellt zu Beginn Disziplin einen sehr wichtigen Faktor dar.

Aus Nagarjunas *Brief an einen Freund*:

Bemühe dich darum den Lauf der Wiedergeburten zu neutralisieren.

Und:

Bemühe dich darum, dass du nicht mehr wiedergeboren werden musst.

Jetzt, da wir nicht in die acht unfreien Zustände hineingeboren wurden, sondern die außergewöhnliche Stütze eines wertvollen menschlichen Körpers erlangt haben, müssen wir uns bemühen den Lauf der Wiedergeburten aufzuheben. Das heißt, dass wir beharrlich dem Weg folgen sollten, der zum Erlangen jenes Befreiungszustandes führt, der frei von Wiedergeburt ist.

Der Meister Atisha sagte:

Meine Freunde, es gibt kein Glück in diesem Sumpf von Samsara. Macht euch daher auf in das verlässliche Land der Befreiung.

Atisha lehrte überdies, dass allein die fehlende Abneigung gegenüber dem Existenzkreislauf Ursache für Samsara sein kann, auch wenn man seine Gelübde rein hält.

Dromtonpa sagte:

Kontempliere Tag und Nacht die Qualen von Samsara. Wenn du sie erkannt hast, entwickle den innigen Wunsch zu entkommen.

Potowa erklärte:

Solange wir Samsara als einen Palast wahrnehmen, gibt es keine Möglichkeit sich vollkommen daraus zu befreien

Und er fuhr fort:

Auch wenn man vor den niederen Bereichen geschützt ist, findet man kein Glück durch das bloße Erlangen einer Geburt als Mensch oder Gott, da die endgültige Festung noch nicht eingenommen wurde. Aus diesem Grunde muss man erkennen, dass Samsara als Gesamtheit leidvoll ist.

Als Kyangtsa Doltsul mündliche Unterweisungen erbat, erhielt er zur Antwort:

Du solltest über die Mängel von Samsara meditieren. Auf diese Weise wird es dir weder schwerfallen den Existenzkreislauf aufzugeben, noch Befreiung zu erlangen.

Kharagpa erklärte:

Wenn man über den Mangel an Glück in dem Bereich meditiert, in dem man gerade geboren ist, wird man verstehen, dass es notwendig ist den Geist von Samsara als Ganzem abzuwenden.

Der Text *Siebzig Ermahnungen* erwähnt auch:

Samsarische Wesen kennen kein Glück.

Nyugrumpa sagte:

Wenn du endgültige Erleuchtung erlangen möchtest, sollte in dir die Vorstellung entstehen, dass ganz Samsara einem Gefängnis gleicht.

Drogon erklärte:

Wenn in deinem Geist ein wahrhaftiges Gefühl der Entsagung gegenüber Samsara entsteht, wird vollständige Befreiung von den drei Existenzbereichen so leicht und rasch erfolgen, wie Feuer entsteht, wenn ein Feuerstein auf trockenen Zunder trifft.

Bezüglich der Notwendigkeit sich jetzt sofort anzustrengen, um sich aus dem Kreislauf der Wiedergeburt zu befreien, führt *Dharma durch Beispiel* Folgendes an:

Seit anfangslosen Zeiten bin ich in Samsara gekreist. Es ist nicht von allein zum Stillstand gekommen und wird das auch in Zukunft nicht tun. Aus diesem Grund muss ich mich daraus befreien, und der Zeitpunkt dafür ist jetzt, da ich die Freiheiten und günstigen Bedingungen erlangt habe.

Im *Blauen Euter* wird Ähnliches gelehrt. Naljorpa Chenpo erklärte auch:

Jetzt ist die Zeit, da du dich vom Vieh abheben sollst.

Neuzurpa sagt Folgendes:

> Sich abzuwenden, wenn man den drei niederen Bereichen
> von Angesicht zu Angesicht gegenübersteht, erweist sich
> als sehr lohnend.

Gyalse Togme selbst lehrte:

> Wenn du verstanden hast, dass das Wesen von Samsara
> Leid ist,
> gib die Ursache davon auf: Karma und negative Emotio-
> nen.
> Um Nirvana zu erlangen, solltest du auf dem Pfad zur
> Befreiung keine Mühe scheuen.

So lehrte er und praktizierte demgemäß.

Da dieser Pfad der Wesen mittlerer Kapazität die Basis des
Weges zur Befreiung darstellt, ist er von höchster Bedeutung.

10

Pfad der Wesen höchster Kapazität

D rei Punkte charakterisieren den Pfad der Wesen höchster
Kapazität, auf dem Befreiung von Samsara und Nirvana
durch Meditation über die Einheit von Leerheit und Mitgefühl
erlangt wird:
· Absicht, d.h. die Ausrichtung des Geistes auf das Erlangen
 höchster Erleuchtung
· Anwendung, d.h. das Kultivieren der zwei Arten von Bodhichitta
· Übung in den zwei oben genannten Disziplinen.

Wenn alle Mütter leiden, die seit anfangsloser Zeit für uns
 gesorgt haben,
was nützt uns dann unser eigenes Glück?
Daher üben sich Bodhisattvas darin den Erleuchtungsgeist zu
 entwickeln,
um grenzenlos viele fühlende Wesen zu befreien.

Seit anfangsloser Zeit haben die sechs Klassen von fühlenden
Wesen, die alle einmal meine liebenden Mütter waren, mich mit
unendlich inniger Liebe höher geschätzt als ihr eigenes Leben.
Mit unermesslicher Güte haben sie mich wieder und wieder auf-
gezogen. Wenn jedes einzelne von ihnen unter den gewöhnlichen
Leiden Samsaras und im Besonderen unter den intensiven und
lang anhaltenden Qualen der niederen Bereiche leidet, welchen

Sinn hat es dann, wenn ich, ohne auch nur einen Gedanken an sie zu verschwenden, zu meinem eigenen Wohl nach dem Glück der höheren Bereiche suche und überdies die Befreiung eines Arhats der Pratyekabuddhas oder Shravakas erstrebe?

Meine eigene Seelenruhe und mein eigenes Glück zu verfolgen, ohne nach einem Mittel zu suchen, das es mir ermöglicht, alle meine ehemaligen Mütter glücklich zu machen, ist sehr beschämend und wird von allen erhabenen Wesen getadelt. Es ist die Schändlichste aller Abweichungen vom Mahayanapfad.

Um unendlich vielen fühlenden Wesen zur Erleuchtung zu verhelfen und sie auf diese Weise aus dem Existenzkreislauf zu befreien, denkt man daher Folgendes: „So wie alle Buddhas und Bodhisattvas der Vergangenheit Bodhichitta entwickelt haben, so werde auch ich jene Geisteshaltung entwickeln, die nach der höchsten Erleuchtung strebt." Liebendes Mitgefühl zu entwickeln und dann den Erleuchtungsgeist in sich zu erwecken, ist die Praxis der Bodhisattvas, durch die sie entschlossenes Streben nach vollkommener Erleuchtung hervorbringen.

Aus der *Zierde der Sutren*:

Den Erleuchtungsgeist zu entwickeln heißt,
zum Wohle anderer nach wahrer und vollkommener
    Erleuchtung zu streben.

Wenn man den Erleuchtungsgeist des Großen Fahrzeugs hervorbringt, ist es das Wichtigste, sich darauf zu konzentrieren, was es zu erreichen gilt: vollkommene Erleuchtung zum Wohle anderer.

Bei der Einteilung des Erleuchtungsgeistes wird im *Eintritt in das Leben zur Erleuchtung* angeführt:

Zusammengefasst kann man sagen, dass der Erleuchtungsgeist zwei Aspekte umfasst:
Eine Geisteshaltung, die nach Erleuchtung strebt,
und eine, die sich darum bemüht Erleuchtung zu erlangen.

Daher unterscheidet man zwischen dem Erleuchtungsgeist der Absicht und dem Erleuchtungsgeist der Anwendung. Bezüglich des Unterschieds zwischen den beiden wird im selben Text angeführt:

> So wie man den Unterschied kennt zwischen dem Wunsch
> zu gehen und dem tatsächlichen Gehen,
> so sollten alle Weisen den stufenweisen Unterschied kennen
> zwischen den beiden Formen des Erleuchtungsgeistes.

Zudem ist der Erleuchtungsgeist das Tor zu den Mahayanapfaden sowohl des Sutra als auch des Tantra, und ob man zu den Vertretern des Großen Fahrzeugs zählt oder nicht, hängt daher davon ab, ob man über den Erleuchtungsgeist verfügt oder nicht.

Aus dem *Eintritt in das Leben zur Erleuchtung*:

> Wer im Gefängnis von Samsara leidet
> und Bodhichitta entwickelt,
> wird in diesem Moment zum Objekt der Verehrung
> von Göttern und Menschen
> und Kind der Sugatas genannt.

Und:

> Heute hat mein Leben Frucht getragen,
> diese Geburt als Mensch wurde gut genutzt:
> Ich wurde in die Familie der Buddhas hineingeboren
> und so zu einem Kind der Erleuchteten.

Einem Tier auch nur ein wenig Futter zu geben wird, wenn diese Handlung vom Erleuchtungsgeist motiviert ist, zu einer Bodhisattvaaktivität. Ohne den Erleuchtungsgeist stellt selbst das Opfer des dreitausendfachen mit Juwelen gefüllten Universums keinen Aspekt der Bodhisattvatätigkeit dar und ist nichts als bloße Großzügigkeit. Das gilt entsprechend auch für Disziplin und die anderen Paramitas. Auf diese Weise werden die Vorzüge und Mängel der An- oder Abwesenheit des Erleuchtungsgeistes und der davon getragenen Handlungen dargestellt.

Auf gleiche Weise werden im *Sutra der geschmückten Ordnung*, im *Eintritt in das Leben zur Erleuchtung* und anderen Texten ausführlich die Vorzüge des Erleuchtungsgeistes gelehrt.

Aus dem *Von Shridatta erbetenen Sutra*:

Wenn das Verdienst des Erleuchtungsgeistes
eine Form hätte,
würde es den gesamten Raum ausfüllen
und selbst den überfließen lassen.

Dies drückt jene Vorzüge kurz zusammengefasst aus.

Was ist somit die Essenz des Pfades des Großen Fahrzeugs, das zur Erlangung der zwei Kayas führt? Es ist Methode und Weisheit in vollkommener Form. Die höchste Methode ist vollkommenes, unparteiisches Mitgefühl und Bodhichitta, die höchste Weisheit ist die unterscheidende Weisheit, die Leerheit erkennt.

In der *Essenz des Mittleren Weges* wird angeführt:

Bodhichitta, der Keim der Erleuchtung,
ist geschmückt mit liebevoller Zuneigung und Mitgefühl,
großer Weisheit und großem Wissen.
Kein Weiser wird ihn daher je aufgeben.

Von den zwei Möglichkeiten den Geist in Bodhichitta zu üben, nämlich nach dem Wohl anderer und der eigenen Erleuchtung zu streben, erfordert erstere gemäß der mündlichen Tradition des Meisters Atisha das stufenweise Trainieren des Geistes in sieben Unterweisungen: wie man andere Wesen als die eigene Mutter ansieht, sich ihrer Güte erinnert und Ähnliches mehr. Wenn die mündlichen Unterweisungen des Bodhisattvas Shantideva zugrunde gelegt werden, dann wird gelehrt den Geist dadurch zu schulen, dass man sich selbst gegen andere austauscht. Darauf wird weiter unten eingegangen.

Wenn die Methode der Geistesschulung erklärt wird, die sich der liebevollen Zuneigung und des Mitgefühls bedient, die in beiden Schulen von großer Wichtigkeit sind, dann wird liebevolle Zuneigung allgemein als der Wunsch beschrieben, dass ein bestimmtes fühlendes Wesen, dem Glück versagt blieb, Glück erfahren möge. Daher wünscht die große, unparteiische liebevolle Zuneigung, dass alle fühlenden Wesen Glück erfahren und auch über die Ursache des Glücks verfügen mögen, die auf tugendhaftem Handeln beruht.

Auf ähnliche Weise wird Mitgefühl als der Wunsch beschrieben, dass ein bestimmtes fühlendes Wesen, das von Leid gequält wird, frei von diesem Leid sein möge. Großes, unparteiisches Mitgefühl ist der Wunsch, dass alle fühlenden Wesen frei sein mögen von Leid und der Ursache des Leids, die auf untugendhaftem Handeln beruht.

Wenn wir darüber nachdenken, wie alle fühlenden Wesen von Leid gequält werden, so wird ein Gefühl der Entsagung in uns entstehen, wenn uns bewusst wird, dass auch wir selbst von Leid gequält werden. Ebenso wird Mitgefühl in uns entstehen, wenn wir uns vor Augen führen, wie andere von Leid gequält werden.

Großes, unparteiisches Mitgefühl ist die Basis des Mahayanapfads. Um Erleuchtung erlangen zu können, ist seine Anwesenheit zu Beginn, in der Mitte und an seinem Ende unabdingbar. Durch den Gedanken „Möge ich tätig sein, damit alle fühlenden Wesen glücklich und frei von Leid seien", nimmt man die Bürde auf sich, anderen von Nutzen zu sein. Dies ist die höchste Form der Absicht, und auf Basis dieser Absicht entsteht der wahre Erleuchtungsgeist.

Im Zusammenhang mit der letzten der zwei Arten des Strebens, nämlich der nach eigener Erleuchtung, geloben wir uns sie zu erlangen, indem wir uns von ganzem Herzen darum bemühen. Denn wir haben erkannt, dass vollkommene Erleuchtung zu erlangen die Voraussetzung dafür ist, anderen Wesen von Nutzen sein zu können.

Meister Atisha lehrte:

Liebevolle Zuneigung und Mitgefühl müssen kultiviert und der Erleuchtungsgeist stabilisiert werden.

Er fuhr fort:

Zusammen mit dem großen, unparteiischen Mitgefühl wird der Erleuchtungsgeist als das Höchste gepriesen.

Als der Meister Atisha einmal in Bodhgaya heilige Stätten umwandelte, manifestierten sich auf magische Weise Tara und Bhrikuti als alte und als junge Frau. Im Zuge ihrer Diskussion sagten sie zu ihm: „Da du rasch Erleuchtung erlangen möchtest, übe dich in liebevoller Zuneigung, in Mitgefühl und im Erleuchtungsgeist."

Dadurch erlangte er Gewissheit. Viele Ereignisse dieser Art werden in seiner Lebensgeschichte beschrieben.

Der Yogi Chagtri Chog war 30 Jahre alt, als er dem Meister Atisha begegnete und ihn um mündliche Unterweisungen bat. Der Meister Atisha antwortete:

Von diesem Tag an denk nicht mehr an deinen Namen, deine Familie und deine Heimat. Hege nichts anderes als liebevolle Zuneigung und Mitgefühl, den Erleuchtungsgeist.

Da er eben dies tat, wird gesagt, dass er im Alter von 35 Jahren vollkommene Erleuchtung erlangte.

Dromtonpa sagte auch:

Entwickelt liebevolle Zuneigung und Mitgefühl in reichlichem Maß und stabilisiert den Erleuchtungsgeist.

Weiter sagte er:

Liebevolle Zuneigung, Mitgefühl und der Erleuchtungsgeist sind die Ursachen, aus denen die zwei großen Nutzen, für einen selbst und für andere, erwachsen.

Einmal erklärte Dromtonpa Naljorpa Chenpo:

Deine Meditation mag so stabil sein, dass dich nicht einmal das Schlagen einer Trommel nah an deinem Ohr stört. Dennoch wird eine Zeit kommen, zu der du Tag und Nacht Geständnisse ablegen musst, wenn dir liebevolle Zuneigung, Mitgefühl und der Erleuchtungsgeist fehlen.

Geshe Gonpawa erklärte:

Die Grundlage allwissender Weisheit sind die zwei Ansammlungen, die Grundlage der zwei Ansammlungen ist der Erleuchtungsgeist, und die Grundlage des Erleuchtungsgeistes sind liebevolle Zuneigung und Mitgefühl.

Aus Potowas *Dharma durch Beispiel*:

Egal von welchen Aktivitäten deine Drei Tore auch in Anspruch genommen sein mögen, übe jede von ihnen aus, indem du dich zugleich in liebevoller Zuneigung, Mitgefühl und dem Erleuchtungsgeist übst.

Im Zusammenhang mit der Erläuterung liebevoller Zuneigung durch ein Beispiel befragte eine alte Frau Potowa: „Was bedeutet Atishas Meditation über liebevolle Zuneigung?" Potowa antwortete: „Mit der gleichen Zuneigung, mit der du deinen Sohn Tole liebst und schätzt, sollst du auch jeden anderen wertschätzen." Da rief die alte Frau aus: „Selbst wenn ich hundert Tage darüber meditierte, würde das nicht funktionieren!" Potowa sagte später, dass sie den springenden Punkt verstanden hätte.

Ich glaube, dass damit vorrangig das Prinzip großer Zuneigung dargestellt wird.

Im Zusammenhang mit Mitgefühl erklärte Dromtonpa einer Person aus Kham namens Jampal, dessen Beine verletzt waren, Folgendes: „Nun, wenn deine alte Mutter vor deinen Augen von einem wilden Hund angefallen wird und sonst niemand in der Nähe ist, würdest du sicherlich zu ihr wanken, ohne an deine verletzten Beine zu denken. Wenn man auf diese Weise eine aufrichtige Geisteshaltung entwickelt, die alle fühlenden Wesen als die eigene Mutter ansieht, wird in dem Moment, da man ein fühlendes Wesen leiden sieht, überwältigendes Mitgefühl entstehen."

Im Zusammenhang mit dem Entwickeln des Erleuchtungsgeistes fragte jemand mit dem Namen Shangmon Khidrug: „Wobei handelt es sich bei Atishas Hervorbringen des Erleuchtungsgeistes?" Potowa antwortete: „Es bezieht sich darauf, dass man alle fühlenden Wesen in den Zustand der Buddhaschaft versetzt, nachdem man sie vom Leid Samsaras befreit hat." Der Mann antwortete: „Du liebe Zeit! Dafür scheint man viel Mut zu brauchen!"

Potowa sagte überdies:

Nachdem wir in uns eine Geisteshaltung entwickelt haben, die nach höchster Erleuchtung strebt, sollten wir den Mut entwickeln zum Wohle aller Wesen tätig zu werden.

Langri Tangpa sagte auch:

Es hängt tatsächlich alles vom Mut ab.

Shabopa erklärte:

Damit Allwissenheit Fuß fassen kann, sollte man sich im Hervorbringen des Erleuchtungsgeistes üben.

Jayulwa sagte:

Übe dich im Erleuchtungsgeist, da er die Lebensader des Pfades zu Allwissenheit und Befreiung ist.

Rinchen Gangpa erklärte das Folgende:

Wenn man keine Neigung dazu verspürt anderen zu helfen,
werden sich weder die Vorsätze des Bodhichitta der Absicht
    und der Anwendung entwickeln können,
noch wird man die Mahayanalehren meistern können.
Aus diesem Grund sind Mitgefühl und liebevolle Zunei-
    gung so wichtig.

Gyalse Togme selbst sagte:

Nicht im Geringsten um das eigene Wohl bekümmert,
muss man die Last auf sich nehmen zum Wohle anderer
zu leiden. Aber wenn man nicht im Geringsten Rücksicht
nimmt auf die große Schar fühlender Wesen, welchen
Zweck hat es dann, die Dharmabelehrungen des großen
Fahrzeugs zu erhalten?

Aus diesem Grund ist ein erhabenes Wesen, wer eine Geisteshaltung hervorbringt, die nach höchster, unübertrefflicher Erleuchtung strebt, wer Eigennutz aufgibt und direkt
oder indirekt zum Wohle anderer wirkt, um grenzenlos
viele fühlende Wesen zu befreien.

Entsprechend bestand der Kern seiner eigenen spirituellen Praxis
darin, liebevolle Zuneigung, Mitgefühl und den Erleuchtungsgeist zu kultivieren.

11

Sich selbst gegen andere austauschen

B ei der Anwendung, der Übung in den zwei Arten von Bodhichitta, wird zwischen der Übung in relativem Bodhichitta und der Übung in absolutem Bodhichitta unterschieden. Die Übung in relativem Bodhichitta wird wiederum in zwei Aspekte unterteilt:

· Während der Meditation: sich selbst gegen andere austauschen

· Während der Meditationspausen: widrige Umstände als Pfad nutzen

*Alles Leid entsteht ohne Ausnahme aus dem Verlangen nach
dem eigenem Glück.*
*Vollkommene Erleuchtung jedoch entsteht aus einer Geistes-
haltung,*
die auf das Wohl anderer bedacht ist.
Daher ist es die Übung der Bodhisattvas,
*das eigene Glück auf richtige Weise gegen das Leid anderer
auszutauschen.*

Alles schwerwiegende oder auch geringfügige Leid innerhalb des Existenzkreislaufs kommt ohne Ausnahme daher, dass man sich selbst so sehr schätzt und nur das eigene Wohlergehen vor Augen hat. Alles weltliche oder überweltliche Glück, wie das höchste Glück auf der Ebene vollkommener Erleuchtung, und alle Vorteile entspringen jedoch einer Geisteshaltung, die andere wertschätzt und ihnen von Nutzen sein möchte.

Wenn man daher andere mehr wertschätzt als sich selbst, gibt man alles Glück und alle Tugend, über die man verfügt, allen anderen fühlenden Wesen und lässt sich selbst vollkommen außer Acht. Indem man alles Leid und alles Negative auf sich nimmt, das im Bewusstsein anderer fühlender Wesen vorhanden ist, tauscht man eigenes Glück gegen das Leid der anderen aus. Mit anderen Worten: man verkehrt jene Einstellung ins gerade Gegenteil, die das eigene Selbst hegt und keinen Gedanken an andere verschwendet. Dies ist die Art von Praxis, mit der sich Bodhisattvas darin üben, sich selbst gegen andere auszutauschen.

Im *Eintritt in das Leben zur Erleuchtung* wird angeführt:

Wer schnellen Schutz
für sich und alle anderen wünscht,
sollte sich im heiligen Geheimnis üben,
sich selbst gegen andere auszutauschen.

Es wird gelehrt, dass man sich selbst gegen andere austauschen muss, wenn man sich und andere vor den Ängsten der Existenz und vor der Versuchung schützen möchte, im Nirvana zu verweilen. Zu den Nachteilen einer Geisteshaltung, die das Selbst hegt, und zu den Vorteilen des Wertschätzens anderer wird in derselben Schrift angeführt:

Was auch immer es an Glück in dieser Welt gibt,
es entspringt ausschließlich dem Wunsch andere glücklich
    zu sehen:
Wie viel Leid auch immer in dieser Welt existieren mag:
es resultiert ausschließlich aus dem Streben nach dem
    eigenen Glück.

Dazu sind keine ausführlicheren Erklärungen notwendig. Kindliche Gemüter arbeiten für ihren eigenen Vorteil,

Weise handeln aus Fürsorge anderen gegenüber.
Halte dir diesen Unterschied vor Augen.

Im Zusammenhang mit den Nachteilen, die daraus erwachsen, dass man sich selbst nicht gegen andere austauscht, wird in derselben Schrift angeführt:

Wenn man nicht aufrichtig
die eigene Freude gegen das Elend der anderen austauscht,
wird man weder Erleuchtung erlangen
noch Glück in Samsara erfahren.

Daraus gehen die Vorteile des Austausches seiner selbst gegen andere implizit hervor. Derselbe Text führt noch viele Überlegungen dazu an, zum Beispiel wie man in der Praxis des Austausches seiner selbst gegen andere Fallgruben vermeiden kann.

Der Austausch seiner selbst gegen andere bedeutet hauptsächlich, dass man zwei grundlegende Geisteshaltungen gegeneinander austauscht: Die Geisteshaltung, die das eigene Selbst hegt und an andere keine Gedanken verschwendet, wird gegen eine Geisteshaltung ausgetauscht, die andere ebenso wertschätzt wie sich selbst und an das Selbst keine Gedanken verschwendet, als sei es jemand anderer.

Diesbezüglich wird in der *Kostbaren Girlande des Mittleren Weges* angeführt:

Möge all ihr Übel in mir reifen
und mögen all meine Tugenden ausnahmslos in ihnen zur
    Reife kommen.

Im *Eintritt in das Leben zur Erleuchtung* wird auch angeführt:

Ich sollte mein Leben den anderen widmen
und andere als mich selbst ansehen.

Weiter aus den *Geistesübungen*:

> Das Ich, die Wurzel allen negativen Karmas,
> sollte man weit von sich weisen.
> Die anderen, diese Quelle der Erleuchtung,
> sollte man fest an sich ziehen.

Der Meister Atisha sagte:

> Wenn die Mängel von Verwirrung, Anhaftung und Abnei-
> gung dabei sind sich zu manifestieren,
> übe dich in der Geisteshaltung, die sich selbst gegen andere
> austauscht.

Und er fuhr fort:

> Überlass alles Glück, das es gibt, den anderen,
> nimm alles Leid, das es gibt, auf dich.
> Überlass Gewinn und Sieg den anderen,
> nimm Verlust und Niederlage auf dich.

Chen-ngawa sagte:

> Alle weltlichen Wesen schätzen sich selbst mehr als andere,
> aber wir müssen andere mehr schätzen als uns selbst.

Als Begründung erläuterte er ausführlich die Fehler einer Geisteshaltung, die das Selbst hegt, und die Vorzüge der Wertzu-
schätzung anderer.

Langri Tangpa sagte:

> Kurz gesagt opfere ich tatsächlich oder in Gedanken
> all meinen Wohlstand und all mein Glück meinen ehema-
> ligen Müttern
> und nehme heimlich ihr Leid und ihren Kummer auf
> mich.

120

Er erklärte weiter:

> Egal wie viele tiefgründige Schriften ich auch geöffnet und studiert habe, es stellte sich immer wieder heraus, dass alle Fehler meine eigenen und alle positiven Qualitäten die der edlen fühlenden Wesen waren. Der springende Punkt dabei ist, jeglichen Gewinn und Sieg den anderen zu überlassen und Verlust und Niederlage auf sich zu nehmen. Darüber hinaus gibt es nichts zu verstehen.

Weiter:

> Shabopa und ich haben achtzehn „menschliche" Methoden und eine „Pferdemethode", das macht zusammen neunzehn.[22]

> Die menschlichen Methoden beinhalten, dass man nach dem Hervorbringen der Geisteshaltung, die nach höchster Erleuchtung strebt, jede Handlung auf das Wohl der fühlenden Wesen ausrichtet.

> Nun zu der Pferdemethode: Das Festhalten am Hegen eines Selbst verhindert, dass der Erleuchtungsgeist dort, wo er noch nicht entstanden ist, entsteht und dass er dort, wo er entstanden ist, bleibt oder zunimmt. Aus diesem Grund wendet man sich vom Hegen des Selbst ab und übt sich vielmehr darin, ihm soviel wie möglich zu schaden, während man gleichzeitig den fühlenden Wesen, so gut man kann, aus ganzem Herzen von Nutzen ist.

Shabopa sagte einmal:

> Solange wir unser Selbst nicht als Feind erkennen, wird uns selbst ein Meister nicht helfen können. Wenn wir unser Selbst als Feind erkannt haben, dann wird uns alles und jeder von Nutzen sein.

Und:

Während dieses kurzen Zeitraums eines Lebens versucht bitte so gut wie möglich diesen Dämon zu zähmen.

Weiter:

Da wir nun erkannt haben, dass das Festhalten am Selbst unser Feind ist, wird die tiefgründige Lehre vom Aufgeben dieses Dämonen die „Lehre, die den bösen Geist vertreibt" genannt.

Geshe Namo verkündete:

Sobald du den Torma durchschnitten hast, durchtrenne deine Anhaftung an ein Ich.

Chekawa sagte:

Richte alle Schuldzuweisungen nur in diese eine Richtung und übe dich darin, die Güte aller wahrzunehmen.

Und:

Übe dich auf der Grundlage deines Atems abwechselnd im „Geben und Nehmen".[23]

Die genaue Ausführung dieser Praxismethode sollte aus Lehren wie der „Großen Tradition der mündlichen Übertragung" bekannt sein.

Weiter sagte Gyalse Togme selbst:

Meditiere über das Austauschen deiner selbst gegen andere, da dies die Grundlage dafür ist, dass man anderen von Nutzen sein kann.

Er fuhr fort:

> Nachdem du das Anhaften an ein Selbst als den wahren
>   Feind erkannt hast,
> hör auf damit, andere Gegner als diesen zu unterwerfen.
> Nachdem du die Qualitäten der fühlenden Wesen erkannt
>   hast,
> verehre alle Wesen über dem Scheitel deines Kopfes.

Und:

> Mit der Kraft großer, unparteiischer Liebe wünscht man,
> dass alles Leid der anderen in einem selbst und das eigene
> Glück und die eigenen Tugenden in den anderen zur Reife
> kommen mögen.
> Ein derart ungeschaffener, natürlicher, einsgerichteter Geist
> ist der Erleuchtungsgeist, das Austauschen seiner selbst
> gegen andere.

Er selbst machte dies zum Kernstück seiner Praxis.

12

Verlust als Pfad nutzen

Wenn jemand von großer Begierde überwältigt,
ihnen das gesamte Vermögen stiehlt oder andere dazu anstiftet,
so ist es die Übung der Bodhisattvas, dieser Person
den eigenen Leib, allen Besitz und alle Tugenden der drei
Zeiten zu widmen.

Wenn irgendein fühlendes Wesen, überwältigt von ver-
zehrendem Verlangen, all unseren Besitz und Reichtum
stiehlt oder jemanden zum Diebstahl anstiftet, sollten wir nicht
wütend auf diese Person werden und versuchen Gleiches mit
Gleichem zu vergelten. Stattdessen sollten wir dem Übeltäter
mit großem Wohlwollen unseren Körper anbieten, den wir so
sehr schätzen, und dieser Person widmen, was immer wir sonst
noch an Besitz und Tugenden bereits unser eigen nennen und in
Zukunft noch nennen werden. Dies ist die Art von Praxis, in der
sich Bodhisattvas üben, um Verlust als Pfad zu nutzen.

Aus dem *Eintritt in das Leben zur Erleuchtung*:

Während ich all mein Eigentum zurücklassen muss,
werden mich schlechte Taten stets begleiten.

Und:

> Da ich nach Befreiung strebe,
> sollte ich mich nicht von Besitz und Ehre in Ketten legen
> lassen.
> Warum sollte ich also auf jene wütend sein,
> die danach trachten mich von diesen Fesseln zu befreien?

Da Vermögen und Ehre Ursprung zahlreicher Schwächen sind, ist es unvernünftig über Reichtum und Ruhm glücklich zu sein. Wer uns Hindernisse in den Weg stellt, Vermögen und Ruhm zu erwerben, und zum Beispiel unseren Reichtum stiehlt, befreit uns zugleich von diesen geistigen Fesseln und schiebt einen Riegel davor, dass wir in die niederen Bereiche fallen. Aus diesem Grund sollten wir die Güte dieser Person vergelten, indem wir ihr weiter mit unserem Körper, Besitz, mit unseren Tugenden und Ähnlichem von Nutzen sind. Es ist verkehrt auf diese Person wütend zu werden und sie nicht zu mögen.

Weiter aus dem *Eintritt in das Leben zur Erleuchtung*:

> In der Vergangenheit habe ich dasselbe Leid anderen zuge-
> fügt.

Ich sollte Feindseligkeit vermeiden, indem ich mir Folgendes vor Augen halte: Die Schwierigkeiten, die andere mir in diesem Leben im Zusammenhang mit Ehre und Gewinn sowie durch Diebstahl meines Vermögens bereitet haben, sind eine Vergeltung für ähnlichen Schaden, den ich ihnen in vergangenen Leben zugefügt habe. Alles, was in diesem Text im Zusammenhang mit dem Zufügen von Schaden und Ähnlichem noch angeführt wird, sollte auf diese Weise verstanden werden.

Weiter von Meister Atisha:

> Werde nicht wütend auf den, der dir Schaden zufügt.
> Wenn du wütend auf ihn wirst, wie kannst du dann über
> Geduld meditieren?

Er fuhr fort:

Reichtum und Ehre müssen aufgegeben werden.
Arroganter Hochmut sollte stets abgelegt werden.

Und:

Da Reichtum und Ehre die Fangschlingen der Dämonen
sind, entledige dich ihrer, als ob sie Kieselsteine auf dem
Weg wären.

Kharagpa erklärte:

Vermögen und Ruhm sind Fesseln.
Sie verhindern, dass man Verdienst ansammelt und tugendhaft handelt.

Potowa sagte:

Wenn wir nichts als unser Eigentum betrachten, werden
wir keine Feinde haben und somit keinen Grund für Hass.
Wenn wir auf kleinere Schwierigkeiten treffen, wird sich
Geduld automatisch einstellen. „Wo keine Reichtümer
vorhanden sind, stellen sich keine Diebe ein. Wo keine
Waren transportiert werden, tauchen auch keine Banditen
auf", lautet ein Sprichwort. Wenn ein Gegner sich deinem
Reichtum nähert, erntest du nur, was du gesät hast. Aus
diesem Grund ist es unsinnig anderen gegenüber feindselig zu sein.

Geshe Chen-ngawa erklärte:

Wenn man beispielsweise keine Zielscheibe aufstellt, gibt
es nichts, was der Pfeil treffen könnte. Dass der Pfeil trifft
kommt daher, dass wir eine Zielscheibe aufgestellt haben.
Wenn wir die Zielscheibe unserer eigenen negativen Hand-

lungen aufgestellt haben, werden wir in diesem Leben von den schädigenden Pfeilen anderer getroffen werden. Es ist daher unangebracht zornig auf andere zu werden.

Dasselbe gilt für die Ursachen von Leid und dergleichen, die nachfolgend beschrieben werden.
Gyalse Togme selbst sagte:

> Wenn diejenigen, die mich hassen oder der Gier nach
> Reichtum verfallen sind,
> all mein Eigentum gestohlen haben,
> und wenn ich auch nur einen Tag lang ohne Essen und
> Trinken sein sollte:
> Zu diesem Zeitpunkt sollte ich mich an mein Versprechen
> erinnern.

Er lehrte, dass wir uns an unser Versprechen erinnern müssen, damit wir Schlechtes mit Gutem vergelten können. (Auch die folgenden Kapitel beziehen sich darauf.) Er fuhr fort:

> Wenn jemand all meinen Besitz davonträgt, werde ich
> ihm den von ganzem Herzen widmen und denken:
> „Mögen dieser Besitz, mein Körper und andere Annehm-
> lichkeiten wie auch alle meine Tugenden ausnahmslos zur
> Ursache für sein Wohlergehen werden."

In dieser Weise äußerte er Wunschgebete und Widmungen und handelte demgemäß.

13

Leid als Pfad nutzen

Selbst wenn ihnen jemand den Kopf abschlagen will,
obwohl sie frei sind von jeder noch so geringen Schuld,
ist es die Übung der Bodhisattvas, diese Missetat
durch die Kraft des Mitgefühls auf sich zu nehmen.

Obwohl ich selbst vielleicht nicht das geringste Unrecht begangen habe, indem ich anderen in irgendeiner Form schadete, kann es dennoch sein, dass jemand mir den Leib zu zerstückeln oder den Kopf abzuschlagen versucht. Dann werde ich nicht wütend auf ihn und versuche nicht, mich durch Gewaltanwendung zu rächen oder ihn gar zu töten. Zudem ist mir bewusst, dass er durch eine so schwerwiegende negative Handlung in Zukunft selbst Leid erfahren wird. Durch die Kraft des Mitgefühls, die nicht will, dass meinem Peiniger Übles widerfährt, werde ich also die unheilsamen Ursachen seines Bewusstseins und alles daraus resultierende Leid auf mich nehmen. Dies ist die Art von Praxis, mit der Bodhisattvas Leid als Pfad nutzen.

Aus dem *Eintritt in das Leben zur Erleuchtung*:

Die Ursachen für Glück kommen nur selten vor,
die Ursachen für Leid sind außergewöhnlich zahlreich.

Wenn wir uns in Geduld üben, indem wir Leid freudig akzeptieren, sollten wir uns weder nach Glück sehnen, noch uns durch

Leid entmutigen lassen. Das erklärt, wie man Glück und Leid einander gleichsetzt. Im Zusammenhang mit der „Geduld, die keinen Anstoß an Peinigern nimmt" wird angeführt:

> Wenn du dir, überwältigt von negativen Emotionen,
> sogar das eigene überaus geschätzte Leben nehmen
>   würdest,
> wie wirst du es dann jemals unterlassen können,
> die Körper anderer zu verletzen?

> Du magst mit denen, die, von negativen Emotionen
> beherrscht, versuchen dich zu töten oder dir
> ähnlich Furchtbares anzutun,
> vielleicht kein umfassendes Mitgefühl haben,
> aber ihnen gegenüber aggressiv zu werden wäre furchtbar!

Da negative Emotionen Menschen so verrückt machen können, dass sie sich sogar selbst töten, ist es nicht weiter verwunderlich, dass sie unter diesen Bedingungen auch nicht davor zurückschrecken anderen Schaden zuzufügen. Da eine Person, die einem das Leben nehmen möchte, eben von diesem bösen Geist der negativen Emotionen besessen ist, wäre es eher passend Mitgefühl zu entwickeln und zu denken: „Wie leid mir diese Person tut," aber es wäre völlig verkehrt, zornig zu werden.

Weiter aus dem *Eintritt in das Leben zur Erleuchtung*:

> Sowohl ihre Waffe als auch mein Körper
> ist Schuld an meinem Leid.
> Sie haben ihre Waffen hervorgeholt, während ich meinen
>   Körper hingehalten habe.
> Auf wen sollte ich daher böse sein?

Auf diese Weise wird Folgendes gelehrt: Wenn der eigene Körper bedroht ist, soll man sich daran erinnern, dass an dieser Situation auch das Betrachten des Körpers als Eigentum und das Haften an ihm Schuld ist. In den Lehren der Geistesschulung werden

129

die Verletzungen, die unserem Körper zugefügt werden, als das eigene negative Karma aus der Vergangenheit bezeichnet, das einer radähnlichen scharfen Waffe gleicht, mit der man selbst in der Vergangenheit anderen Schaden zugefügt hat.

Der Meister Atisha sagte auch:

Wenn deinem Körper Schaden zugefügt wird,
betrachte dies als dein Karma aus der Vergangenheit.

Dromtonpa erläuterte:

Selbst wenn dein Körper in tausend Teile zerstückelt wird,
sei nicht bekümmert.
Trage die Rüstung der Geduld.

Chen-ngawa erzählte Folgendes:

Alle weltlichen Wesen schätzen Glück mehr als Leid. Aber für uns ist es umgekehrt: Wir müssen Leid mehr schätzen als Glück.

Zur Erklärung des Gesagten lehrte er umfassend über die Mängel der Anhaftung an unbeständiges Glück, sowie die Vorzüge des freudigen Akzeptierens von Leid. Bezüglich der Entwicklung von Geduld durch Mitgefühl und liebevolle Zuneigung führte er erklärend an:

Wenn zum Beispiel ein Geisteskranker anderen Schaden zufügt, wird niemand, der ihn kennt oder aus dem gleichen Ort stammt, ihn zur Rede stellen, sondern sagen: „Oh, wie traurig, er tut mir wirklich leid" und nicht an Rache denken. So ist auch der, der dir Schaden zufügt, wie ein vom Dämon negativer Emotionen besessener Geisteskranker. Aus diesem Grund solltest du dich nicht über ihn ärgern, sondern stattdessen liebevolle Zuneigung entwickeln, indem du bedauerst, wie furchtbar das alles ist.

Kharagpa erklärte:

> Da all unser gegenwärtiges Glück und Leid
> von unseren vergangenen Handlungen abhängt,
> hast du keine andere Wahl
> als alles Geschehende als Hilfe anzunehmen.

Shabopa sagte auch:

> Wir erkennen nicht, dass alles Leid und alle Verletzungen
> dem Dharma förderliche Umstände sind.

Gyalse Togme selbst sagte Folgendes:

> Wenn jemand von Wut und Stolz überwältigt
> meinem Körper so große Wunden zufügt,
> dass ich daran sicher sterben werde,
> möge ich mich zu diesem Zeitpunkt an mein Versprechen
> erinnern.

Er fuhr fort:

> Möge ich das Leid und die negativen Emotionen all jener
> durchschneiden, die mir die Gliedmaßen vom Körper
> trennen.

Es wird gelehrt, dass das Versprechen, Schlechtes mit Gutem zu vergelten, eine der Vier Befreiungen des Shakya Shri und eine der Zwölf Praktiken des Dharmameisters Gotsang ist. Der Bodhisattva Gyalse Togme selbst praktizierte genau auf diese Weise. So wird zum Beispiel in seiner Lebensgeschichte davon berichtet, wie er Flöhe auf sich zog, die jemand anderen quälten.

14

Schande als Pfad nutzen

Selbst wenn jemand alle möglichen Verleumdungen über sie
im dreitausendfachen Universum verbreitet,
ist es die Übung der Bodhisattvas,
die Qualitäten desjenigen immer wieder liebevoll
hervorzuheben.

Selbst wenn jemand heimlich alle möglichen Verleumdungen über uns verbreitet oder unsere Fehler öffentlich kundtut, sodass sich unser schlechter Ruf im dreitausendfachen Universum verbreitet, werden wir uns nicht dafür rächen. Statt den Verleumder zornig dafür zu beschimpfen, dass er uns Schaden zufügt, berichten wir allen anderen von seinen guten Eigenschaften aus einer liebevollen Einstellung heraus, die ihm Freude, Glück und Wohlergehen wünscht. Dies ist die Art von Praxis, mit der Bodhisattvas Schande als Pfad nutzen.

Aus der *Kostbaren Girlande des Mittleren Weges*:

Jemand, der selbst unhöflich ist, wird Unfreundliches zu hören bekommen.

Es wird gelehrt, dass die öffentliche Herabsetzung unserer Person das Ergebnis davon ist, dass wir in der Vergangenheit schroffe Worte geäußert haben. So wird auch erklärt, dass es unangebracht ist auf andere wütend zu werden, wenn die scharfe Waffe unserer eigenen karmischen Handlungen, das Verleumden anderer, sich gegen uns selbst richtet.

Aber nicht nur das, im *Eintritt in das Leben zur Erleuchtung* wird noch weiter ausgeführt:

> Wir ärgern uns über andere, wenn sie uns verleumden,
> „weil sie sich selbst damit schaden".
> Aber wie kommt es dann, dass wir ihnen nicht grollen,
> wenn sie andere statt uns verleumden?

Selbst wenn man eine so genannte Verleumdung analysiert, wird man entdecken, dass es keinerlei Grund für Ärger gibt und es somit unlogisch ist, feindselig zu sein.

Aus dem *Eintritt in das Leben zur Erleuchtung*:

> Die mit Lob und Ruhm verbundenen Ehren
> bringen dir weder Verdienste noch ein langes Leben ein.

Auf diese Weise ist Ruhm und dergleichen vollkommen ohne jegliche Essenz, der man verhaftet sein könnte. Im Weiteren wird auch gesagt:

> Um Ruhm zu erlangen ist man sogar willens
> auf Vermögen oder auf sein Leben zu verzichten.
> Doch von welchem Nutzen sind rühmende Worte, wenn
>   man tot ist?
> Und wen erfreuen sie?

Da gelehrt wird, dass das Anhaften an Ruhm so viele Fehler hervorruft, ist es unpassend, großen Geschmack an ihm zu finden.

Der Meister Atisha erklärte:

> Wenn du unfreundliche Worte zu hören bekommst,
> betrachte sie als ein Echo.

Ein Schüler sagte zum Yogi Sherab Dorje: „Es gibt da einige Leute, die schlecht über uns sprechen." Der Yogi antwortete: „Menschen sprechen über Menschen, was sonst? Durchschneide deine entzweiende Rede sofort."

Zu Shenton sagte man:

Wenn du erzählst: „Er hat das und das gesagt" solltest du dir eingestehen, dass du dich auf Verleumdung eingelassen hast, denn es gibt auch Klatsch über Menschen in sehr hoher Stellung.

Sharawa sagte:

Gleich wie sehr man auch Khamlungpa, Neuzurpa und Drapa mit Lobpreisungen überhäufte, sie blieben dennoch völlig unbefangen, weil es für sie keinen Unterschied machte, ob über sie oder über Erde und Felsen gesprochen wurde. In Zukunft werden alle sehr sensible Ohren haben und daher viel Unbill erleiden.

Wie man ihren Lebensgeschichten entnehmen kann, sind Geshe Langri Tangpa, Neuzurpa und andere in ihrem Leben auf Verleumdung und Tratsch gestoßen, aber sie wurden darüber nicht ärgerlich, sondern übten sich in Geduld.

Im Zusammenhang mit dem unpassenden Gefühl der Anhaftung an Ruhm und Ähnliches sagte der Meister Atisha:

Da alle preisenden und rühmenden Worte irreführende Versuchungen sind, spuck sie aus wie Schleim.

Kharagpa verkündete:

Ruhm ist die irreführende Schmeichelei der Dämonen.

Nyugrumpa sagte:

Du solltest die Einstellung entwickeln, Ruhm und Ehre als Echo anzusehen.

Gyalse Togme selbst sagte:

Da Ruhm und Ehre sinnlos sind, gib deine Anhaftung an sie auf.

Und:

Die unerträgliche Kunde meines schlechten Rufs erklingt
    in allen Himmelsrichtungen,
sodass sich alle Wesen von mir abgestoßen fühlen, sobald
    sie davon hören.
Möge ich zu dem Zeitpunkt, da ich das sehe, höre oder
    daran denke mich meines Versprechens erinnern.

Auf diese Weise wurde er nicht nur nicht wütend auf andere, wenn sie verleumderische Geschichten über ihn in Umlauf brachten, sondern betete mit liebevoller Einstellung, dass die positiven Qualitäten jener Personen in allen Himmelsrichtungen bekannt würden. Die guten Eigenschaften anderer verkündete er stets, aber es war diesem großen Bodhisattva nicht möglich, ihre Fehler kundzutun. Wie in seiner Lebensgeschichte wiederholt beschrieben, priesen die zeitgenössischen Meister und alle anderen ihn aus diesem Grunde und verehrten ihn voll Bewunderung.

15

Kritik als Pfad nutzen

Sogar wenn jemand inmitten einer großen Menschenmenge
ihre Fehler aufdeckt und verletzend über sie spricht,
ist es die Übung der Bodhisattvas, denjenigen als spirituellen
*   Meister*
zu betrachten und sich respektvoll vor ihm zu verneigen.

Wenn jemand mitten in einer großen Ansammlung von Menschen verkündet, wir hätten aus spiritueller Sicht diesen oder jenen Fehler, aus weltlicher Sicht diese und jene Mängel, und dem eine Vielzahl verletzender und extrem negativer Bemerkungen folgen lässt, die uns mit Schimpf und Schande überhäufen und unsere geheimen Fehler völlig bloßlegen, dann sollten wir nicht Gleiches mit Gleichem vergelten, indem wir wütend werden und unsererseits aus Rache die verborgenen Fehler unseres Gegners aufdecken. Stattdessen sollten wir uns respektvoll vor ihm verbeugen und ihn als unseren überaus gütigen spirituellen Lehrer ansehen. Dies ist die Art von Praxis, mit der Bodhisattvas Kritik als Pfad zu nutzen wissen.

Aus dem *Eintritt in das Leben zur Erleuchtung*:

Wieso freue ich mich, wenn mich jemand preist,
wo es doch auch Leute gibt, die mich verachten?
Wenn es Leute gibt, die mich preisen, wieso bin ich dann
   unglücklich darüber, dass mich jemand verachtet?

Es wird gelehrt, dass es unsinnig ist sich über Lob zu freuen und von Schmähungen gekränkt zu fühlen. Im *Eintritt in das Leben zur Erleuchtung* wird angeführt:

Wenn ich meinem Feind nicht begegne, geschieht nichts,
in seiner Gegenwart jedoch tritt es ein:
Da er die Ursache dafür ist, dass ich mich in Geduld üben
    kann,
wie kann ich dann sagen, er sei die Ursache dafür, dass ich
    die Geduld verliere?

Weiter:

Auf Grund jener mit aggressiver Geisteshaltung
kann in mir Geduld entstehen.
Sie sind also tatsächlich die Ursache für Geduld
und daher ebenso ein Objekt der Verehrung wie der heilige
    Dharma.

Jemand mag voller Aggression Situationen herbeiführen, die für uns sehr schwer zu ertragen sind, indem er unsere verborgenen Fehler aufdeckt, uns mit Beschimpfungen überhäuft und Ähnliches mehr. Dann sollten wir das als höchste mündliche Unterweisung unseres spirituellen Meisters erkennen und die Güte des Verursachers dieser Situation auf respektvolle Weise vergelten. Es wäre unwürdig auf ihn zornig zu werden.

Ebenso wird im *Eintritt in das Leben zur Erleuchtung* angeführt:

Lob und dergleichen lenkt dich ab
und zerstört überdies jedes Gefühl der Entsagung.

So werden die Mängel des Haftens an Lob und dergleichen aufgezeigt.

Weiter wird gelehrt:

Aus diesem Grund sind die, die nur deshalb in meiner
　　Nähe sind,
um das Lob anderer zu verhindern,
dieselben, die mich davor beschützen
in die niedere Bereiche zu fallen.

Dies veranschaulicht Folgendes: Wer verhindert, dass man von
anderen gelobt wird, verhindert damit auch, dass man in den
niederen Bereichen wiedergeboren wird.
　　Der Meister Atisha erläuterte:

Der höchste spirituelle Lehrer ist, wer deine geheimen
Fehler aufdeckt. Die höchste mündliche Unterweisung
ist, was dich unmittelbar an der Schwachstelle deiner verborgenen Fehler trifft. Gegner, Hindernisse, Krankheit
und Leid: das sind die besten Inspirationen.

Shabopa sagte:

Ich werde ausschließlich deine verborgenen Fehler aufdecken. Wenn du das ertragen kannst ohne wütend zu werden,
dann bleib. Wenn du das nicht kannst, dann geh lieber.

Dies sagte er allen Schülern, die zu ihm kamen.
　　Von Potowa stammt folgendes Zitat:

Die Menschen, die unsere Unvollkommenheiten und
Fehlschläge öffentlich bloßstellen und unsere verborgenen Fehler aufdecken, haben wir selbst dazu eingeladen.
Deshalb sollten wir ihnen keinen Hass entgegenbringen,
sondern ihre Güte vergelten.

Chen-ngawa erläuterte:

Was das Entwickeln von Geduld nach der Meister- und
Schüler-Methode anbelangt, so kann Geduld nur entwi-

ckelt werden, wenn es einen Feind gibt, der uns Schaden zufügt. Wenn andere uns daher kränken, sollten wir sie als unseren Lehrer betrachten, der uns Nachsicht lehrt. Entwickelt diese Einstellung daher freudig und aus einem Gefühl der Dankbarkeit heraus, ohne wütend zu werden. Seht euch selbst als Schüler, die auf diese Weise Geduld lernen.

Langri Tangpa sprach Folgendes:

Wenn mich andere aus Eifersucht heraus
beschimpfen und ungerechterweise attackieren,
dann sollte ich die Niederlage auf mich nehmen
und ihnen den Sieg überlassen.

Gyalse Togme selbst sagte Folgendes:

Wenn mich jemand in Gegenwart vieler auf aggressive Weise mit Aussagen demütigt, die so schwer zu ertragen sind, dass ich nicht wage meinen Kopf zu heben, möge ich mich zu diesem Zeitpunkt an mein Versprechen erinnern.

Er fuhr fort:

Selbst wenn eine aufgebrachte Person mit wutverzerrtem
    Gesicht mich vor einer großen Menschenmenge per-
    sönlich mit verschiedensten gemeinen Bemerkungen
    beleidigt,
die auf meine verborgenen Fehler abzielen,
möge ich dann, getragen vom Wunsch dieser Person zu
    helfen,
mit der scharfen Klinge geschickter Intelligenz und großer
    Liebe
den giftigen Baum ihres Leids durchschneiden,
ebenso wie dieses gütige Wesen den giftigen Baum meines
    Stolzes durchschnitten hat.

So lehrte er und praktizierte entsprechend. Diese Prinzipien sind Übungen in Tugendhaftigkeit. Sie helfen uns zu verhindern, dass wir Menschen kritisieren, die uns beschimpfen und uns Leid zufügen, und dass wir Gleiches mit Gleichem vergelten. Sie sollten in jedem Zusammenhang mit Hinayana und Mahayana praktiziert werden. Besonders als Praktizierende des Großen Fahrzeugs sorgen wir für Menschen, die uns Leid zufügen, und hegen den Wunsch, sie in den Zustand vollkommener Erleuchtung zu versetzen. In einem Sutra wird dazu angeführt:

> Mögen alle Erleuchtung erlangen, die mich kränken und unglücklich machen.

Im *Eintritt in das Leben zur Erleuchtung* wird gesagt:

> Möge allen, die mich verachten
> oder mir sonstwie Schaden zufügen,
> die mich demütigen und beleidigen,
> das Glück widerfahren, vollkommene Erleuchtung zu
> erlangen.

Auf diese Weise kann man die Acht weltlichen Belange in der relativen Perspektive ausgleichen. Zu ihrer Gleichheit auf absoluter Ebene wird im *Eintritt in das Leben zur Erleuchtung* angeführt:

> Was gibt es daher angesichts der Leerheit aller Dinge
> zu gewinnen oder zu verlieren?

Es wird gelehrt, dass aus der Perspektive des Absoluten kein Unterschied zwischen Gewinnen und Verlieren besteht.

16

Undankbarkeit als Pfad nutzen

Selbst wenn jemand sie als Feind betrachtet,
für den sie liebevoll wie für ein eigenes Kind gesorgt haben,
ist es die Übung der Bodhisattvas, ihn genauso hingebungs-
*   voll zu lieben,*
wie eine Mutter ihr krankes Kind.

Selbst wenn jemand, für den wir wie für ein eigenes Kind ununterbrochen materiell und spirituell gesorgt haben, uns plötzlich als Feind betrachtet und uns auf jede nur erdenkliche Art mit Körper, Rede und Geist Schaden zufügt, sollten wir uns ihm gegenüber dennoch nicht feindselig verhalten und uns für das zugefügte Leid nicht rächen. Eine alte Mutter wird sich nicht für den Schaden rächen, den ihr krankes oder besessenes Kind ihr auf verschiedene Weise zufügt, sondern sich weiter sehr fürsorglich verhalten und wünschen, dass es von der Krankheit oder dem Bann befreit sein möge. Auf gleiche Weise steht, wer uns Schaden zufügt, unter dem Einfluss negativer Emotionen und verhält sich deswegen so undankbar. Indem Bodhisattvas in außerordentlich großem Maß liebevolle Zuneigung für solch einen Undankbaren entwickeln und ihm wünschen, von negativen Emotionen befreit zu sein, können sie diese Undankbarkeit als Pfad nutzen. Man könnte auch sagen, dass sie sich wie eine liebevolle Mutter verhalten, die den intensiven Wunsch hegt, dass ihr krankes Kind schnell wieder gesund werden möge.

Die *Zierde der Sutren* führt dazu Folgendes an:

Der Weise schenkt Unzulänglichkeiten von Menschen,
die ständig Fehler begehen und ohne Selbstkontrolle
agieren,
keine Beachtung und sagt stattdessen: „Obwohl sie es
nicht wollen, reagieren sie undankbar."
Aus diesem Grund bringt er ihnen sein ganzes Mitgefühl
entgegen.

Obwohl kindliche Wesen, die unter dem Einfluss negativer Emotionen über keinen freien Willen verfügen, undankbar reagieren, werden Bodhisattvas dennoch keine Fehler an ihnen entdecken, sondern ihr Mitgefühl mit ihnen nur noch verstärken.

In den *Vierhundert Versen des Mittleren Weges* wird Ähnliches angeführt:

Wie eine Mutter zu ihrem kranken Kind
besonders liebevoll ist,
so sind Bodhisattvas auf gleiche Weise besonders liebevoll
zu allen, die unfreundlich reagieren.

Im *Eintritt in das Leben zur Erleuchtung* wird gesagt:

Obwohl man sich nicht wünscht krank zu werden,
treten Krankheiten auf.
Ebenso treten beharrlich negative Emotionen auf,
obwohl man nicht danach verlangt.

Weiter:

Sei nicht bedrückt wegen all der widersprüchlichen Wünsche kindlicher Wesen.
Denke stattdessen, dass ihre geistigen Zustände von negativen Emotionen herrühren und behandle sie daher liebevoll.

Da wir erkannt haben, dass es in der Natur unreifer, von negativen Emotionen überwältigter Wesen liegt, dass sie ihren Wohltätern zornig Schaden zufügen, sollten wir ihnen nur noch mehr liebevolle Zuneigung entgegenbringen.

So sagte der Meister Atisha:

> Wenn du auf eine Sache triffst, die Geduld erfordert, dann reagiere nicht ungeduldig, indem du sagst: „Das ist zu schwer."

In der *Geistesschulung* wird gelehrt:

> Wenn uns jetzt Gutes, das wir anderen getan haben, mit Bösem vergolten wird, dann ist dies, so wird gelehrt, die scharfe Klinge des negativen Karmas, das nun zu uns zurückkehrt und das wir einst dadurch geschaffen haben, dass wir auf uns erwiesene Güte mit Undankbarkeit reagierten.

Dromtonpa erklärte:

> Lege nie dein Gefühl für Verlegenheit und Scham ab. Selbst wenn du anderen hilfst, können sie dir doch im Gegenzug Schaden zufügen. Selbst wenn du sie lehrst, können sie doch im Gegenzug Negatives anhäufen. Es gibt sehr viele Wesen, die auf Positives mit Negativem reagieren.

Dies sagte Dromtonpa und auch Puchungwa lehrte auf dieselbe Weise. Langri Tangpa sagte:

> Selbst wenn der, dem ich geholfen
> und in den ich große Hoffnung gesetzt habe,
> mir stattdessen unverständlicherweise Schaden zufügt,
> möge ich gerade ihn als meinen spirituellen Lehrer
> betrachten.

Überdies haben Undankbare von Natur aus einen schlechten Charakter und sammeln daher viel Negatives an. Indem man all die undankbaren, von großem Leid bedrückten Menschen als überaus seltene Anlässe für das Entwickeln liebevoller Zuneigung betrachtet, sollte man lernen, sie als überaus wertvoll zu schätzen.

Und:

> Wenn ich ein fühlendes Wesen schlechten Charakters
>   sehe,
> das, von heftiger Negativität gequält, stark leidet,
> sollte ich es von Herzen schätzen, da es so selten ist
> wie die Entdeckung eines Schatzes.

Chekawa sagte:

> Wenn Hilfeleistungen mit Negativem vergolten werden,
> sollte man selbst dazu im Gegenzug umfassendes Mitge-
>   fühl entwickeln.
> Hochentwickelte Wesen dieser Welt
> reagieren mit Güte sogar auf das, was ihnen an Negativem
>   widerfährt.

Ebenso lehrte er:

> Meditiere stets über die schwierigste Situation.

Man sollte sich vor allem darauf konzentrieren, was an der Geistesschulung schwierig ist; auf Personen, die Gutes mit Schlechtem vergelten, auf hasserfüllte Feinde, auf Personen, die einem Schwierigkeiten bereiten, sowie auf Konkurrenten und speziell für sie liebevolle Zuneigung entwickeln.

Gyalse Togme selbst sagte überdies:

> Wenn ich Menschen sehe, höre oder mich an sie erinnere,
> die mir oder meinen Interessen,
> den Lehren oder allen Wesen schaden,

dann betrachte ich sie als überragende Anlässe für die Entwicklung von Mitgefühl.

Daher muss ich ihnen von Nutzen sein, wie immer es mir
  möglich ist,
indem ich sie lobe, ehre und angenehme Worte zu ihnen
  spreche.
Wenn es mir nicht möglich ist, muss ich danach trachten
  ihnen alles,
was ich an Tugenden und Glück besitze,
in liebevoller Zuneigung und Mitgefühl zu widmen.

Menschen, in die wir große Hoffnung gesetzt haben, können uns enttäuschen und uns als Dank für früher erwiesene Hilfe Schaden zufügen. Wenn wir ihnen gegenüber kein Mitgefühl und keine Nächstenliebe empfinden können, dann ist unser Geist nicht geschult. Daher müssen wir besonders über solche Situationen meditieren.

Entsprechend machte Gyalse Togme dies zu seiner Hauptpraxis.

17

Herabsetzung als Pfad nutzen

Auch wenn jemand, der ihnen gleichgestellt oder unterlegen ist,
sie aufgrund der Macht des Stolzes herabsetzt,
ist es die Übung der Bodhisattvas, ihn
wie den Meister über dem Scheitel ihres Kopfes zu verehren.

Wenn jemand von gleichem Rang oder Vermögen, gleicher Erscheinung oder Eigenschaften, oder gar jemand, der mir unterlegen ist, mich aus Stolz verachtet und auf alle möglichen Arten herabsetzt, dann sollte ich mich darüber nicht ärgern. Ich sollte nicht wütend auf diese Person werden, sondern mich sogar respektvoll vor ihr mit Körper, Rede und Geist verneigen und sie über dem Scheitel meines Kopfes verehren, als ob sie mein gütiger Guru wäre. Dies ist eine Praxis der Bodhisattvas, mit der sie Herabsetzung als Pfad nutzen.

Aus dem *Eintritt in das Leben zur Erleuchtung*:

Selbst wenn mir Wesen viel Schaden zufügen,
werde ich danach trachten ihnen stets nur Gutes zu
   erweisen.

Und:

Selbst wenn mir viele Wesen auf dem Kopf herum-
   trampeln,

möge ich den Schützern dieser Welt nur Freude bereiten,
auch wenn ich Gefahr laufe daran zu sterben.

Und:

Ebenso sollten wir nicht einmal den Übeltäter
mit den größten Schwächen verachten.

Ob hochstehend oder nicht: Wer auch immer uns Schaden
zufügt, dem sollten wir Respekt erweisen, da wir erkannt haben,
dass seine Natur nicht verschieden von der des Buddha ist.

Es ist nicht angebracht einen Übeltäter zu verachten, nur weil
er Schwächen hat. Wenn man auf Grund erlittenen Unrechts
dem anderen Unrecht zufügt, dann wird man selbst ebenso wie
der andere viel Negatives ansammeln, da der Hass des Widersa-
chers nur noch größer wird und man selbst untugendhaft handelt. Wenn man es jedoch unterlässt Negatives mit Negativem zu
vergelten, wird man ab diesem Zeitpunkt zu einem fehlerfreien,
mit Geduld ausgestatteten, tugendhaften Wesen.

So wird es in den Schriften gelehrt. Besonders die Geduld mit
denen, die große Schwächen aufweisen und viel Schaden anrich-
ten, ist von allen Arten der Geduld am meisten zu bewundern.

Auch in der *Zierde der Sutren* wird die Notwendigkeit von
Geduld mit denen erwähnt, die Schwächen aufweisen. Generell
sollte man alle fühlenden Wesen betrachten, als seien sie dem
Guru oder einem Wunsch erfüllenden Juwel gleich.

Nagarjuna erklärte:

Die Ursache für alles, was der Erleuchtung förderlich ist,
sind fühlende Wesen.
Aus diesem Grund sollte, wer nach vollkommener Erleuchtung strebt,
alle fühlenden Wesen als seinen Guru betrachten.

Aus dem *Kompendium der Übungen*:

> Sie sind wie ein wunscherfüllendes Juwel,
> ein besonderes Gefäß, eine wunscherfüllende Kuh,
> wie der Guru und die Meditationsgottheit:
> Daher muss man ihnen Respekt erweisen.

Im *Eintritt in das Leben zur Erleuchtung* wird angeführt, dass wir den fühlenden Wesen denselben Respekt entgegenbringen sollten wie den Buddhas.

Der Meister Atisha lehrte:

> Da das Ich die Wurzel allen negativen Karmas ist, lass es los und entledige dich seiner, wie du dich eines toten Körpers entledigen würdest. Da andere die Quelle der Erleuchtung sind, schätze sie so, als ob du ein unbezahlbares wunscherfüllendes Juwel entdeckt hättest.

Chen-ngawa führte auch an:

> Weltliche Wesen halten den Buddha für wertvoller als die fühlenden Wesen, aber für uns trifft gerade das Gegenteil zu: Wir müssen alle fühlenden Wesen für wertvoller halten als den Buddha.

Er erläuterte auch ausführlich, dass diese Einstellung keinerlei Missachtung des Buddha darstellt, und zeigte, wie man mit Hilfe der Vier Ursachen dahin gelangt alle Wesen wertzuschätzen, indem man sie zum Beispiel als seine ehemaligen Eltern betrachtet.

Langri Tangpa sagte:

> Ich werde alle fühlenden Wesen schätzen
> und sie als wertvoll betrachten,
> indem ich mir vor Augen halte, dass sie eine Aufgabe
>   erfüllen,

die größer ist als selbst die eines wunscherfüllenden Juwels.

Sharawa sagte Folgendes:

Wir dürfen unsere liebevolle Zuneigung zu den fühlenden Wesen nie aufgeben und müssen sie schätzen wie den Buddha, da ihre Natur nicht verschieden ist von der seinen.

Er fuhr fort:

Der Mensch, der uns Probleme bereitet, ist zugleich der, der unsere Verfehlungen der Vergangenheit bereinigt, als wir anderen geschadet haben. Aus diesem Grund wird gelehrt, dass wir die außerordentlich große Güte dieses Menschen erkennen müssen und ihn nicht im Stich lassen dürfen. Wenn wir im Zusammenhang mit irgendeiner Art von Übeltäter denken sollten, dass wir ihm alles zurückzahlen und niemals helfen werden, und darüber die Zeitspanne einer Praxissitzung verstreichen lassen ohne ein Gegenmittel anzuwenden, dann haben wir, so wird gelehrt, alle fühlenden Wesen verraten und im Stich gelassen.

Gyalse Togme selbst sagte:

Wenn mich jemand schlecht behandelt, zu Recht oder nicht,
sei er höhergestellt, niedriger oder mir gleich,
möge ich mich zu diesem Zeitpunkt an mein Versprechen erinnern.

Er führte weiter aus:

Wer dir Probleme bereitet, ist dein Lehrer, du solltest ihn respektvoll über dem Scheitel deines Kopfes verehren.

Wenn man wohlwollende Absichten mit jemandem verfolgt, der einem übel will, dann hält man damit die Regeln der Geistesschulung ein und auch die meisten Samayas. So lehrte er und machte dies entsprechend zum Kernstück seiner Praxis.

18

Verlust als Pfad nutzen

*Selbst wenn sie ihres Lebensunterhalts beraubt, von jedem
ständig herabgesetzt und von schwerer Krankheit oder
dämonischen Einflüssen
heimgesucht werden, ist es die Übung der Bodhisattvas, alles
Leid und alles
Negative der Wesen auf sich zu nehmen, ohne niedergeschlagen zu sein.*

Es kann sein, dass wir nie über Reichtum und Besitz verfügten
oder dass wir zwar einmal reich waren, das Vermögen sich
aber später erschöpfte oder von Feinden geraubt wurde. Vielleicht sind wir auch nicht mehr in der Lage, uns lebensnotwen-
dige Nahrung oder Kleidung zu verschaffen, und auf diese Weise
in bittere Not geraten. Zusätzlich machen uns andere Menschen
zum Gegenstand ihres Hohns und ihrer Verachtung. Als ob dies
noch nicht genug wäre, werden wir auch noch von einer schwe-
ren Erkrankung wie Lepra heimgesucht oder von dämonischen
Angreifern attackiert und so völlig ins Elend gestürzt.

Indem wir uns nun die Qualen unseres Leids vor Augen halten, stellen wir uns vor, wie unerträglich es für andere sein muss,
und können so aus großem Mitgefühl heraus allen Schmerz und
alles Negative der fühlenden Wesen auf uns nehmen. Dies mutig
durchzuführen, ohne den kleinmütigen oder ängstlichen Gedanken aufkommen zu lassen, wie man einen derartigen Abstieg

oder Verlust jemals ertragen könnte, ist die Art von Praxis, mit der Bodhisattvas Verlust als Pfad nutzen.

Aus dem *Eintritt in das Leben zur Erleuchtung*:

Ohne Leid ist keine Entsagung möglich.

Und:

Eine der positiven Qualitäten des Leids ist,
dass es Arroganz beseitigt.

Damit wird gezeigt, wie über die Qualität des Leids zu reflektieren ist.

Weiter:

Wenn Fischer, Bauern und Metzger
Hitze und Kälte ertragen können, nur um ihren Lebens-
    unterhalt zu sichern,
wieso kann ich nicht dasselbe, um dadurch das Wohlerge-
    hen aller zu sichern?

Und:

Um der Befriedigung all meiner Begierden willen
habe ich tausendmal jene Qualen durchlebt,
die mit dem Leid der Hölle verbunden sind,
ohne dadurch auch nur das Geringste für mich oder
    andere erreicht zu haben.

So wird erklärt, dass es sinnvoll ist Leid auf sich zu nehmen, wenn damit etwas erreicht werden kann, das wirklich von Bedeutung ist. Deshalb wird gesagt:

Beachte daher nicht das Leid,
sondern sei fähig es zu ertragen.

Und:

> Wenn man sofort jede Bemühung einstellt, sobald man
> sich entmutigt fühlt,
> wie kann man sich dann jemals von Leid befreien?

Mit Hilfe dieser und anderer Beispiele wird gelehrt, wie man
Leid und Unerwünschtes als Pfad nutzen kann dadurch, dass
man Standhaftigkeit entwickelt, ohne in Niedergeschlagenheit
zu verfallen.

Aus der *Kostbaren Girlande des Mittleren Weges*:

> Selbst wenn du zu einer Art Hungergeist verkommst,
> lass dich nicht davon entmutigen.

Der Meister Atisha lehrte:

> Wenn du niedergeschlagen bist,
> solltest du dich bemühen, die Stimmung deines Geistes
> wieder zu heben.

Potowa erklärte:

> Einige Händler sagen, dass es gut für die Pferdehufe sei,
> wenn es schneit, und dass kein Überfall zu befürchten ist,
> wenn es abends regnet. Auf gleiche Weise haben Krank-
> heit, Armut und Kränkungen, ja selbst im Traum erlitte-
> nes Leid, zahllose positive Qualitäten, wenn sie als Pfad
> genutzt werden, denn sie reinigen Negativität.

Kharagpa sagte Folgendes:

> Selbst das geringste Leid, das dir zur Zeit widerfährt,
> reinigt Negativität, die du in der Vergangenheit angesam-
> melt hast.

In Zukunft wirst du sicher glücklich sein.
Freunde dich daher mit dem Leid an.

Widrige Umstände sind ein spiritueller Ratgeber.
Hindernisse sind Ermahnungen zu tugendhafter Praxis.
Leid ist der Besen, der alles Negative hinwegfegt.
Daher solltest du sie nicht als unerfreuliche Missgeschicke
   betrachten.

Chekawa lehrte:

Vertraue ohne Unterlass ausschließlich auf einen glücklichen Geist.

Und:

Wenn du leidest, trag alles Leid der anderen mit.

Die Lehren, wie Glück und Leid als Pfad genutzt werden können, sind entsprechend zu verstehen.

Wenn man versteht, Leid als Pfad zu nutzen, dann ist damit
auch das Ende des Leidens erreicht. So sollte man entsprechend
alle Mängel in positive Qualitäten verwandeln, damit sich Leid
in Glückseligkeit verwandelt und keinerlei Hindernis oder
Hemmnis einem jemals mehr schaden kann.

Deshalb sagten alle Meister, dass „Glück" und „Leid" trügeri-
sche Begriffe sind, da sie ausschließlich darauf beruhen, ob man
weiß, wie man seinen Geist verändern kann oder nicht.

Wir müssen uns vorstellen, dass Leid der spirituelle Lehrer
ist, der uns die Mängel des Existenzkreislaufs aufzeigt, und dass
es tatsächlich die Ursache für das Entwickeln von Geduld und
Mitgefühl ist. Überdies ist es das Leid, das den Dharmapraktizierenden prüft und seine Verdunkelungen reinigt. In den Lebensgeschichten edler Wesen der Vergangenheit gibt es unzählige
Beispiele dafür, wie sie Leiden als Zierde betrachteten.

Aus den Lehren des Langri Tangpa stammt folgendes Zitat:

> Dadurch, dass es mir gestern wirklich schlecht gegangen ist, hat sich meine tugendhafte Praxis verstärkt.

Aus den Lehren des Dharmameisters Gotsang stammt folgender Satz:

> Ein Dharmapraktizierender zeichnet sich durch sein Verhalten in negativen Situationen aus.

Gyalse Togme selbst sagte:

> Ein ausgezeichneter Dharmapraktizierender zeichnet sich dadurch aus, dass ein leidvoller Umstand seine tugendhafte Übung verstärkt.

Und:

> Ich selbst litt unter einer großen Anzahl von Flöhen. Ich habe sie lange Zeit hindurch ertragen und als Pfad genutzt. Nun kann mir kein Leid mehr etwas anhaben.

Es wird gesagt, dass der große Bodhisattva durch das mit Krankheit verbundene Leid Kontrolle über seine Träume erlangte und so seine tugendhafte Aktivität verstärken konnte.

19

Wohlstand als Pfad nutzen

Auch wenn sie von vielen Wesen bejubelt und verehrt werden
und ihr Wohlstand dem Vaishravanas ähnelt,
ist es die Übung der Bodhisattvas, nicht arrogant zu werden.
Denn sie haben erkannt, dass Ruhm und Reichtum in
Samsara vergänglich und daher ohne Bedeutung sind.

Es mag sein, dass ich von bestem Stand bin, über gutes Aussehen, Macht und Mittel in Hülle und Fülle verfüge, so reich
bin wie König Vaishravana[24], mein Ruhm sich in alle Himmelsrichtungen verbreitet und viele aus Respekt und Ehrerbietung
sich vor mir verneigen. Deswegen sollte ich jedoch nicht arrogant und hochmütig werden, denn ich habe erkannt, dass aller
Ruhm und Reichtum dieser Welt von so kurzer Dauer ist wie
ein Blitz am Himmel oder ein Tautropfen auf der Spitze eines
Grashalmes, so substanzlos wie eine Luftblase im Wasser und
dass ich daher jedes Haften an Dingen dieser Art ablegen sollte
wie eine Schlange ihre alte Haut. Dies ist die Art und Weise, wie
Bodhisattvas Wohlstand als Pfad nutzen.

Aus einem Sutra:

Du solltest dir nicht denken,
dass du besonders edel und sehr wichtig bist.
Denn diese Selbstverliebtheit ist die Wurzel jeglicher
Unachtsamkeit.

Im *Brief an einen Freund* wird angeführt:

> Arroganz auf Grund von Prestige, Schönheit, Gelehrtheit,
> Jugend und großer Autorität solltest du als deinen Feind
> betrachten.

Und aus dem *Eintritt in das Leben zur Erleuchtung*:

> Von der negativen Emotion Arroganz besessen,
> stürzen wir in die niederen Bereiche.

Man mag gesund sein, über allen möglichen Besitz verfügen,
alles haben, was an Stand, Aussehen, Gelehrtheit und Rechtschaffenheit möglich ist, und außerordentlich glücklich und
zufrieden sein. Wenn man aber aus diesem Grund arrogant wird,
von sich selbst eingenommen ist, auf andere herabblickt und der
Verlockung von Aktivitäten erliegt, die nicht im Einklang mit
dem Dharma stehen, dann werden in diesem Leben Mängel wie
Unachtsamkeit und Leid entstehen. Im nächsten Leben wird man
in den niederen Bereichen wiedergeboren, über einen niedrige-
ren Status verfügen und dergleichen mehr. Auf diese Weise wird
sowohl dieses wie auch das nächste Leben völlig verdorben.

In der *Kostbaren Girlande des Mittleren Weges* wird angeführt:

> Obwohl du vollkommen sein magst wie ein Gott,
> solltest du deswegen nicht in Arroganz verfallen.

Aus dem *Eintritt in das Leben zur Erleuchtung*:

> Um die Herzen der Buddhas zu erfreuen,
> werde ich von nun an danach trachten,
> Herr meiner selbst zu sein und der Welt zu dienen.

Entsprechend sollte jede außergewöhnliche Begebenheit, ob
weltlich oder dem Dharma zugehörig, zu einem Umstand werden, der die Praxis fördert. Mit dem Wunsch, dass andere ebenso

positive Umstände erfahren, sollte man alles als Mittel einsetzen, anderen zu helfen. Es wird gelehrt, dass man seine Arroganz bezähmen und sich als Diener aller sehen sollte, der jeden, unabhängig von seinem Stand, über dem Scheitel seines Kopfes verehrt.

Der Meister Atisha sagte:

Sobald ein Gefühl der Überlegenheit entsteht,
sollte der Stolz gedemütigt werden.

Er fuhr fort:

Verdamme alle Gedanken von Eingebildetsein, Eitelkeit,
Stolz und Arroganz,
besänftige und bezähme sie.
Entwickle Mitgefühl für alle unter deinem Stand und gib
Respektlosigkeit und Verachtung auf.

Dromtonpa erklärte:

Unabhängig davon, wie viele gute Qualitäten du auch
hast,
solltest du danach trachten, deine Verachtung und deinen
Hohn für andere zu verringern.

Potowa erklärte:

Bodhisattvas müssen ihren Stolz unterjochen, sich im
Hintergrund halten und
jedermann mit Respekt und großem Mitgefühl begegnen.
Obwohl es nie jemanden mit besseren Qualitäten gab als
Meister Atisha,
verhielt er sich anderen gegenüber nie verächtlich, nicht
einmal einem Hund gegenüber.

Überdies sagte er:

> Wenn andere mich bedauern, ich aber immer guter Dinge
> bin, dann ist das angewandter Dharma. Umgekehrt
> nicht.

Kharagpa sagte Folgendes:

> Ohne die Rolle des Höherrangigen an dich zu reißen,
> solltest du demütig die Rolle des Untergeordneten anneh-
> men.

Weiter:

> Da in einer stolzen Person keine wie auch immer gearte-
> ten guten Qualitäten entstehen können, solltest du deinen
> Kopf senken und bescheiden bleiben.

Langri Tangpa erläuterte:

> Wenn du jemanden begleitest,
> dann solltest du dich als dem anderen unterlegen sehen
> und ihn voll Respekt und aus tiefstem Herzen
> als dir überlegen.

Auf gleiche Weise lehrten alle Meister durch ihren Lebensstil,
wie man den Dharma richtig praktiziert, indem sie zum Beispiel
einen niederen Sitz einnahmen, verschlissene Kleidung trugen
und dergleichen mehr.

Überdies wird gesagt:

> Wenn du glücklich bist, widme dein Glück dem Wohle
> einer glücklichen Gemeinschaft.

Diese Aussagen zeigen auch, wie Freud und Leid als Pfad genutzt
werden kann.

Es gibt den Ausdruck „Überschwängliche Freude im Zaum halten", der bedeutet, dass das Auftreten von Freude und Glückseligkeit nicht zur Ursache für Überheblichkeit und dergleichen verkommen muss, wenn man weiß, wie Freude als Pfad genutzt werden kann. Auf diese Weise dient sie zur Vermeidung von Überheblichkeit und wird zum Helfer des Dharma.

Gyalse Togme selbst sagte:

Wenn wir Dharmapraktizierende uns selbst trotz aller Gelehrtheit, Rechtschaffenheit und Vortrefflichkeit als anderen überlegen betrachten und aus Stolz auf die unter uns herabblicken, mit Gleichrangigen konkurrieren und jenen über unserem Stand ihre Position missgönnen, dann ist der Dharma noch nicht in unser Innerstes vorgedrungen.

Überdies:

Es ist daher nicht von Bedeutung, wo oder in wessen Gesellschaft du bist.
Verehre dir überlegene, gleichrangige und unterlegene stets gleichermaßen über dem Scheitel deines Kopfes.

Er selbst hielt es genau so.

Kurz gesagt ist es notwendig zu verstehen, dass, was immer auch auftreten mag, ob Wohlstand, Niedergang, Freud oder Leid, alles einer Illusion gleicht und man deshalb fähig sein sollte mit Freude umzugehen, wenn man Freude erlebt, und mit Leid, wenn man Leid erlebt. Sonst wird man bei der geringsten Freude überheblich, beim geringsten Leid entmutigt und verzagt und wird nichts verwirklichen können.

Potowa sagte Folgendes:

Selbst wenn du schon zehnmal die Stadt durchquert und noch immer kein Almosen empfangen hast, sei nicht betrübt darüber.

Selbst wenn du mit Ehrbezeugungen überhäuft wirst,
sei nicht froh darüber und hafte nicht daran an.

Chekawa erklärte:

Ob Niedergang oder Wohlstand,
trage beides mit der gleichen Gelassenheit.

In der *Zierde der Sutren* wird angeführt:

Weder in Zeiten des Wohlstands noch in denen des Nie-
dergangs sollte es Angst vor Kummer und Leid geben.

Man sollte sich bemühen genauso zu werden.

20

Objekte der Ablehnung als Pfad nutzen

Wer seinen Feind, den eigenen Zorn, nicht bändigt,
wird durch das Unterwerfen äußerer Feinde deren Zahl nur
vergrößern.
Daher ist es die Übung der Bodhisattvas, ihren Geist
mit einem Heer von liebevoller Zuneigung und Mitgefühl
zu zähmen.

Die grimmigen Feinde der negativen Emotionen im eigenen Geistesstrom, wie Zorn und dergleichen, sind von allen Feinden diejenigen, die am schwersten zu bändigen sind. Wenn es gelingt sie zu zähmen, werden alle äußeren Feinde und Dämonen wie von selbst befriedet, so wie Rauch verschwindet, wenn das Feuer erlischt. Wenn sie jedoch nicht unterworfen werden, liegt es in der Natur der Dinge, dass unabhängig davon, wie viele der äußeren, gewöhnliche Probleme bereitenden Feinde man auch besiegen mag, sich deren Zahl doch nie verringern, sondern stets vermehren wird.

Die eigenen negativen Emotionen mit Gegenmitteln zu zähmen, wie der Armee liebevoller Zuneigung, die wünscht, dass alle Feinde und Freunde glücklich sein mögen, und der Armee des Mitgefühls, die wünscht, dass sie frei jeglichen Leids sein mögen, ist eine Praxis, mit der Bodhisattvas Objekte der Ablehnung als Pfad nutzen, da diese Gegenmittel dazu geeignet sind, negative Emotionen an ihrer Wurzel zu packen und zu unterwerfen.

Aus dem *Eintritt in das Leben zur Erleuchtung*:

> Ungebärdige fühlende Wesen sind so zahlreich wie der
>   Raum weit ist,
> niemals können sie alle besiegt werden.
> Wenn jedoch allein dieser zornige Geist unterworfen wird,
> ist dadurch jeder Feind zerstört.

Ebenso wird gelehrt:

> Wo könnte man so viel Leder finden,
> dass man damit die gesamte Erde bedecken könnte?
> Wenn man aber einfach seine Füße mit Leder bedeckt,
> ist es so, als ob man die ganze Erde mit Leder bedeckt
>   hätte.

Wenn wir den Feind in uns nicht bezwingen, können wir zwar
äußere Feinde unterwerfen, aber ihre Zahl wird nie ein Ende
nehmen. Denn es wird gelehrt:

> Indem man diesen Geist bindet,
> werden alle anderen Dinge ebenfalls gebunden.
> Indem man diesen Geist zähmt,
> werden auch alle anderen Dinge gezähmt.

Wenn wir daher unseren eigenen Geistesstrom zähmen, ist es so,
als ob wir alle Feinde bezwingen würden.
Aus den *Einhundert Versen*:

> Obwohl der, der uns schaden wollte, getötet ist,
> ist dennoch kein Ende der Zahl unserer Feinde abzusehen.
> Wenn jedoch der eigene Ärger getötet ist,
> sind dadurch alle Feinde besiegt.

Im *Schatz wertvoller wohlgesetzter Erläuterungen* wird dies auf
gleiche Weise erklärt.

Es gibt viele Methoden den Geist zu zähmen, obwohl hier vorrangig die Entwicklung von liebevoller Zuneigung und Mitgefühl gelehrt wird. Denn diese beiden werden als der schnelle Pfad des Großen Fahrzeugs bezeichnet und sind die Grundlage des Erleuchtungsgeistes.

Wie schon in der *Zierde der Sutren* angeführt wird:

Mitgefühl wird als seine Grundlage angesehen.

Und:

Liebevolle Zuneigung ist der Stamm, aus dem das Mitgefühl sprießt.

Aus der *Kostbaren Girlande des Mittleren Weges* stammt folgendes Zitat:

Im Großen Fahrzeug wird erklärt,
dass jedes Handeln von Mitgefühl bestimmt und mit makelloser Weisheit ausgeführt werden sollte.
Welcher zurechnungsfähige Mensch könnte darauf herabblicken?

Im *Eintritt in den Mittleren Weg* wird angeführt:

Liebevolle Zuneigung ist die Ernte, die die Siegreichen eingebracht haben.
Doch gleichzeitig wird sie als Saat, feuchtigkeitsspendendes Wasser und als erntereife Frucht betrachtet,
die lange Zeit hindurch genossen werden kann.
Daher preise ich Mitgefühl vor allem anderen als das Höchste.

Weiter erklärte der Meister Atisha:

> Wenn der Geist gezähmt ist,
> kann kein äußerer Feind Schaden anrichten.

Er fuhr fort:

> Wenn es dir an liebevoller Zuneigung und Mitgefühl fehlt, bist du kein Bodhisattva.

Und:

> Tibeter haben vielleicht von einigen „Bodhisattvas" gehört, die nicht wissen, wie man sich in liebevoller Zuneigung und Mitgefühl schult. Wie sollen sie also vorgehen? Sie sollten sich Schritt für Schritt darin üben.

Dromtonpa sagte auch:

> Wenn man niemals getrennt ist von liebevoller Zuneigung, Mitgefühl und dem Erleuchtungsgeist, ist eine Wiedergeburt in den niederen Bereichen unmöglich. Aus diesem Grund heißt es, dass man nie wieder nach Samsara zurückkehren muss.

Potowa betonte daher:

> Da wir nicht erleuchtet werden, weil wir einen Feind wahrnehmen und in Begriffen von nah und fern denken, müssen wir für alle fühlenden Wesen, die so zahlreich sind, wie der Raum weit ist, unparteiisches Mitgefühl entwickeln.

Kharagpa erklärte Folgendes:

> Gib jede böse Absicht und die Abneigung gegen
> die gütigen, fühlenden Wesen der drei Bereiche auf,

die in der Vergangenheit deine Eltern waren.
Meditiere auf diese Weise über liebevolle Zuneigung.

Als Chen-ngawa viele Gründe aufzählte, warum liebevolle Zuneigung so wichtig ist, machte Langri Tangpa Niederwerfungen vor
ihm und gelobte: „Von heute an werde ich mich ausschließlich
der Entwicklung liebevoller Zuneigung widmen." Daraufhin
nahm Chen-ngawa seinen Hut ab, faltete seine Hände über dem
Kopf und sagte: „Das ist wahrlich ein wundervoller Vorsatz."
   Einmal gingen die drei Brüder Puchungwa, Chen-ngawa und
Potowa gemeinsam mit einem Schüler Khamlungpas zu Dromtonpa. Potowa und die anderen erkundigten sich nach Dromtonpas Wohlergehen und schließlich fragte Drom: „Was hat Khamlungpa denn in letzter Zeit getan?" Darauf antworteten sie: „Er
hat sich an das Ufer des Flusses gesetzt, seinen Kopf bedeckt und
seither nur geweint." Da nahm Drom seinen Hut ab und nachdem auch er Tränen vergossen hatte, rief er aus: „Wie unglaub-
lich wundervoll das ist!" Nachdem er Khamlungpas Meditation
über Mitgefühl gepriesen hatte, sagte er: „Wenn auch wir eine
derartig ungekünstelte liebevolle Zuneigung entwickeln könnten, wären wir in der Lage, unser Glück direkt gegen das Leid
anderer auszutauschen und auf diese Weise, ohne Rücksicht auf
unser Leben oder unseren Körper, das Wohl anderer herbeizuführen."
   Der Bodhisattva Gyalse Togme selbst sagte:

Du solltest eine feindselige Geisteshaltung deinen Wider-
sachern gegenüber aufgeben. Denn solange du deinen
Zorn nicht überwindest, wird die Zahl deiner Feinde auch
nicht durch Siege zu verringern sein. Wenn du jedoch
den Zorn bezwingst, wird es nicht mehr notwendig sein
äußere Feinde zu besiegen.

Weiter:

Wenn uns die Absicht fehlt, so viele Wesen zu befreien, wie der Raum weit ist, dann werden wir nie vollkommene Erleuchtung erlangen können.
Aus diesem Grund sollten wir liebevolle Zuneigung und großes Mitgefühl entwickeln.

So lehrte er und übte sich genau darin.

21

Objekte der Anhaftung als Pfad nutzen

Sinnesvergnügen sind wie Salzwasser:
So sehr man ihnen auch zusprechen mag,
*   das Verlangen danach wird immer gößer.*
Daher ist es die Übung der Bodhisattvas, Objekte,
die Anhaftung erzeugen, sofort aufzugeben.

Auch wenn man ein begehrtes Sinnesobjekt erlangt, sei es Form oder Gestalt, Wohlklang, Geruch oder Geschmack, von schöner und angenehmer, süßer und köstlicher oder glatter und schmeichelnder Qualität, den Sinnesgenüssen des Gottes Indra gleichend, so ist es doch nur so, als ob man Salzwasser getrunken hätte: So sehr man ihm auch zusprechen mag, man wird doch nie genug bekommen und nie zufrieden sein. Das Verlangen wird nur noch größer und ebenso das damit verbundene Leid. Aus diesem Grund ist jedes Haften an der Fülle von Sinnesobjekten in Samsara eine Quelle zahlreicher Fehler, in diesem wie in zukünftigen Leben.

Daher sollte man allgemein an keinem materiellen Genuss haften, besonders nicht an verlockenden Habseligkeiten oder Gebrauchsgegenständen, seien sie nun groß oder klein. Vielmehr sollte man diese Genüsse und Gegenstände sofort und ohne Zeitverlust aufgeben, um zu verhindern, dass man an ihnen haftet und sie festhalten möchte. Dies ist die Art von Praxis, mit der Bodhisattvas Objekte der Anhaftung als Pfad zu nutzen wissen.

Aus dem *Sutra der großen Entfaltung* stammt folgendes Zitat:

> Sinnesvergnügen schaffen viel Elend und Leid und brin-
> gen Angst, ständige Feindseligkeiten und negative
> Emotionen mit sich.
> Sie sind wie die scharfe Schneide eines Messers und die
> Blätter einer giftigen Pflanze:
> Edle Wesen entledigen sich ihrer wie eines Behälters voll
> Erbrochenem.

Ebenso:

> Sich an Sinnesgenüssen zu ergötzen wird wie das Trinken
> von Salzwasser nie zur Befriedigung des Verlangens füh-
> ren.

Auf diese Weise wird gezeigt, dass die Fehler des Sinnesvergnü-
gens zahllos sind.

In den *Zweckmäßigen Äußerungen* wird angeführt:

> Selbst wenn es Karshapana Münzen regnen sollte,
> wird es für Leute voll Verlangen stets zu wenig sein.
> Weise haben verstanden, dass alles Begehren nichtig und
> voller Mängel ist.

In dem *Von Narayana erbetenen Sutra* wird gelehrt, dass man
alles, woran man haftet und das man nicht loslassen kann, aufgeben muss.

Im *Brief an einen Freund* wird angeführt:

> Jedes Verlangen bringt Verwüstung und Vernichtung mit
> sich.

Im *Eintritt in das Leben zur Erleuchtung* werden wiederholt Aussagen wie folgt getätigt:

> In dieser und jeder folgenden Welt
> zieht Verlangen nur Zerstörung nach sich.

In diesen Aussagen werden die allgemeinen Fehler des Haftens an Sinnesobjekten aufgezeigt. Die vielen Mängel, die im Besonderen mit dem Haften an Ruhm, Alkohol, Frauen, Reichtum und Gegenständen verbunden sind, werden zwar erklärt, aber nicht im Detail ausgeführt.

Die eigene Anhaftung zu verringern und sich darin zu üben, mit nur wenig auszukommen und zufrieden zu sein, wird als das Höchste bezeichnet. Dazu heißt es im *Brief an einen Freund:*

> Der Lehrer der Götter und Menschen hat gesagt,
> dass von allen Schätzen Zufriedenheit der größte Schatz
>   ist.

Im *Eintritt in das Leben zur Erleuchtung* wird ausgeführt:

> In den Genuss von Zufriedenheit zu kommen
> ist selbst für den Gott Indra schwer.

Weiter:

> Ein Objekt, das nicht als attraktiv empfunden wird,
> ist tatsächlich ein ausgezeichnetes Objekt.

Daher ist es lobenswert, Objekte sofort von sich zu weisen, die Anhaftung und Festhalten erzeugen.

Der Meister Atisha sagte:

> Jedes Haften, an was auch immer, sollte aufgegeben werden, und man sollte frei davon bleiben,

denn auf Grund der Anhaftung kann man nicht in die
freudvollen Bereiche gelangen.
Ebenso verhindert die Anhaftung, dass man Erleuchtung
erlangt.

Und:

Liebe Freunde, alle Sinnesvergnügen sind so, als ob ihr
Salzwasser trinken würdet,
euer Durst wird nie gestillt werden.
Seid daher bitte zufrieden mit dem, was ihr habt.

Er sagte weiter:

Es kann als höchstes Zeichen des Erfolgs gewertet werden,
wenn sich die Bedürfnisse verringern.

Puchungwa erläuterte auch:

Das Glück, das daraus entsteht, dass man Sinnesvergnügen aufgibt, ist intensiver als jenes, das daraus resultiert,
dass man ihnen zuspricht.

Potowa erklärte:

Durch das stete Verlangen nach Sinnesgenüssen, das niemals gestillt werden kann, erfährt man nichts außer dem
Leid der niederen Bereiche und dem von Samsara im Allgemeinen.

Kharagpa sagte Folgendes:

Es ist dein Verlangen, das dir nicht erlaubt, dich über
Samsara zu erheben. Wenn du es daher nicht als Fehler
erkennst, bist du in die Irre gegangen.

Nambarwa sagte:

Die Verlockungen der Sinnesgenüsse werden nie an Intensität verlieren, wenn du dein Haften an ihnen nicht mit Gewalt durchtrennst. Wirf daher alles, was du besitzt, von dir, so wie du auf den Erdboden spuckst.

Nyugrumpa lehrte:

Du solltest die Überzeugung entwickeln, dass Sinnesgenüsse einem mit brennender Glut bedeckten Boden gleichen.

Shabopa erklärte:

Wenn du deinen Geist nicht von Sinnesgenüssen abwendest, wirst du weder in diesem Leben noch im nächsten Glück finden. Wenn es dir jedoch gelingt, deinen Geist von ihnen abzuwenden, dann brauchst du nicht mehr nach dem Glück zu suchen.

Ebenso lehrte er:

Du wirst ab dem Zeitpunkt glücklich sein, ab dem es dir gelingt die zahlreichen begehrlichen Geisteszustände zu neutralisieren.

Weiter ein Zitat des Bodhisattvas Gyalse Togme selbst:

Wenn du an Reichtum, Besitz, Verwandten, Begleitern, Dienern und dergleichen haftest, gleichst du einem im Sumpf versinkenden Elefanten.

Und:

Wenn du zufrieden bist mit dem, was du hast, wird dein Körper entspannt und dein Geist voll Freude sein, während sich das Ausmaß von Studium, Reflexion und Meditation vergrößert.

Wenn du unbehelligt bist von den Qualen, die mit Horten, Bewahren und Verlieren verbunden sind, und zudem noch zufrieden bist, dann bist du selbst als Bettler reich.

Auf diese Weise übte sich Gyalse Togme darin, nur wenige Bedürfnisse zu haben und zufrieden zu sein.

22

Während der Meditationssitzung:
Ruhen im natürlichen Zustand
jenseits von Konzepten

Was auch immer erscheint, ist nur der eigene Geist.
Der Geist selbst ist seit jeher jenseits aller gedanklichen Vor-
stellungen.
Dies erkennend ist es die Übung der Bodhisattvas,
nicht mehr an den Attributen von Subjekt und Objekt fest-
zuhalten.

Unabhängig davon, wie alle äußeren und inneren Phänomene erscheinen, sind das Gefäß, die Welt, und sein Inhalt,
die Wesen, nur Benennungen unseres Geistes, ohne inhärente,
eigenständige Existenz. Sogar der benennende Geist selbst ist
seit jeher jenseits der extremen Sichtweisen von Existenz und
Nicht–Existenz, Eternalismus und Nihilismus. Auf diese Weise
versteht man die letztendliche wahre Natur aller Phänomene,
die unter den Begriffen von Subjekt und Objekt zusammengefasst werden, genauso wie sie ist. Über Leerheit zu meditieren,
die frei von gedanklichen Vorstellungen ist, ohne irgendwelche
Attribute zu fixieren, indem man im Äußeren wahrgenomme-
nen Objekten und dem inneren wahrnehmenden Geist eine
tatsächliche Existenz zuschreibt, ist die Art von Praxis, mit der

Bodhisattvas sich im meditativen Ruhen in raumgleicher Leerheit üben.

Aus dem *Prajnaparamita-Sutra*:

> Vollständige Kenntnis davon, dass alle Phänomene seit jeher leer und jenseits von Entstehen sind, ist höchstes transzendentes Wissen.

Und weiter:

> Meditation transzendenter Weisheit heißt über nichts zu meditieren.

Ebenso:

> Meditation transzendenter Weisheit ist eine Meditation über den himmelsgleichen offenen Raum.

Demgemäß besitzen Phänomene, die in der Kategorie „äußere Objekte" zusammengefasst werden, keinerlei Existenz außer als reine Benennung durch den inneren Geist. Da der benennende Geist selbst auch jenseits von Entstehen, Verweilen und Vergehen ist, sind alle Phänomene, die als „wahrnehmendes Subjekt" und „wahrgenommenes Objekt" erscheinen, nichts als Leerheit jenseits aller gedanklichen Vorstellungen. Sobald ein Yogi auf diese Weise Gewissheit über den natürlichen Zustand des Geistes gewonnen hat, ruht er einsgerichtet in einem Zustand, der frei von jeder gedanklichen Betätigung ist. In diesem Zustand existiert kein äußeres Objekt, der wahrnehmende Geist hält an nichts fest, egal ob Ding oder Nicht–Ding, und es werden keine Konzepte über etwas gebildet. Auf diese Weise praktiziert man die Meditation des Verweilens in raumgleicher Leerheit.

Aus dem *Kommentar zum erleuchteten Geist*:

> Ein Geist, der frei von einem Bezugspunkt ist,
> ruht im charakteristischen Merkmal des offenen Raumes.

Diese raumgleiche Meditation
gilt als Meditation über Leerheit.

Im *Eintritt in das Leben zur Erleuchtung* wird gesagt:

Da es zu dem Zeitpunkt, wo du keine Gedanken von
    Ding oder Nicht-Ding in deinem Geist hegst,
auch keine anderen Merkmale gibt,
wird das Fehlen eines Bezugspunktes als höchster Frieden
    bezeichnet.

Daher heißt es auch:

Alles ist wie der offene Raum.
Jene unter euch, die sind wie ich, müssen dies völlig verstehen.

Überdies erläuterte der Meister Atisha:

Innerhalb der ursprünglichen Natur jenseits aller gedanklichen Vorstellungen lass auch den Geist frei von allen
gedanklichen Vorstellungen.

Und:

Erkennen durch Nicht–Denken
wird Erkennen des Absoluten genannt.

Dromtonpa sagte Folgendes:

Der natürliche Zustand jenseits der drei Zeiten darf nicht
außen gesucht werden, da man auf diese Weise durch das
Objekt getäuscht wird. Er darf nicht innen gesucht werden, da man von sich selbst getäuscht wird.
Auch das Wissen, das um die Nicht–Existenz der beiden
weiß, darf nicht gesucht werden.

Potowa erläuterte:

> Während des ruhigen Verweilens meditiere frei von
> gedanklichen Vorstellungen darüber, dass alle Phänomene
> leer und frei von inhärenter Existenz sind gleich dem Mit-
> telpunkt des offenen Raumes.

Kharagpa erläuterte:

> Da der natürliche Zustand nicht als irgendetwas existiert,
> ist er von Natur aus jenseits der vier extremen Sichtweisen.
> Da der Geist über nichts Konzepte bildet,
> sei auch du frei von fixierenden Gedanken.

Sharawa erklärte nachdrücklich:

> Sobald du dir sicher geworden bist, dass alle Dinge dem
> offenen Raum gleich sind, frei von jeder Essenz und jen-
> seits extremer Sichtweisen, stell dir in diesem Zustand
> nichts vor und greife nach nichts. Wenn man auf diese
> Weise alle Gedanken und alles geistige Tun aufgegeben
> hat, sollte man eingerichtet im Zustand der Leerheit ver-
> weilen.

Langri Tangpa sagte:

> All dies darf nicht von den Fehlern der acht Extreme
> gedanklicher Vorstellungen befleckt werden.

Er lehrte, dass man meditieren solle, ohne mentale Konstrukte
zu hegen und ohne von konzeptuellen Gedanken verunreinigt zu
sein, die darauf fixieren, dass Phänomene in einer Weise existieren, die einer der acht gedanklichen Vorstellungen entspricht.

Chekawa lehrte:

> Denk dir, dass alle Phänomene von traumgleicher Natur
> sind,
> und erforsche die Natur von Gewahrsein jenseits von Ent-
> stehen.
> Lass das Gegenmittel sich in sich selbst befreien
> und ruhe im Zustand des Allgrundes, Alaya, der Essenz
> des Pfades.

Daher wird erklärt, dass man dann über den absoluten Erleuchtungsgeist, Bodhichitta, meditiert, wenn man, nachdem man
erkannt hat, dass die Natur des äußeren Objekts, des inneren
Geistes und des Gegenmittels Leerheit ist, in diesen Zustand
hinein loslässt.

Gyalse Togme selbst sagte:

> Da der natürliche Zustand alles Erkennbaren jenseits aller
> Konzepte ist,
> gibt man geistige Vorstellungen von Sein oder Nicht–Sein
> auf
> und verbleibt einsgerichtet in diesem Zustand jenseits
> aller mentalen Konstrukte.
> Dies wird Meditation über den absoluten Erleuchtungs-
> geist, Bodhichitta, genannt.

Und er fuhr fort: „Verweile ohne Ablenkung in einem Zustand,
der frei von geistigen Konstrukten ist."

Auf diese Weise lehrte er und übte sich entsprechend.

Objekte der Anhaftung
als nicht real ansehen

Wenn sie auf ein schönes Objekt treffen,
sollten sie erkennen, dass es wie ein Regenbogen im Sommer
ist:
Obgleich er attraktiv erscheint, wird er dennoch nicht als
real vorhanden angesehen. Auf diese Weise Anhaftung
aufzugeben ist daher die Übung der Bodhisattvas.

Wenn man auf erfreuliche Objekte, wie seine Freunde, auf exquisite Formen, angenehme Klänge, auf das Glück, glückliche Wesen und ähnliches trifft, dann sind diese Erscheinungen wie ein Regenbogen im Sommer, der ebenso klar und schön vor uns erscheint, aber dennoch nicht so existiert, wie er erscheint. Entsprechend sollte man anziehende und schöne Erscheinungen nicht als wirklich ansehen und ihnen keine reale Existenz zugestehen durch Gedanken wie: „Das ist mein Freund, das ist mein Verwandter, das ist schön, das hab ich sehr gern." Ein derartiges Anhaften und Festhalten an einer wahrhaften und konkreten Realität aufzugeben ist die Art von Praxis, durch die Bodhisattvas damit aufhören, an anziehenden Objekten zu haften, indem sie diese als real ansehen.

Objekte der Ablehnung
als nicht real ansehen

Die verschiedenen Leiden sind wie der Traum
vom Tod des eigenen Kindes;
wie kräftezehrend ist es, diese Traumerscheinung für wahr
*   zu halten!*
Wenn sie daher mit widrigen Umständen konfrontiert werden,
ist es die Übung der Bodhisattvas, sie als Illusion zu betrachten.

Wenn der eigene Geist mit verschiedenen unerwünschten Objekten, wie widerwärtigen Feinden und Dämonen, abstoßenden Formen, unangenehmen Klängen, Leid und leidenden Wesen konfrontiert wird, dann sind diese Erscheinungen wie das Leid, das wir im Traum vom Tod unseres Kindes erleben. Wenn man an verwirrten Erscheinungen wie einem als real angesehenen Schmerz festhält, wird man matt und erschöpft und leidet stark darunter. Sobald man daher auf ungünstige und unerfreuliche Umstände trifft, sollte man nicht an ihnen festhalten durch Gedanken wie: „Das ist ein Feind. Das ist furchtbar." Stattdessen denkt man, dass sie, außer als bloße irreführende Erscheinung, keine eigene ihnen innewohnende Existenz haben. Dies ist die Art von Praxis, mit der alle Bodhisattvas sich darin üben, nicht am Objekt der Ablehnung anzuhaften, indem sie es als unwirklich ansehen.

Auf diese Weise wird sowohl in diesem wie auch im vorigen Wurzelvers gezeigt, dass man während der Meditationspausen anziehende und abstoßende Objekte nicht für real ansehen, sondern sie als Regenbogen, Traum oder Illusion betrachten sollte.

Die Bedeutung dessen wird durch ein Zitat aus dem *König-des-Samadhi-Sutra* erklärt:

Magier erzeugen die Illusion von Pferden, Elefanten,
    Streitwagen und verschiedenen anderen Dingen.
Obwohl sie erscheinen, fehlt ihnen dennoch jede wahre
    Existenz.
Erkenne, dass dies für alle Phänomene gilt.

Wenn ein junges Mädchen im Traum die Geburt und den
Tod ihres Kindes erlebt, wird sie Freude über seine Geburt
und Schmerz über seinen Tod empfinden.
Erkenne, dass dies für alle Phänomene gilt.

Denn obwohl Phänomene, wie zum Beispiel Formen, keine wirkliche Existenz besitzen, erscheinen sie doch klar vor unserem Auge, wie die Pferde und Elefanten des Magiers oder auch wie ein Traum.

Aus dem *Eintritt in das Leben zur Erleuchtung*:

Wie kann etwas, das von Verwirrung als wahr angesehen
    wird, etwas anderes als eine Illusion sein?

Wie der im Traum erlebte Tod des eigenen Kindes
steht der Gedanke, dass es nicht mehr lebt,
dem Gedanken entgegen, der glaubt, dass es noch lebt,
dennoch ist auch dieser falsch.

Wenn während der Sitzung die Meditation über Leerheit sehr intensiv war, werden während der Pausen alle Erscheinungen spontan als Illusion oder Traum erscheinen. Wenn die Erfahrung während der Meditation keine intensive war, muss man während der Pausen bewusst seine Achtsamkeit darauf lenken, dass alles, was erscheint, nicht real, sondern nur eine Illusion ist. Durch Meditation über Leerheit entwickelt man während der Meditationspausen Mitgefühl für alle fühlenden Wesen sowie Vertrauen zu Ursache und Wirkung und sammelt dadurch zusätzlich Verdienst an.

Der Meister Atisha lehrte:

Wenn ein anziehendes oder ein abstoßendes Objekt in Erscheinung tritt, betrachte es als Illusion.

Potowa erläuterte auch:

Alle Phänomene, die während der Meditationspausen unserem verwirrten Geist erscheinen, gleichen einer Illusion oder einem Traum. Sei wie ein Magier und miss ihnen keine Realität zu.

Sharawa sagte:

In den Meditationspausen übt man sich in tugendhafter Aktivität, wie der von Weisheit und großem Mitgefühl durchdrungenen Freigebigkeit, und übt sich so hauptsächlich in der Ansammlung von Verdienst.

Kharagpa:

Phänomene sind wie Träume oder Illusionen:
Es gibt nichts, das wahr ist,
denn Dinge treten in Erscheinung,
obwohl sie aus sich heraus keine Existenz besitzen.
Hafte daher nicht an ihnen an,
indem du sie als real ansiehst.

Obwohl sie im natürlichen Zustand aller Dinge nicht existieren,

sind sie wie Ursache und Wirkung in einem Traum.
Da die illusionsgleiche Auswirkung von Karma unfehlbar
ist,
gib alles Negative auf und übe dich mit ganzer Kraft in
tugendhaftem Handeln.

Langri Tangpa erläuterte:

Indem du alle Phänomene als Illusion erkennst,
kannst du dich von den Fesseln der Anhaftung befreien.

Rinchen Gangpa sagte:

Wenn man durch die Ketten der Anhaftung an die Realität gebunden ist,
kann der Boden der zwei Ansammlungen nicht überquert
werden.
Obwohl Phänomene erscheinen, hafte nicht an ihnen an;
sie sind nur eine Illusion: Wie wichtig ist es, dies zu
erkennen.

Chekawa sagte:

In den Meditationspausen verhalte dich wie ein Wesen in
einem Traum.

Unabhängig davon, was man während der Meditationspausen
tut, sollte man sich, ohne sich von der meditativen Erfahrung
zu trennen, als so unwirklich wie ein magisches Gebilde oder
eine Gestalt in einem Traum sehen. Diese Beispiele illustrieren,
auf welche Weise man sich während der Meditationspausen in
illusionsgleicher Meditation übt.

Gyalse Togme selbst sagte:

> In den Meditationspausen sind alle Erscheinungen als
> Illusion zu betrachten.
> Nachdem man erkannt hat, dass sie, obwohl sie erschei-
> nen, dennoch nicht real sind,
> übt man sich in den Pausen der Meditation des höchsten
> Erleuchtungsgeistes darin,
> anderen aus diesem Zustand des Nicht–Anhaftens heraus
> zu helfen.

Er fuhr fort:

> Unabhängig davon, auf welche Weise sich das Relative
> manifestiert,
> solltet ihr euch während der Meditationspausen aus dem
> Wissen heraus,
> dass das Relative trotz seines Erscheinens nicht wirklich
> existiert,
> mit ganzer Kraft darum bemühen,
> mit euren Drei Toren tugendhaft zu handeln.

So lehrte er und setzte es entsprechend in die Praxis um.

25

Großzügigkeit üben

*Wenn man, um Erleuchtung zu erlangen, sogar den eigenen
    Körper opfern muss,
braucht nicht eigens erwähnt zu werden, dass man auch
    äußere Objekte dafür
aufgeben muss.
Daher ist es die Übung der Bodhisattvas, großzügig zu sein,
ohne dabei auf Belohnung oder positive karmische Resultate
    zu hoffen.*

Wenn man vollkommene Erleuchtung erreichen und ein Buddha werden möchte, muss man wiederholt Gliedmaßen, den Kopf oder sogar den ganzen Körper opfern, um anderen zu helfen, gerade so, wie es in den Geschichten über die vergangenen Leben des Buddha beschrieben wird. Es erübrigt sich daher, eigens zu erwähnen, dass man Dinge wie Reichtum, Besitz, Kinder, Ehepartner und ähnliches mehr anderen zuliebe aufgeben hat. Deswegen muss man sich in der Praxis der Großzügigkeit üben.

Dabei geht man so vor, dass man aus einer außergewöhnlich großzügigen Einstellung heraus die drei Arten von Großzügigkeit gemeinsam mit der Grundlage der Tugend und den daraus resultierenden Auswirkungen anderen widmet. Dies tut man, ohne sich dadurch einen Vorteil in diesem Leben in Form von Nahrung, Reichtum oder Ähnlichem zu erhoffen. Ebensowenig sollte das Motiv der Großzügigkeit darin bestehen, sich karmische Auswirkungen zu erhoffen, die bewirken, dass man in Zukunft über großen Besitz verfügen wird. Dies ist die Art und Weise, wie sich Bodhisattvas in der Paramita der Großzügigkeit üben.

Im *Eintritt in den Mittleren Weg* wird angeführt:

Die Paramita der Großzügigkeit stellt die Fähigkeit zu geben dar.

Im *Eintritt in das Leben zur Erleuchtung* wird erläutert:

Sich vorzustellen, dass man seinen gesamten Besitz allen
 fühlenden Wesen widmet,
zusammmen mit den sich aus dieser Handlung ergebenden
 karmischen Folgen,
wird die Paramita der Großzügigkeit genannt.

Die Essenz der Großzügigkeit besteht aus der Tugend einer großzügigen Einstellung und den aus dieser Einstellung folgenden Handlungen von Körper und Rede. Das richtige Geben äußerer und innerer Dinge wird als die erste der drei Arten von Großzügigkeit bezeichnet und besteht in der Großzügigkeit des Gebens materieller Güter. Alle fühlenden Wesen von ihren Ängsten zu befreien und sie vor den Elementen zu beschützen wird als die Großzügigkeit des Gebens von Furchtlosigkeit bezeichnet. Den heiligen Dharma unmissverständlich zu lehren und anderen zu zeigen, wie sie auf zuträgliche Weise ihren Lebensunterhalt bestreiten können, ist die dritte Art, die Großzügigkeit im Geben von Dharma.

Wie man in sich eine großzügige Einstellung entwickelt wird im *Eintritt in das Leben zur Erleuchtung* gelehrt:

Meinen Körper und meinen Besitz
ebenso wie alle Tugenden,
die ich in den Drei Zeiten angesammelt habe,

bringe ich ohne jegliches Gefühl des Verlustes dar,
um das Wohl aller Wesen herbeizuführen.

Meditation über den Erleuchtungsgeist und der Erlangung von Erleuchtung gewidmete Wunschgebete werden in diesem Zusammenhang als Stütze des Verhaltens und Grundlage großzügigen Gebens angesehen und gelten daher als unübertroffen. Das gilt entsprechend auch für alle anderen Paramitas.

Als Fehler des Geizes und als Vorteile der Freigebigkeit werden im *Paramita-Kompendium* angeführt:

Durch Freigebigkeit wird man nicht von negativen Emotionen überwältigt.
Geiz entspricht nicht dem edlen Pfad und ist der Schöpfer negativer Emotionen.
Großzügigkeit hingegen entspricht dem höchsten Pfad.
Von allem anderen wird gesagt, dass es weitab des edlen Pfades liegt.

Dazu gibt es noch viele ähnliche Zitate.

Zum Geben, ohne dafür eine Belohnung oder karmische Frucht zu erwarten, erwähnt die *Zierde der Sutren* eine „Großzügigkeit, die ohne Erwartungshaltung" gibt und die als außergewöhnliche Art der Großzügigkeit bezeichnet wird.

Der Meister Atisha erläuterte dazu:

Da die vergänglichen, samsarischen Besitztümer bedeutungslos sind, übe dich in Großzügigkeit von vorzüglicher Qualität.

Und er erläuterte weiter:

Die höchste Form der Großzügigkeit ist an nichts zu haften.

Gonpawa sagte auch:

Die Grundlage der Großzügigkeit ist nichts anderes als das Freisein von Anhaftung.

Von Potowa stammt folgendes Zitat:

Dadurch, dass man sich daran gewöhnt, Großzügigkeit im Kleinen, wie im Verschenken von Nadel und Zwirn, zu üben, wird man schließlich dahin gelangen, dass man alles, ohne daran zu haften, weggeben kann.

Weiter:

Wer würde sich sein Ohr abschneiden, nur um es an seinem Hinterteil anzubringen? Ebensowenig sollte es auf Kosten der Disziplin gehen, wenn man sich in Großzügigkeit übt.

In Übereinstimmung mit dem bisher Angeführten sagte Sharawa:

Ich erläutere euch nicht die Vorzüge der Großzügigkeit, aber ich werde euch die Fehler des Geizes erklären.

Es wird gelehrt, dass auch Ordinierte sich in Großzügigkeit üben sollten, da sich dadurch Tugenden nicht verringern, sondern stattdessen ohne Anstrengung angesammelt werden.
Gyalse Togme selbst sagte:

Der Weise hat die Art von Großzügigkeit gepriesen, die gibt und weder Hoffnung auf eine Gegenleistung in diesem Leben hegt noch auf positive karmische Folgen in zukünftigen Leben hofft.

Und:

> Möge ich mich freuen, wann immer ich einen Bedürfti-
> gen sehe,
> und ihm mit lächelndem und freundlichem Gesicht ohne
> Erwartungshaltung geben, was er sich wünscht:
> mein Vermögen, ja selbst meinen Körper, mein Leben,
> mein Fleisch und Blut.

Auf diese Weise sprach er Wunschgebete für seine Schulung in
den drei Arten der Großzügigkeit und übte sich entsprechend.

26

Disziplin üben

*Wenn es einem an Disziplin mangelt, kann man nicht
einmal zum eigenen Wohl wirken, und dann erscheint
der Wunsch lächerlich, zum Wohle anderer wirken zu
wollen.*
*Daher ist es die Übung der Bodhisattvas, Disziplin zu wah-
ren, ohne weltliche Ziele damit zu verfolgen.*

Wenn man die Prinzipien der Disziplin, zu denen man
sich bekennt, nicht einhält, kann man nicht einmal für
sich selbst eine Wiedergeburt in den höheren Bereichen erwir-
ken, da man sich tatsächlich bereits auf dem Weg in die niederen
Bereiche befindet: Dann erscheint der Wunsch zum Wohle aller
Wesen vollkommene Erleuchtung erlangen zu wollen tatsächlich
lächerlich.

Man sollte sich nicht aus weltlichem Verlangen oder aus dem
Verlangen nach samsarischer Existenz darum bemühen, eine
Wiedergeburt in den höheren Bereichen der Menschen oder der
Götter zu erlangen. Aus der Geisteshaltung heraus die drei Arten
von Disziplin einzuhalten, die auf das Erreichen vollkomme-
ner Erleuchtung zum Wohle anderer gerichtet ist, ist daher die
Praxis, mit der Bodhisattvas sich in der Paramita der Disziplin
üben.

Aus der *Kostbaren Girlande des Mittleren Weges*:

Disziplin heißt anderen von Nutzen zu sein.

Im *Eintritt in das Leben zur Erleuchtung* wird erklärt:

Das Entwickeln einer entsagenden Geisteshaltung
wird als Paramita der Disziplin bezeichnet.

Die Essenz der Disziplin ist eine entsagende Geisteshaltung, die
den Geist davon abhält anderen Schaden zuzufügen, indem sie
ihm die Grundlage für ein derartiges Verhalten entzieht.

Das Versprechen, sich aller Handlungen zu enthalten, die von
Natur aus oder aus ethischen Gründen unheilsam sind, stellt die
erste der drei Arten von Disziplin dar, nämlich die Disziplin der
Absicht.

Die zweite Art der Disziplin, die Disziplin des Ansammelns
tugendhafter Qualitäten, besteht darin, dass man tugendhafte
Qualitäten wie die Sechs Paramitas, die im individuellen Geistesstrom noch nicht entstanden sind, entwickelt und verhindert,
dass diejenigen, die bereits entwickelt wurden, wieder abneh-
men, sondern stattdessen an Umfang zunehmen.

Die dritte Art von Disziplin, die zum Wohle aller Wesen handelt, steht dafür, dass man in diesem und allen folgenden Leben
durch passende ethische Mittel zum Wohl aller Wesen wirkt.

Wenn Entsagung als Essenz der Disziplin postuliert wird,
geschieht dies im Zusammenhang mit der Disziplin der Absicht,
da es sich hier darum handelt, jegliches Fehlverhalten aufzugeben. Dies wiederum bedeutet keine der Zehn untugendhaften
Handlungen zu begehen. Aus diesem Grund muss man sich
selbst darin schulen, selbst auf der Ebene der Intention nicht
mehr in falsches Handeln abzugleiten.

Die Merkmale der verschiedenen Arten, wie man sich im
Bodhichitta der Absicht und der Anwendung üben kann, werden hier ebenso wenig ausführlich behandelt wie die großen und
kleinen Verstöße gegen die Disziplin.

Zu den Fehlern mangelhafter Disziplin wird in der *Prajnapara-mita-Sutra* Folgendes gesagt:

> Wenn man aufgrund schlechter Disziplin nicht einmal dazu in der Lage ist zu seinem eigenen Wohl zu wirken, wozu soll man dann noch davon sprechen, dass man anderen helfen möchte? Das vollständig zur Reife gelangte Karma minderwertiger Disziplin führt zu einer Wiedergeburt im Höllenbereich, Tierreich oder im Reich des Todes.

Im *Paramita-Kompendium* wird erklärt:

> Wenn man durch den Verfall seiner Disziplin nicht einmal dazu in der Lage ist zu seinem eigenen Wohl zu wirken, woher sollte man dann die Kraft dazu nehmen, zum Wohl anderer zu wirken?

Es gibt viele ähnliche Zitate dazu. Zu den Vorteilen, die mit dem Wahren von Disziplin verbunden sind, wird im *Brief an einen Freund* angeführt:

> So wie die Erde Grundlage alles Belebten und Unbelebten ist, wird von Disziplin gesagt, dass sie die Grundlage aller positiven Qualitäten ist.

Dazu gibt es unzählige ähnliche Zitate.

Im Zusammenhang mit der Zeile im Wurzelvers, die vom Freisein von weltlichen Zielen spricht, erwähnt die *Zierde der Sutren* die Disziplin, die frei ist von einem „Verlangen nach Wiedergeburt". Auf diese Weise wird gelehrt, wie man sich in der außergewöhnlichen Disziplin übt, die zur Ursache für Befreiung und Allwissenheit wird.

Der Meister Atisha lehrte:

Halte alle Arten von Disziplin stets rein, da dies zu Ruhm in diesem und Glück im nächsten Leben führt.

Ebenso lehrte er:

Bewahre die Disziplin rein, die darum bemüht ist die rechte Unterscheidung zu treffen zwischen dem, was anzunehmen und was abzulehnen ist, und die der fruchtbare Boden ist, dem alle Qualitäten entsprießen.

Und:

Die beste Art von Disziplin ist ein friedvoller Geist.

Gonpawa sagte auch:

Die Wurzel der Disziplin besteht letztendlich darin, sich einem spirituellen Freund anzuschließen.

Potowa erklärte:

Die Disziplin der Absicht und die Samayas sind die Basis aller ausgezeichneten Qualitäten. Wenn es einem daher an Disziplin mangelt oder die Samayas gebrochen werden, dann wird dies zu einem Hindernis für das Entwickeln positiver Qualitäten und für Verwirklichung.

Weiter lehrte er:

Um die Disziplin rein zu halten, sollte man nicht an vergangenen, gegenwärtigen und zukünftigen Genüssen hängen.

Kharagpa sagte:

Die Ursache dafür, dass man einen mit sämtlichen Freiheiten und günstigen Bedingungen ausgestatteten menschlichen Körper erlangt hat, ist die vorangegangene Übung in Disziplin. Daher solltest du deine Disziplin so rein und unbefleckt wie möglich halten.

Jayulwa lehrte:

Bewahre stets eine reine Disziplin, denn sie ist die Grundlage für den Pfad zur Befreiung und Allwissenheit.

Khamlungpa erläuterte Folgendes:

Zur Zeit einer Hungersnot hängt alles von den Gerstenvorräten ab. Da hier auf ähnliche Weise alles von Disziplin abhängt, solltest du dich bemühen sie rein zu halten. Ohne über die Auswirkungen von Handlungen nachzudenken, kann man nie reine Disziplin erreichen. Aus diesem Grund kommt diese Überlegung einer mündlichen Unterweisung gleich.

Sharawa sagte:

Man verlässt sich generell auf den Dharma, egal was passiert. Wenn man sorgfältig auf die Lehren des Vinaya vertraut, braucht man dem nichts mehr hinzuzufügen: Das Herz wird rein und froh, die Unterscheidungskraft verlässlich und schließlich bringt man alles zu einem ausgezeichneten Ende.

All diese Zitate zeigen, dass Disziplin die Grundlage aller Qualitäten ist. Deswegen muss man für eine reine Disziplin auf spirituelle Freunde vertrauen, Begierden aufgeben, über die Auswirkungen des Karma nachdenken, in Übereinstimmung mit dem

Vinaya handeln sowie peinlich genau darauf achten, was anzunehmen und was abzulehnen ist, und dergleichen mehr.

Gyalse Togme selbst sagte:

> Da Disziplin die Grundlage aller Qualitäten ist,
> solltest du damit aufhören, anderen Schaden zuzufügen,
> so wie du es vermeiden würdest, Gift zu dir zu nehmen.

Weiter sagte er:

> Möge ich auf Grund der Erkenntnis,
> dass die Übungen der Sugatas viel wertvoller sind als selbst
>   mein geschätztes Leben,
> achtsam und sorgfältig eine Disziplin wahren und anderen dabei helfen,
> ebenfalls eine solche Disziplin einzuhalten,
> die keinen Moment durch Fehler, gebrochene Gelübde
>   oder sonstige Verunreinigungen befleckt ist.

Er selbst strebte danach, sich in den drei Arten von Disziplin zu üben, und setzte dies entsprechend in die Tat um.

s.S. 191

27

Geduld üben

Für einen Bodhisattva, der nach dem Ergebnis tugendhaften
*   Handelns strebt,*
gleicht jeder, der ihm Probleme bereitet, einem kostbaren
*   Schatz.*
Daher ist es die Übung der Bodhisattvas, Geduld zu entwi-
*   ckeln und*
niemandem Gefühle des Hasses oder der Feindseligkeit ent-
*   gegenzubringen.*

Meditation über Geduld, die das große, umfassende Resultat tugendhaften Handelns ist, wird als Höchste aller
Übungen angesehen, mit denen der Geist gezähmt werden
kann. Bodhisattvas, die sich in dieser Praxis üben wollen, sehen
jede auftretende Schwierigkeit, sei es in der Form von Kummer
oder Feinden, als einen Schatz unbezahlbarer, wunscherfüllender
Juwelen, den sie in ihrem Haus finden und der nicht weniger
wird, wieviel sie auch entnehmen mögen. Über die drei Arten
von Geduld zu meditieren, ohne denen, die ihnen Probleme
bereiten, den geringsten ärgerlichen oder hasserfüllten Gedanken
entgegenzubringen, ist daher die Übung, mit der sich Bodhisattvas in der Paramita der Geduld üben.

In der *Zierde der Sutren* wird das „geduldige Ausharren, das
nichts übel nimmt" erwähnt, und in der *Kostbaren Girlande des
Mittleren Weges* wird gelehrt:

> Geduld ist das Aufgeben von Ärger.

Als Essenz der Geduld wird bezeichnet, dass man keinen Anstoß nimmt an Menschen, die einem Probleme bereiten, dass man freudig jedes aufkommende Leid akzeptiert und voller Eifer danach strebt, Gewissheit in Bezug auf den Dharma zu erlangen.

Dass man sich durch Menschen, die einem Probleme bereiten, nicht gestört fühlt, wird als Geduld bezeichnet, die keinen Anstoß nimmt an Übeltätern und Störenfrieden. Sich von Leid nicht verstören und entmutigen lassen ist Geduld, die Leid freudig akzeptiert. Sobald man die Bedeutung der Qualitäten der Drei Juwelen und die Bedeutung der Ichlosigkeit erkannt hat, sinnt man darüber so lange nach, bis sich alle Widersprüche aufgelöst haben. Das wird als Geduld bezeichnet, die den Dharma versteht.

Im *Bodhisattva-Pitaka* werden die Fehler und Nachteile des Ärgers beschrieben, die in diesem Leben nicht offen zu Tage treten und daher nicht erkennbar sind:

Was Ärger genannt wird, zerstört die Grundlage aller tugendhaften Handlungen, die in einhunderttausend Äonen angesammelt wurden.

Im *Eintritt in das Leben zur Erleuchtung* wird angeführt:

Alle tugendhaften Handlungen der Großzügigkeit oder
  der Darbringung von Gaben an die Buddhas,
angesammelt während eintausend Äonen,
werden in einem einzigen Moment des Ärgers vollkommen zerstört.

Zu dem offensichtlichen Fehler, in diesem Leben nicht über einen friedvollen Geist zu verfügen, wird in derselben Quelle angeführt:

Wenn man von quälenden, zornigen Gedanken erfüllt ist, kann der Geist keinen Frieden erfahren.

Unter den Vorzügen der Geduld wird angeführt:

> Wer über Disziplin verfügt, wird auch den Zorn bezwingen.
> Er wird in diesem Leben glücklich sein und in allen anderen, die noch kommen.

Daher gibt es vielerart zeitweiligen und letztendlichen Nutzen der Geduld: Glück in diesem und zukünftigen Leben, keine Wiedergeburt in den niederen Bereichen sondern nur in den höheren, das Erlangen von Befreiung und dergleichen mehr.

In den Wurzelversen wird direkt gezeigt, dass es nicht ausreicht, sich lediglich des Ärgers zu enthalten über jene Menschen, die einem schaden. Darüber hinaus sollte man sich über sie freuen, so als ob man auf einen kostbaren Schatz gestoßen wäre. Dazu wird im *Eintritt in das Leben zur Erleuchtung* Folgendes gesagt:

> Wenn ich diesem Menschen nicht zuvor geschadet hätte,
> würde er mir jetzt keinen Kummer bereiten.
> Es ist daher eher so, als ob ein Schatz in meinem Haus
>   aufgetaucht wäre,
> ohne dass ich mich dafür anstrengen musste.

Alle zuvor erläuterten Methoden, die beschreiben, wie negative Umstände als Pfad genutzt werden können, gelten auch für das Entwickeln von Geduld.

Zu der Zeile, die besagt, dass man niemandem Gefühle des Hasses oder der Feindseligkeit entgegenbringen soll, wird in der *Zierde der Sutren* gesagt: „Reagiere auf alles mit Geduld". Auf diese Weise wird erklärt, wie man außergewöhnliche Geduld entwickelt, die sowohl das Leid als auch den Übeltäter geduldig erträgt.

Der Meister Atisha sagte Folgendes:

Im dunklen Zeitalter wird der Zorn überhand nehmen: Trage daher die Rüstung der Geduld, die keinen Ärger kennt.

Er fuhr fort:

Einen bescheidenen Platz einzunehmen ist die höchste Geduld.

In den *Fragen und Antworten der Belehrungen des Vaters* erscheint folgender Dialog:

Drom: „Atisha, wie soll ich damit umgehen, wenn mir jemand Schaden zufügt?"
Atisha: „Dann solltest du auf Zorn nicht mit Zorn reagieren."
Drom: „Und wenn ich Gefahr laufe getötet zu werden, was soll ich dann tun?"
Atisha: „Dann musst du es als Ergebnis davon sehen, dass du in der Vergangenheit getötet hast."

Gonpawa erklärte auch:

Die Wurzel der Geduld ist Bescheidenheit.

Chen-ngawa sagte das Folgende:

Wenn du nicht über Geduld verfügst und dich für entstandenen Schaden rächst, wird das Sich-Gegenseitig-Schädigen nie ein Ende nehmen und nichts Gutes daraus entstehen. Um im Dharma erfolgreich zu sein, musst du über Geduld verfügen.

Potowa sagte:

Wenn man es selbst angesichts geringen Übels nicht schafft, sich in Geduld zu üben, bricht man dadurch seine Gelübde und zerstört so die Lehren an ihrer Basis. Wir mögen noch keine völlige Meisterschaft in den Lehren erlangt haben, aber wenn wir unsere Gelübde brechen, haben wir damit unsere Ausrichtung verloren.

Kharagpa erläuterte:

Da Zorn Tugend an ihrer Basis zerstört, ist es ein großer Fehler, Zorn nicht als etwas Negatives anzusehen.

Chekawa sagte Folgendes:

Halte nicht zu lange an Kummer fest und lauere auch nicht im Hinterhalt.

Wenn du also gegen andere Groll hegst wegen eines Kummers, den sie dir bereitet haben, dann schade ihnen nicht, auch wenn sich eine Gelegenheit dazu ergibt.

Gyalse Togme selbst sagte:

Da unser Feind, der Zorn, uns in diesem und in zukünftigen Leben allen Glanz stiehlt, ist es von äußerster Bedeutsamkeit, dass wir über Geduld, stark wie eine Armee, verfügen.

Er fuhr in dieser Weise fort:

Wenn man seinen ungeschliffenen Geist zähmt, ist man der größte Held.
Wenn man seinen Feind, den Zorn, zähmt, ist man der endgültige Sieger.

Und:

Selbst wenn Menschen voll von loderndem Hass
meinen Kopf zerschmettern oder meinen Körper zerstückeln,
möge ich durch die Kraft meines Mitgefühls das Feuer
ihrer Bosheit und ihres Leids löschen.

Auf diese Weise sprach er Wunschgebete für das Gelingen seiner
Schulung in den drei Arten der Geduld und praktizierte demgemäß.

28

Fleiß üben

*Selbst Shravakas und Pratyekabuddhas, die nur nach ihrem
eigenen Wohl streben, sind dabei so eifrig wie jemand,
der ein Feuer löscht, das sein Haar erfasst hat.*
*Daher ist es die Übung der Bodhisattvas, sich zum Wohle
aller Wesen in Fleiß, der Grundlage aller Qualitäten, zu
üben.*

Shravakas und Pratyekabuddhas streben ausschließlich für
sich selbst nach Frieden und Glück. Solange sie sich noch
auf dem Pfad üben, widmen sie sich dieser Aufgabe jedoch mit
so viel Fleiß wie jemand, der in Panik versucht das Feuer zu
löschen, das sein Haar oder seine Kleidung erfasst hat. Wenn
man die Einstellung entwickelt hat, zum Wohle aller Wesen
nach vollkommener Erleuchtung zu streben, muss man sich in
den verschiedenen umfangreichen und schwierigen Verhaltensweisen eines Bodhisattvas üben. Es ist daher nicht nötig eigens zu
erwähnen, dass man dazu über umfassenden und unerschütter-
lichen Fleiß verfügen muss, der als Quelle aller positiven Qualitäten anzusehen ist. Sich in den drei Arten von Fleiß zu schulen,
um vollkommene Erleuchtung zu erreichen, ist daher die Praxis,
mit der sich Bodhisattvas in der Paramita des Fleißes üben.

Aus der *Kostbaren Girlande des Mittleren Weges*:

Fleiß heißt eine Vorliebe für Tugend zu hegen.

Im *Eintritt in das Leben zur Erleuchtung* wird auch erklärt:„Fleiß bedeutet eine Vorliebe für Tugend." Die Essenz der Tugend besteht darin, sich voll Freude auf das Objekt der Tugend zu konzentrieren.

Bodhisattvas üben sich in folgenden drei Arten von Fleiß: dem rüstungsähnlichen Fleiß, der freudig die Rüstung des Mutes anlegt; dem Fleiß im Ansammeln tugendhafter Eigenschaften, der sich auf richtige Weise der Entwicklung der Paramitas und Ähnlichem widmet; und schließlich dem Fleiß, zum Wohle anderer tätig zu sein, indem man den fühlenden Wesen auf eine Art hilft, die frei von jeglicher Negativität ist.

In der *Zierde der Sutren* und in der *Abhidharma-Schatzkammer* wird Fleiß hingegen in fünf Arten untergliedert.

Zu der fehlerhaften Einstellung, sich nicht in Fleiß zu üben, wird im *Sutra über die Anwendung von Achtsamkeit* Folgendes erläutert:

Die Grundlage aller negativen Emotionen ist Faulheit.
Dem Trägen fehlen alle tugendhaften Eigenschaften.

Wenn es einem daher unter dem Einfluss von Faulheit an Fleiß mangelt, wird man aller anderen tugendhaften Qualitäten beraubt und ihr Nutzen in diesem und zukünftigen Leben vermindert.

Zu den Vorzügen von Fleiß wird in der *Zierde der Sutren* Folgendes angeführt:

Unter allen positiven Qualitäten ist Fleiß die wichtigste.
Auf ihrer Grundlage werden alle anderen positiven Qualitäten erworben.

Diesbezüglich gibt es viele ähnliche Zitate.

Auch im *Eintritt in den Mittleren Weg* wird gesagt:

Alle Qualitäten entspringen ohne Ausnahme dem Fleiß.

Aus dem *Eintritt in das Leben zur Erleuchtung*:

> So werde ich unbeirrt fortfahren mich in Fleiß zu üben,
> denn wer sich bemüht, wird Erleuchtung erlangen.

Derartige Aussagen gibt es unzählige.

Wenn schon alle Shravakas und Pratyekabuddhas, die nur nach ihrem eigenen Glück streben, großen Fleiß aufbringen müssen, dann ist es nur verständlich, dass Bodhisattvas hundertmal mehr Fleiß benötigen. Diesbezüglich wird in der *Zierde der Sutren* Folgendes gesagt:

> Es schickt sich nicht für einen Bodhisattva müßig umher-
>   zuziehen,
> wenn er die große Last der fühlenden Wesen auf seinen
>   Schultern trägt.
> Da ich wie andere noch immer von engen Fesseln gebun-
>   den bin,
> wäre es angebracht, meinen Fleiß hundertfach zu verstär-
>   ken.

Zur Zeile „Quelle aller Qualitäten" wird in der *Zierde der Sutren* erwähnt, dass Fleiß der Ursprung aller guten Eigenschaften ist. So wird gelehrt, dass man außerordentlichen Fleiß entwickeln muss, der die Grundlage aller weltlichen und überweltlichen Qualitäten ist.

Der Meister Atisha lehrte Folgendes:

> Aufgrund unserer Faulheit sind wir noch in Samsara gefangen. Entfache daher deinen Fleiß wie ein Feuer.

Er fuhr fort:

> Dem Helden kann der Feind nicht schaden.
> Niemand stößt auf Hindernisse, der von Fleiß erfüllt ist.

Und weiter:

> Die höchste Art von Fleiß besteht darin, negative Handlungen aufzugeben.

Gonpawa erläuterte:

> Fleiß folgt aus der Kontemplation des eigenen Todes.

Von Potowa stammt folgendes Zitat:

> Um Erleuchtung zu erlangen, müssen gewöhnliche Wesen wie wir eine lange Zeitspanne hindurch mit großem, ausdauerndem Fleiß praktizieren.

Weiter:

> Sobald in uns ein Gefühl der Vergänglichkeit entsteht, wird daraus die erste Art von Fleiß, die einer Rüstung gleicht.

Kharagpa sagte:

> Da in jemandem, der nicht fleißig ist, niemals gute Eigenschaften entstehen, solltest du über Vergänglichkeit meditieren und Faulheit aufgeben.

All diese Aussagen lehren einhellig, dass es notwendig ist fleißig zu sein, und dass man deshalb aufhören muss sich ständig um die Angelegenheiten dieses Lebens zu kümmern. Dafür wiederum ist es notwendig, sich seiner Vergänglichkeit bewusst zu werden. Gyalse Togme selbst lehrte Folgendes:

> Da es dir durch Faulheit weder möglich ist, dein eigenes
>   Glück noch das der anderen
> herbeizuführen, solltest du alle anderen Aktivitäten aufgeben und ausschließlich nach Tugend streben.

Er fuhr fort:

> Da alle vorhandenen tugendhaften Qualitäten vom Fleiß
>   abhängen, solltest du,
> wenn du dein eigenes Wohl und das anderer herbeiführen
>   möchtest,
> zu allen Zeiten und ohne Ablenkung Fleiß ebenso hoch
>   schätzen wie dein Leben.

Und:

> Sobald wir uns mit der Vorstellung vertraut gemacht
>   haben,
> alle fühlenden Wesen ohne Ausnahme zur höchsten
>   Erleuchtung führen zu müssen,
> mögen uns keine Zweifel und Vorbehalte mehr plagen
>   hinsichtlich der Frage,
> ob es uns auch möglich sein wird,
> dieses Ziel zu erreichen oder nicht.

Auf diese Weise sprach er Wunschgebete für seine Übung in den drei Arten des Fleißes, die er zu seiner Praxis machte.

29

Meditative Konzentration üben

Wenn sie verstehen, dass Klares Sehen auf der Grundlage
Friedvollen Verweilens negative Emotionen vollständig
zerstört,
ist es die Übung der Bodhisattvas, eine meditative Konzent-
ration zu kultivieren,
die die Vier formlosen Bereiche überschreitet.

K lares Sehen ist das Erkennen von Leerheit auf der Grundlage eines einsgerichteten Geistes, der vollständig ruhig verweilend auf Tugend ausgerichtet ist. Es zerstört vollständig alle negativen Emotionen wie Unwissenheit, die Ursache von Samsara, indem es sie an der Wurzel durchschneidet. Wenn man das verstanden hat, übt man sich in meditativer Konzentration, die über folgende außergewöhnliche Stützen verfügt: umfassendes Mitgefühl, das der extremen Sichtweise des Friedens von Nirvana ein Ende bereitet, und klares Sehen, das die extreme Sichtweise der Existenz von Samsara beseitigt. Auf diese Weise werden die hohen weltlichen Ebenen der Vier formlosen Bereiche und dergleichen überschritten, in denen ruhiges Verweilen vorherrscht.

Sich in den drei Arten meditativer Konzentration zu schulen ist daher die Praxis, mit der Bodhisattvas die Paramita der meditativen Konzentration entwickeln.

Darüber hinaus wird in der *Zierde der Sutren* davon gesprochen, dass der Geist nach innen gerichtet ruht, und im *Eintritt in den Mittleren Weg* wird meditative Konzentration erwähnt, die von Gelassenheit gekennzeichnet ist.

Die Essenz der meditativen Konzentration ist daher ein einsgerichteter, tugendhafter Geist, der nicht von äußeren Objekten abgelenkt wird.

Die erste Art meditativer Konzentration, die des glückseligen Verweilens im gegenwärtigen Leben, ist das Ruhen in meditativem Gleichgewicht oder in meditativer Konzentration, die Sanftmut von Körper und Geist hervorruft. Meditative Konzentration, die weltliche Errungenschaften wie Voraussehen und Befreiung herbeiführt, ist die zweite Art meditativer Konzentration, die Qualitäten vollständig verwirklicht. Durch die Kraft meditativer Konzentration heilsam zum Wohle fühlender Wesen zu handeln ist die dritte Art meditativer Konzentration, die fühlenden Wesen hilft. Diese drei werden hier durch ihre verschiedenen Aufgaben unterschieden, die Unterscheidung kann jedoch auch nach anderen Kriterien erfolgen.

Zu dem Fehler, sich nicht um die Entwicklung meditativer Konzentration zu bemühen, wird im *Eintritt in das Leben zur Erleuchtung* Folgendes angeführt:

Wessen Geist vollkommen abgelenkt und zerstreut ist, wird den Klauen negativer Emotionen anheim fallen.

Weiter:

Seinen Geist einem Elefanten gleich wild drauflosrennen zu lassen wird einem viel Leid in den tiefsten Höllen einbringen.

Im *Brief an einen Freund* wird gesagt:

Ohne meditative Konzentration entsteht kein transzendentes Wissen.

Wenn einem daher meditative Konzentration fehlt, kann klares Sehen, das die Ichlosigkeit erkennt, nicht entstehen, und daher kann keine der drei Arten von Erleuchtung[25] erlangt werden.

Zu den Vorzügen der meditativen Konzentration wird im *Kompendium der Übungen* Folgendes angeführt:

Durch authentisches und korrektes Ruhen in meditativer Gelassenheit stellt sich Verstehen von selbst ein: So hat es der Buddha gelehrt.

Aus dem *Eintritt in das Leben zur Erleuchtung*:

Wer versteht, dass klares Sehen
auf der Grundlage friedvollen Verweilens
negative Emotionen vollkommen zerstört,
sollte zuerst friedvolles Verweilen entwickeln.

So kann auf der Grundlage friedvollen Verweilens, wenn der Geist in Gleichmut ruht, klares Sehen entstehen, das alle negativen Emotionen zerstört und den natürlichen Zustand erkennt.

Dies zeigt sowohl die richtige Reihenfolge als auch die Vorzüge friedvollen Verweilens und klaren Sehens auf.

Bezüglich der Zeile „die Vier formlosen Bereiche überschreitet" kann man in der *Zierde der Sutren* Folgendes lesen:

Ebenso entspricht meditative Konzentration nicht den formlosen Bereichen.

Als wichtigste Grundlage für die Verwirklichung guter Eigenschaften üben sich Bodhisattvas im Allgemeinen in meditativer Versenkung, die neun Stufen meditativer Konzentration umfasst. Im Besonderen üben sie sich in der Versenkung der vierten meditativen Konzentration[26], in der sich die Aspekte des Verweilens und der Klarheit im Gleichgewicht befinden. Das ist die besondere Art der Bodhisattvas sich in meditativer Versenkung zu schulen.

Der Meister Atisha sagte Folgendes:

Da sich das menschliche Leben auf dem Pfad der Zerstreuung erschöpft, sollte man ab sofort in meditativer Gelassenheit ruhen.

Und:

Als höchste meditative Konzentration wird das Ruhen in einem Geisteszustand bezeichnet, der frei von Konzepten ist.

Gonpawa lehrte:

Die Grundlage für das Entwickeln meditativer Konzentration ist ein Platz in der Einsamkeit.

Potowa sagte Folgendes:

Wenn man unter Menschen ist, gibt es viele Vergnügungen und ständig Dinge zu erledigen. Aus diesem Grund kann sich keine tugendhafte Praxis entwickeln und auch keine meditative Konzentration.

Weiter sagte er:

Um sich in meditativer Konzentration üben zu können, sollte man nur wenige Wünsche haben und mit allen äußeren Gegebenheiten zufrieden sein.

Und:

Wenn man seine Gelübde und Samayas gebrochen hat, wird das Wesen unrein und meditative Konzentration wird sich, obwohl man meditiert, nicht einstellen können.

Kharagpa sagte:

> Der Geist eines Anfängers ist klar, aber nicht stabil.
> Daher sollte man nicht zulassen, dass der Geist durch den
>   Sturm der Gedanken davongetragen wird,
> sondern ihn mit dem Seil der Achtsamkeit fesseln.

Diese Zitate zeigen, dass es vernünftig ist, sich in meditativer Versenkung zu üben, und dass die höchste Form der meditativen Versenkung das Verweilen in der Natur des Geistes ist.

Sie zeigen auch, dass man, um zu meditieren, auf die verschiedenen Arten des friedvollen Verweilens vertrauen muss. Dazu ist es nötig, dass man in Abgeschiedenheit verbleibt und Geschäftigkeit aufgibt, auf Zufriedenheit vertraut und nur wenige Wünsche hegt. Gleichzeitig bewahrt man reine Disziplin. Es wird gelehrt, dass es während des Hauptteils der Praxis sehr wichtig ist, auf Achtsamkeit zu vertrauen.

Gyalse Togme selbst sagte:

> Da du ohne meditative Konzentration deine eigene Natur
>   nicht erkennen kannst,
> übe dich in meditativer Versenkung jenseits von Konzepten.

Und:

> Alles, was erscheint, ist nichts anderes als der eigene Geist.
> Der Geist selbst ist seit jeher frei von allen extremen Sicht-
>   weisen.
> Einsgerichtet zu verweilen, ohne von den Attributen des
>   wahrnehmenden Subjekts
> und des wahrgenommenen Objekts abgelenkt zu sein,
> ist die richtige meditative Konzentration.

Auf diese Weise erklärte er, worauf beim richtigen friedvollen Verweilen geachtet werden muss.

Weiter sagte er:

> Durch die Kraft reiner meditativer Konzentration
> kann man in diesem Leben glückseliges Verweilen errei-
> chen.
> Mögen durch die Kraft großen Mitgefühls alle Wesen
> von der Glückseligkeit meditativer Konzentration gesät-
> tigt sein dadurch,
> dass ich auf diese Erfahrung der Glückseligkeit verzichte.

Auf diese Weise strebte er danach, sich in den drei Arten meditativer Konzentration zu schulen, und praktizierte entsprechend.

30

Weisheit entwickeln

Wenn Weisheit fehlt, sind die ersten fünf Paramitas nicht
*   ausreichend*
um vollkommene Erleuchtung zu erlangen.
Daher ist es die Übung der Bodhisattvas, Weisheit zu entwi-
*   ckeln,*
die mit dem Aspekt der Methode eine Einheit bildet und
über die Konzepte der Drei Sphären hinausgeht.

Wenn man sich ausschließlich in den ersten fünf Paramitas schult, sind diese wie eine Gruppe von Blinden. Denn um vollkommene Erleuchtung erlangen zu können, müssen die ersten fünf Paramitas von der Weisheit durchdrungen sein, die Leerheit versteht und gleichsam der Blindenführer ist. Erst dann ist es möglich, die Stadt allwissender Weisheit zu erreichen.

Aus diesem Grund ist es notwendig die Weisheit zu entwickeln, die mit der umfassenden Kapazität großen, unparteiischen Mitgefühls und des Erleuchtungsgeistes ausgestattet ist, und die die drei Sphären, das Objekt der Meditation, das meditierende Subjekt und die Handlung des Meditierens, als nicht wahrhaft existent erkennt. Dies ist eine unabdingbare Voraussetzung dafür, Allwissenheit zu erlangen. Die Schulung in den drei Arten von Weisheit, vor allem in der, die vom Aspekt der Methode untrennbar ist und Leerheit erkennt, ist daher die Praxis, mit der Bodhisattvas die Paramita der Weisheit entwickeln.

In der *Zierde der Sutren* wird Weisheit als die Fähigkeit definiert, die alle Erkenntnisobjekte auf richtige Weise unterscheidet. Ebenso wird im *Abhidharma-Kompendium* gelehrt:

Was ist Weisheit? Es ist die Fähigkeit, alle Dinge klar zu erkennen und zu unterscheiden.

Daher ist die Essenz der Weisheit die Fähigkeit, die verschiedenen zu untersuchenden Phänomene klar zu unterscheiden und auf richtige Weise zu erkennen.

Wenn man in den fünf Zweigen der Wissenschaft gelehrt ist, entspricht das der ersten Art von Weisheit, die die Ebene der relativen Wahrheit versteht.

Weisheit, die Ichlosigkeit durch logische Ableitung oder auf direkte Weise erkennt, ist die zweite Art von Weisheit, die die Ebene der absoluten Wahrheit erkennt.

Verstehen, wie man gegenwärtig und zukünftig zum Wohl aller Wesen durch heilsame Handlungen wirken kann, ist die dritte Art von Weisheit, die erkennt, was fühlenden Wesen von Nutzen ist.

Es gibt jedoch auch andere Arten, Weisheit einzuteilen.

Als Folge des Mangels an Weisheit wird angeführt, dass man weder in diesem noch in zukünftigen Leben in der Lage ist, irgendwelche guten Eigenschaften zu verwirklichen. Wenn man nicht über Weisheit verfügt, die Ichlosigkeit erkennt, dann gleichen die fünf anderen Paramitas Menschen, denen das Augenlicht fehlt.

Im *Paramita-Kompendium* wird angeführt:

Wenn Weisheit fehlt, dann gleichen die übrigen fünf Paramitas blinden Menschen.
Ohne die Fähigkeit des Sehens sind sie nicht in der Lage, die Stadt der Erleuchtung zu erreichen.

Zu den Qualitäten der Weisheit wird angeführt, dass man durch sie in diesem und in zukünftigen Leben alle guten Eigenschaften verwirklichen kann. Das entspricht genau dem Gegenteil der oben beschriebenen Fehler eines Mangels an Weisheit.

Aus derselben Quelle stammt folgendes Zitat:

> Erst wenn die fünf Paramitas von Weisheit durchdrungen sind,
> werden sie sehend und verdienen es, als Paramitas bezeichnet zu werden.[27]

Zudem ist Weisheit, die Ichlosigkeit erkennt, ein wichtiges Gegenmittel gegen die Zwei Verdunkelungen; so wird es sowohl in der *Höchsten Kontinuität* als auch im *Eintritt in das Leben zur Erleuchtung* gelehrt. So gibt es großen zeitweiligen und letztendlichen Nutzen der Weisheit.

Bezüglich der Zeile „die mit dem Aspekt der Methode eine Einheit bildet" wird in der *Zierde der Sutren* die „mit Methode ausgestattete Weisheit" erwähnt: Da man mit dem Verstehen der Leerheit allein nicht auf dem Pfad des Großen Fahrzeugs voranschreiten kann, wird gelehrt, dass man über Leerheit meditieren muss, die erst dann über die höchsten Merkmale verfügt, wenn sie mit den Methoden der Großzügigkeit und dergleichen eine Einheit bildet. Das ist die außergewöhnliche Art Weisheit zu verwirklichen. Diese Belehrungen aus der *Zierde der Sutren*, wie die Qualitäten der Sechs Paramitas verwirklicht werden können, sind auch Inhalt des *Von Kashyapa erbeten Sutra*.

Der Meister Atisha lehrte:

> Auf Grund falscher Ansichten hast du die wahre Bedeutung nicht erkannt,
> daher solltest du nach der richtigen Bedeutung forschen.

Er fuhr fort:

> Wer mit dem Prinzip der geschickten Methoden vertraut ist,
> wird durch Meditation über Weisheit schnell Erleuchtung erreichen.

Und:

> Höchste Weisheit bedeutet an nichts zu haften.

Er lehrte auch, dass im Erkennen von Leerheit die Übung der Sechs Paramitas bereits enthalten ist.

Potowa lehrte dasselbe. Als Erklärung zitierte er das *Paramita-Kompendium*:

> Für den, der die Paramita der Weisheit entwickelt, sind alle Paramitas darin enthalten.

Gonpawa erläuterte:

> Die Wurzel der Weisheit liegt in der Betrachtung des eigenen Geistes.

Diese Aussagen zeigen, auf welche Weise man über Leerheit meditieren muss: Höchste Weisheit ist Erkenntnis der Abwesenheit wahrhafter Existenz; Erkenntnis, dass sowohl Methode wie auch Weisheit vollkommen sein müssen und dergleichen mehr.

Trotzdem ist zu Beginn Weisheit am wichtigsten, die aus dem Studium folgt. Dazu sagte der Meister Atisha Folgendes:

> Bis du den natürlichen Zustand des Geistes erkannt hast, musst du studieren.
> Folge daher den mündlichen Unterweisungen deines Meisters.

Naljorpa Chenpo sagte:

> Ihr Herren, um Erleuchtung zu erlangen, muss man so viele Bücher studieren, wie ein weibliches Yak auf dem Rücken tragen kann. Wenn man nur so viele Bücher studiert, wie auf einer Handfläche Platz haben, wird man nichts erreichen.

Puchungwa sagte:

Wir sollten die Bücher öffnen und sie auf unsere Kissen legen, denn es ist unsere Aufgabe zu studieren. Das ist selbst dann lobenswert, wenn wir es nicht schaffen sollten sie zu lesen. Denn was hat es für einen Sinn zu sagen, dass man den Dharma praktiziert, wenn man keine Ahnung davon hat?

Sharawa erklärte:

Solange man Erleuchtung noch nicht erlangt hat, darf man nicht aufhören zu studieren.
Wenn man Erleuchtung schließlich erlangt hat, ist ein weiteres Studium nicht mehr notwendig.

Gyalse Togme selbst sagte:

Ohne Weisheit wirst du den Weg zur Erleuchtung nicht zurücklegen können,
daher solltest du Wissen über die tiefgründige Bedeutung der zwei Wahrheiten erwerben.

Und:

Jede der Paramitas, wie Großzügigkeit und dergleichen, wird erst dann zu einer Paramita, wenn sie von Weisheit durchdrungen ist.
Daher sollte man mit der Absicht,
alle Phänomene als Pfad zu nutzen,
die Paramita der Weisheit entwickeln.

Weiter lehrte er:

Mögen wir dadurch, dass wir in hingebungsvoller Weise Weisheit auf das Relative anwenden, erkennen,

dass Wahrnehmender und Wahrgenommenes ohne Eigen-
natur sind,
und mögen wir mit Hilfe der Vier tiefgründigen Methoden der Anziehung das große Ziel erreichen und die
Bhumis der Edlen betreten.

Auf diese Weise strebte er danach, sich in den drei Arten der
Weisheit zu schulen und übte sich entsprechend.

31

Sich seiner Verwirrung bewusst werden

*Wenn man es versäumt, sich seiner Verwirrung bewusst zu
werden,
ist es möglich, dass man ein Dharmapraktizierender zu sein
scheint,
in seinen Handlungen jedoch dem Dharma widerspricht.
Daher ist es die Übung der Bodhisattvas, sich ihrer Verwirrung zu entledigen, indem sie sie aufdecken.*

Wer den Pfad des Großen Fahrzeugs betreten hat, sich
jedoch nicht immer wieder bemüht, seine Verwirrung
und seine Fehler zu erkennen, dem fehlen gute Eigenschaften, wie zum Beispiel Gelehrtheit und Rechtschaffenheit. Er
hat keine Qualitäten und ist sich zusätzlich seiner Fehler nicht
bewusst, die so groß sind wie der Berg Meru. Dennoch hält er
sich für einen Dharmapraktizierenden.

Auch die meisten anderen halten ihn für einen Dharmapraktizierenden, da er sich als solcher ausgibt. Unter diesem Deck-
mantel kann er sich dann Aktivitäten widmen, die dem Dharma
widersprechen, zum Beispiel gegen Feinde vorgehen und Freunde
gewinnen. Aus diesem Grund wird betont, dass es ein großer
Fehler ist, nicht nach seinen Fehlern zu forschen. Die Verwirrung ihrer Drei Tore kontinuierlich und sorgfältig zu erkunden
und aufzugeben ist daher die Praxis, mit der Bodhisattvas sich
ihrer Fehler entledigen, indem sie sich ihrer bewusst werden.

In den *Zweckmäßigen Äußerungen* wird dazu angeführt:

> Man sollte genau prüfen, was man tun und was man unterlassen sollte.

Aus dem *Eintritt in das Leben zur Erleuchtung* stammt folgendes Zitat:

> Indem man stets darauf achtet, was man gerade tut,
> kann man sich seiner Fehler bewusst werden.

Es ist sehr wichtig, dass wir unsere Fehler aufgeben, indem wir unser Handeln überdenken und untersuchen. Besonders wenn wir den Pfad des Großen Fahrzeugs betreten haben, müssen wir darum bemüht sein, unser verwirrtes Tun zu erforschen und aufzugeben, um zu verhindern, dass andere durch unser Verhalten ihr Vertrauen verlieren.

In dem *Von unerschöpflicher Intelligenz erbetenen Sutra* wird Folgendes angeführt:

> Es gibt einen Dharma, der die Lehren des gesamten Großen Fahrzeugs zusammenfasst:
> Man beschützt alle fühlenden Wesen, indem man sein eigenes verwirrtes Handeln überprüft.

Mehr dazu aus dem *Sutra der richtigen Zusammensetzung aller Phänomene*:

> Andere davor zu bewahren, dass sie ihr Vertrauen verlieren
> bedeutet, dass man selbst Disziplin wahren muss.

In der *Individuellen Befreiung eines Bodhisattvas* wird angeführt:

> Man sollte erkunden, was das Misstrauen anderer erregt,
> und genau das aufgeben.

Im *Eintritt in das Leben zur Erleuchtung* wird angeführt:

> Wenn du dich deiner Zahnbürste und des Ausgespuckten
>   entledigst,
> solltest du beides gut verbergen.
> Auch solltest du nie in der Nähe von öffentlichen Plätzen
>   oder Wasserquellen urinieren.

> Alles, was das Misstrauen anderer erregt,
> sollte erkannt und sofort aufgegeben werden.

Im *Kompendium der Übungen* wird erwähnt, dass man auch sinn-
lose Aktivitäten aufgeben sollte. Ausführlich wird fortgefahren
zu erklären, dass Hemmnisse, die gute Ergebnisse und Nutzen
für andere verhindern, ebenso aufzugeben sind wie die Ursachen
dafür, dass andere ihr Vertrauen verlieren. Aus derselben Quelle
stammt folgendes Zitat:

> Wer nicht ungebärdig ist, sondern ein sanftes Wesen hat,
>   wird immer zum rechten Zeitpunkt und auf ange-
>   nehme Weise sprechen.
> Einen solchen Menschen schätzen alle und schenken sei-
>   nen Worten Vertrauen.

Der Nutzen, dass man seine Fehler erforscht und sie dann aufgibt, besteht darin, dass man auf andere vertrauenswürdig und
glaubenswürdig wirkt.

In derselben Quelle wird bezüglich des Fehlers, das Miss-
trauen anderer zu erregen, angemerkt:

> Wenn sein Verhalten nicht makellos ist,
> wird die ganze Welt auf den Bodhisattva herabblicken.
> Dies gleicht einem mit Asche bedeckten Feuer,
> über dem fühlende Wesen in der Hölle gebraten werden.

Dies wird im Zusammenhang damit gelehrt, wie man andere vor Schaden bewahrt.

Wenn ein Bodhisattva seinen Körper und seine Rede nicht vor fehlerhaftem Betragen schützt, verlieren andere ihr Vertrauen. Sie blicken auf ihn herab und wenn sie dadurch in niedere Bereiche fallen, so ist es seine Schuld. In derselben Quelle wird angeführt:

> Aus diesem Grund lehrte der Buddha im *Sutra der höchsten juwelengeschmückten Wolke,*
> dass man gewissenhaft das aufgeben sollte,
> was das Misstrauen anderer fühlender Wesen erregt.

So wird dies ausführlich erläutert und mit Zitaten aus den Sutren belegt.

Der Meister Atisha sagte:

> Suche nicht nach den Fehlern anderer, sondern erkunde deine eigenen und entledige dich ihrer, wie du vergiftetes Blut aus deinem Körper entfernen würdest.

Er sagte auch:

> Die eigenen Fehler sollte man kundtun.

Dromtonpa sagte Folgendes:

> Du bist weise, wenn du danach trachtest, deine eigenen Fehler zu erforschen.

Potowa erklärte:

> Für ein gewöhnliches Wesen ist es von größter Wichtigkeit, sein verwirrtes Handeln zum Wohle aller fühlenden Wesen aufzugeben.

Kharagpa sagte:

> Halte dir deine eigenen Fehler vor Augen und gib sie auf,
> ohne auf die Fehler anderer zu achten.

Shabopa erläuterte:

> Ohne meine eigenen schwerwiegenden Fehler zu sehen,
> erkenne ich sofort die Fehler anderer, auch wenn sie noch
> so geringfügig sind.

Auf solche Weise pflegte er sich herabzusetzen.
Gyalse Togme selbst sagte:

> Du prahlst, obwohl du nicht über die geringste Gelehrt-
> heit, Rechtschaffenheit oder Vortrefflichkeit verfügst. Du
> siehst deine eigenen Fehler nicht, obwohl sie so groß sind
> wie der Berg Meru, aber du erkennst die Fehler anderer
> sofort, auch wenn sie so winzig sind wie Staubkörnchen.
> Im Herzen bist du nur auf dein eigenes Wohl ausgerichtet,
> verkündest aber, dass du zum Wohle aller wirkst. Du ver-
> kleidest dich als Dharmapraktizierender, aber Arroganz ist
> die einzige Qualität, die du in diesem Leben verwirklichst.
> Du überprüfst dein Verhalten nie und hältst dich auf diese
> Weise selbst zum Narren

So missbilligte er sein eigenes Verhalten.

32

Kritik an Bodhisattvas unterlassen

Wer aufgrund negativer Emotionen über die Fehler anderer
Bodhisattvas spricht, schadet damit sich selbst.
Daher ist es die Übung der Bodhisattvas, nicht über die
Fehler derer zu sprechen,
die den Mahayanapfad betreten haben.

Wenn ein Praktizierender des Mahayanapfades unter dem Einfluss negativer Emotionen, besonders unter dem Einfluss von Eifersucht, das Verhalten anderer Bodhisattvas kritisiert und ihre Fehler anprangert, schadet er durch dieses fehlerhafte Verhalten sich selbst und kommt vom Pfad des Großen Fahrzeugs ab. Aus diesem Grund sollte er darauf achten, was er sagt, und es vermeiden, auch nur den kleinsten Fehler eines anderen Menschen kundzutun. Im Besonderen sollte er es unterlassen über Fehler eines Menschen zu sprechen, der den Weg des Großen Fahrzeugs betreten hat. Dies ist die Praxis, mit der Bodhisattvas aufhören nach den Fehlern anderer zu suchen und sie kundzutun.

Aus den *Zweckmäßigen Äußerungen* stammt folgendes Zitat:

Suche nicht nach den Fehlern anderer
und kümmere dich nicht darum, was sie getan oder nicht
getan haben.

Den Sutren gemäß führt das *Kompendium der Übungen* an:

> Dreimal während des Tages und der Nacht
> verneigt man sich vor allen Bodhisattvas.
> Selbst wenn sie stets mit eigennützigen Vorhaben beschäf-
>   tigt zu sein scheinen,
> sollte man es unbedingt vermeiden, Fehler bei ihnen fin-
>   den zu wollen.

Auf diese Weise wird gelehrt, dass es nicht zulässig ist, auch nur nach dem geringsten Fehler eines anderen zu suchen, ganz besonders nicht, wenn er den Pfad des Großen Fahrzeugs betreten hat. Ebenso wird in demselben Text angeführt, dass der Tathagata nach seiner Erleuchtung sagte:

> Ein gewöhnlicher Mensch kann das Wesen eines anderen nicht verstehen. Nur ich und jene, die mir gleichen, können das Wesen anderer erfassen.

Weiter:

> Urteile nicht über andere und sage nicht, sie seien dies oder jenes.

Es gibt viele derartige Zitate, die lehren, wie man sich selbst vor Schaden bewahren kann.

Im *Siegelsutra zur Entwicklung gewissenhafter Stärke* wird Folgendes angeführt:

> Im Vergleich zu jemandem, der alle fühlenden Wesen aus Zorn einkerkert, tut ein unendlich größeres Unrecht, wer auf einen Bodhisattva zornig ist und ihm den Rücken zukehrend sagt, dass er so einen furchtbaren Menschen nie mehr sehen möchte.

Weiter wird gesagt:

> Im Vergleich zu einem Diebstahl, durch den alle fühlenden Wesen dieser Welt ihres Essens beraubt werden, ist es ein ungleich größeres Unrecht, auf einen Bodhisattva herabzublicken.

Auch im *Siegelsutra der Betrachtung von Gewissheit und Ungewissheit* und im *Sutra der magischen Feststellung höchsten Friedens* wird erklärt, dass das Verdienstfeld von tugendhaften und untugendhaften Handlungen, das im Zusammenhang mit Bodhisattvas angesammelt wird, von großer Macht ist.

Auch im *Eintritt in das Leben zur Erleuchtung* heißt es:

> Wer über einen Bodhisattva, diesen Meister der Großzügigkeit, schlecht denkt,
> wird ebenso viele Äonen in der Hölle bleiben,
> wie viele Momente dieser niederträchtige Gedanke angedauert hat.

Wenn daher jemand aus Zorn etwas Unfreundliches oder Schmähliches zu einem Bodhisattva sagt, der den Erleuchtungsgeist entwickelt hat, so wird dies zu einer negativen Auswirkung für ihn selbst.

Das Gegenmittel dagegen sind tugendhafte Absichten, mit deren Hilfe man die Einstellung entwickelt, alle Bodhisattvas als seinen Lehrer zu betrachten und ihre Qualitäten in alle Himmelsrichtungen zu verbreiten.

In dem *Von Kashyapa erbetenen Sutra* wird gesagt:

> Ich habe die Einstellung entwickelt, alle fühlenden Wesen als meine Lehrer zu betrachten. Wenn du dich fragst, wieso ich das tue, so ist es deshalb, weil man nie weiß, ob jemandes Fähigkeiten schon zur Reife gelangt sind oder nicht.

Wenn man daher die Einstellung entwickelt hat, alle fühlenden Wesen als seinen Lehrer zu betrachten, dann ist es wichtig, dass man sich in reiner Wahrnehmung übt.

Auch im *Brief an einen Freund* wird gelehrt, dass es vier Arten von Menschen gibt, so wie es vier Arten von Mangofrüchten gibt. Besonders in Kontakt mit jenen, die schon reif sind, dies aber nach außen nicht erkennbar ist, besteht große Gefahr, dass man Negatives ansammelt. Das kommt einem großen unsichtbaren Abgrund oder einer mit Asche bedeckten Feuergrube gleich, und es ist daher ratsam vorsichtig zu sein.

Der Meister Atisha sagte Folgendes:

> Suche nicht nach den Verblendungen anderer, sondern verkünde ihre Qualitäten.

Weiter:

> Sowohl Menschen, die schon über das Auge des Dharma verfügen,
> als auch fühlende Wesen, die noch Anfänger im Dharma sind,
> beide solltest du als deine Lehrer ansehen.
> Im Umgang mit fühlenden Wesen solltest du diese als deine Eltern oder Kinder betrachten.

Auch Dromtonpa sagte:

> Kümmere dich nicht um die Fehler anderer. Genau das wird Tugend genannt.

Potowa sagte Folgendes:

> Alle fühlenden Wesen haben Fehler, deswegen solltest du nicht darauf achten und auch nicht darüber nachdenken.

Weiter sagte er:

> Negativität, die man im Zusammenhang mit einem außerordentlichen, vorzüglichen Menschen ansammelt, ist im Allgemeinenwie ein Besen, der alle Tugend wegkehrt. Vor allem Bodhichitta wird davon weit weg geschleudert. Wir können uns nie sicher sein, wer ein Bodhisattva ist und wer nicht.

Und:

> Suche daher nie nach Fehlern bei anderen Wesen und ganz besonders nicht bei deinem Lehrer.

Kharagpa sagte:

> Das äußere Verhalten eines Lehrers des Großen Fahrzeugs
> mag nicht immer ausgezeichnet erscheinen,
> aber da du seine innere Realisation nicht kennst,
> solltest du keine Fehler an ihm finden.

Langri Tangpa erläuterte:

> Kein Wesen kann jemals die Fähigkeiten eines anderen erfassen, daher sollte man nie jemanden herabsetzen.

Chekawa sagte: „Decke nie die Schwachstellen anderer auf." Und er setzte fort: „Kümmere dich um deine eigenen Angelegenheiten."

Auf diese Weise lehrten sie, dass es nicht richtig ist, über die Fehler anderer zu sprechen und anzumerken, jemand verfüge über gebrochene Gelübde und dergleichen mehr. Ganz allgemein ist es unpassend, über die Fehler anderer nachzudenken, und ganz besonders, wenn sie das Tor des Dharma durchschritten haben.

Gyalse Togme selbst sagte:

Geschwätz ist stets sinnlos: Es vergrößert die eigenen Untugenden, und besonders durch Verachtung für andere ruiniert man sich selbst und sammelt viele Fehler an. Anhaftung und Abneigung nehmen zu, und man kommt vom Pfad des Dharma ab. Daher sollte man sich davor hüten, auf andere herabzublicken.

Weiter führte er an:

Wenn man auf Grund von Eifersucht den Dharma und einen anderen Menschen verachtet,
vermindert man seine Tugend und wühlt den Geist des anderen auf.
Aus diesem Grund sollte man die Fehler anderer nie aufdecken,
außer es ist ausdrücklichen zu ihrem Wohl.

Er selbst übte sich auf genau diese Weise.

33

Anhaftung an Wohltäter aufgeben

Da Streitigkeiten der Ehre und des Reichtums wegen die
Aktivitäten
des Studierens, Reflektierens und Meditierens verderben,
ist es die Übung der Bodhisattvas, jegliche Anhaftung
an die Haushalte von Familie, Freunden und Sponsoren
aufzugeben.

Durch ihre Anhaftung an die Haushalte von Sponsoren und Freunden, von denen sie verehrt und materiell unterstützt werden, kann zwischen denen, die den Pfad des Großen Fahrzeugs betreten haben, der erwiesenen Ehre und Unterstützung wegen Streit entstehen. Dadurch wird die Beschäftigung mit dem Dharma, das Lernen, Reflektieren und Meditieren, beeinträchtigt. Deshalb sollte man jede Anhaftung an das Zuhause von Sponsoren oder Freunden aufgeben. Das ist die Praxis, mit der Bodhisattvas sich darin üben, ihre Anhaftung an Haushalte aufgeben, die eine Quelle der Ehre und Unterstützung für sie darstellen.

Aus dem *Höchste Absicht inspirierenden Sutra* stammt folgendes Zitat:

Man sollte vorsichtig sein im Umgang mit Gewinn und Ehre, da sie Anhaftung erzeugen. Man sollte auch vorsichtig sein, da sie die Achtsamkeit zerstören. Ebenso sollte man vor ihnen auf der Hut sein, da sie Schamlosigkeit und Unbescheidenheit hervorrufen und dazu führen, dass man das Heim seiner Freunde als stete Einnahmequelle sieht, dass man Geiz entwickelt, Freunde im Stich lässt und ein unfreundliches Benehmen annimmt.

Weiter wird dazu angeführt:

Auf diese Weise sollte sich ein Bodhisattva die Mängel vor Augen führen, die mit Gewinn und Ehre einhergehen. Wenn er sich diese vergegenwärtigt hat, sollte er seine Bedürfnisse verringern und nicht noch vermehren.

Und:

Ein Mensch mit geringen Bedürfnissen hat keine Mängel in dieser Richtung. Für ihn gibt es keine Hindernisse auf dem Weg zu den Lehren des Buddha.

Weiter wird gelehrt:

Um Ehre und Gewinn aufzugeben, sollte ein gelehrter Bodhisattva, sobald er die Vorteile davon erkannt hat, in Aufrichtigkeit verweilen und nur wenig Wünsche haben.

Auf diese Weise werden in diesem Sutra die Fehler von Ehre und Gewinn sowie die Vorzüge von nur wenig Wünschen und Zufriedenheit gelehrt.

In dem „*Von Kashyapa erbetenen Sutra*" heißt es:

Die Fesseln der Sichtweise und die von Ehre, Gewinn und
  Ruhm sind die schlimmsten für alle Ordinierten.
So lehrten es alle Meister.
Aus diesem Grund sollten Ordinierte sie unverzüglich
  aufgeben.

Im *Eintritt in das Leben zur Erleuchtung* wird Folgendes angeführt:

> „Ich nenne viel Besitz mein eigen, bin sehr angesehen
> und überaus beliebt."
> Wer dermaßen von sich selbst eingenommen ist und solche Gedanken hegt, muss
> nach dem Tod damit rechnen, von Furcht erfasst zu werden.

Überdies wird gelehrt:

> Schon viele Menschen verfügten über großen Besitz,
> waren berühmt und umschwärmt.
> Aber wohin sind sie jetzt
> mit all ihrem Gepäck von Ruhm und Ruf verschwunden?

Der Meister Atisha sagte:

> Ehre und Gewinn sind enge Fesseln
> für alle Ordinierten.
> Wer sich von diesen Fesseln befreit,
> gleicht einem kühlen Lotus inmitten des Feuers.[28]

Shabopa sagte Folgendes:

> Ich kann es nicht mit ansehen, dass andere reich und
> berühmt werden.

Auf diese Weise missbilligte er sein eigenes Verhalten und erklärte, dass es ein großer Fehler ist, sich selbst zu loben und andere der Ehre und des eigenen Vorteils wegen herabzusetzen.

Nyugrumpa lehrte:

> Du solltest die Einstellung entwickeln, Ehre und Gewinn
> als ein Fangnetz oder eine Falle zu sehen.

Gyalse Togme selbst sagte:

> Wenn Ehre und Gewinn dich fesseln, solltest du von deiner Vorliebe für Sinnesgenüsse ablassen.

Und:

> Obwohl du fleißig versuchst,
> alle Vollkommenheiten dieses Lebens wie Ansehen und
>   Vermögen zu erreichen,
> gibt es doch keine Gewissheit,
> dass du sie auch tatsächlich erlangen wirst.
> Selbst wenn du sie erlangen solltest,
> wird sich dadurch dein Verlangen nur dramatisch
>   vergrößern,
> genauso wie ein Feuer höher brennt,
> wenn man Holz nachlegt.

Überdies sagte er:

> Einen zufriedenen Geist zu besitzen ist der höchste Besitz.
> An nichts anzuhaften ist das höchste Glück.

Er selbst übte sich demgemäß.

34

Verletzende Worte aufgeben

Verletzende Worte verstören den Geist anderer
und bewirken, dass das Verhalten des Bodhisattvas befleckt
wird.
Daher ist es die Übung der Bodhisattvas,
verletzende, für andere unangenehme Worte aufzugeben.

Wenn man es versäumt, seine Sprache auf Mängel hin zu prüfen, könnte man sehr verletzende Worte äußern und dadurch den Geist anderer verstören. Außerdem würde man dadurch von reinem Verhalten abweichen, denn wenn Bodhisattvas sprechen, sollten sie das ebenso freundlich wie ausgeglichen und angenehm tun. Deswegen ist es ein großer Fehler, auf verletzende Art und Weise zu sprechen.

Seine Sprache während eines Gesprächs mit anderen zu prüfen und sich aller verletzenden Worte zu enthalten, die für den Zuhörer unangenehm sein könnten, ist daher die Praxis der Bodhisattvas, mit der sie eine unerfreuliche Sprechweise aufgeben.

Wie schon in der *Abhidharma-Schatzkammer* angeführt wird:

Als verletzende Worte wird bezeichnet, was unangenehm anzuhören ist.

Verletzende Worte sind unangenehme, durch eines der drei Geistesgifte ausgelöste Worte, die Geistesqualen bei den fühlenden Wesen auslösen, an die sie gerichtet wurden.

Verletzende Worte können vielerlei Art sein: Sie können wahr sein oder falsch, sie können jemandes Familie, seine Drei Tore, seine Disziplin, oder Ähnliches betreffen. Sie können sich auf verborgene oder bekannte Fehler beziehen, sie können andere dazu bewegen, auf eine Weise Kritik zu üben, die von einem bestimmten Dritten verstanden wird.

Die Definition verletzender Rede ist, sich aus einer nicht ausschließlich wohlwollenden Motivation heraus grob oder auch sanft auszudrücken. In den Schriften über die Auswirkungen von Karma werden zahlreiche Mängel verletzender Rede angeführt.

Unter Bezug auf die Sutren wird im *Kompendium der Übungen* erklärt:

Kein Bodhisattva sollte verletzende Worte äußern, die fühlende Wesen kränken könnten. Das gleiche gilt für Worte, die bei anderen Angst hervorrufen, die unangenehm oder schmerzhaft für sie sind. Man sollte sich bemühen, eine derart fehlgeleitete Sprache aufzugeben, und sollte freundlich und nie leichtfertig in seiner Ausdrucksweise sein.

In ähnlicher Weise wird weiter erläutert, dass die Sprache freundlich, sanft und angenehm sein sollte.

Ebenso führt *Die höchste Kontinuität* an:

In seinem Wirken zum Wohle aller fühlenden Wesen ist eine angenehme Art zu sprechen das, was für einen Bodhisattva an erster Stelle stehen sollte.

Im *Eintritt in das Leben zur Erleuchtung* wird gelehrt:

Wenn ich spreche, sollte ich die Wahrheit sagen und mich angemessen ausdrücken, für die anderen klar, verständlich und angenehm anzuhören. Meine Ausdruckweise sollte sanft und gemäßigt sein und nicht von Begierde oder Hass angetrieben.

Aus dem *Brief an einen Freund* stammt folgendes Zitat:

> Der Siegreiche hat gesagt, dass es angenehme Rede, wahre
>   Rede und falsche Rede gibt.
> Die Worte fühlender Wesen können eingeteilt werden in
>   solche,
> die wie Honig, wie Blumen oder wie Exkremente sind.
> Von diesen drei Arten zu sprechen sollte man die letztere
>   aufgeben.

Der Siegreiche lehrte, dass fühlende Wesen sich auf dreierlei verschiedene Weisen ausdrücken können: auf angenehme Weise, die vom Zuhörer hoch geschätzt wird, indem sie die Wahrheit sprechen oder indem sie etwas Falsches sagen. Analog zu dem vorher Gesagten entspricht das den Worten, die andere glücklich machen und wie Honig sind; den Worten, die schön und lobenswert und wie Blumen sind; und schließlich den Worten, die verwerflich und wie Exkremente sind. Von den drei angeführten Arten sollte man sich nur der beiden ersten bedienen und nicht letzterer, da falsche Rede allgemein gemieden werden sollte.

Der Meister Atisha lehrte:

> Vor Worten, die den Geist anderer verstören,
> sollte ein Weiser sich stets hüten.

Ebenso:

> Mit lächelndem Gesicht und liebevoller Absicht sollte man freundlich und ohne Zorn sprechen.

Kharagpa sagte Folgendes:

Schieß nicht mit giftigen Pfeilen verletzender Worte um
dich.
Gib den negativen Geisteszustand des Zorns auf.

Chekawa riet: „Lass dich nie zu Vergeltungsmaßnahmen hinrei-
ßen" und auch: „Ziele nie auf die wundeste Stelle".

Auf verletzende Worte sollte man nicht mit verletzenden
Worten reagieren. Auch sollte man sich von einer derben Aus-
drucksweise wie Flüchen fernhalten und nie die verborgenen
Fehler anderer aufdecken.

Gyalse Togme selbst sagte:

Durch vieles Reden kann man schlechtes Karma erzeugen.

Weiter sagte er:

Wir sollten uns niemandem gegenüber einer beleidigen-
den Ausdrucksweise bedienen.

Zusätzlich nannte er nie jemanden nur bei seinem Namen, sondern verwendete stets respektvoll Titel wie Lama, Lehrer, Meister, Geshe, Herr oder Gebieter. Sogar seinen Diener Dazang
nannte er stets Lehrer Dazang.

Die Vier Dharmas, das Aufdecken der eigenen Verwirrung,
um sich ihrer zu entledigen, und die anderen drei in diesem und
den vergangenen zwei Kapiteln behandelten Themen, werden in
dem *Höchste Absicht inspirierenden Sutra* gelehrt.

In diesem Sutra heißt es folgendermaßen:

Maitreya, wenn ein Anhänger des Bodhisattvafahrzeugs
über die Vier Dharmas verfügt, wird er zur Zeit der Zer-
störung des Dharma während der letzten fünfhundert
Jahre dieses Zeitalters frei von Schaden und jeder Verlet-
zung sein und freudig Befreiung erlangen. Was sind diese

Vier Dharmas? Die eigene Verwirrung aufdecken, die Fehler anderer Anhänger des Bodhisattvafahrzeugs nicht bloßstellen, das Zuhause von Freunden und anderen nicht als stete Quelle von Almosen betrachten und verletzende Worte aufgeben.

35

Negative Emotionen aufgeben

*Sobald man sich an negative Emotionen gewöhnt hat,
     kommen
Gegenmittel kaum mehr gegen sie an.
Wenn daher Begierde und dergleichen auftreten,
ist es die Übung der Bodhisattvas, mit Achtsamkeit
sofort das waffengleiche Gegenmittel anzuwenden und
     negative
Emotionen zu zerstören.*

Wenn verschiedene negative Emotionen, wie Begierde und dergleichen, entstehen und man zulässt, dass sie sich manifestieren ohne dass man ein Gegenmittel ergreift, wird man sich an sie gewöhnen und ein Gewohnheitsmuster entwickeln. Dann wird es in Zukunft sehr schwer sein, gegen sie anzugehen und sie ganz zu überwinden.

Aus diesem Grund wird jemand, der gewissenhaft darauf achtet, was getan oder nicht getan werden darf, und sorgfältig die Aktivitäten der Drei Tore beobachtet, ein Gegenmittel als extrem scharfe Waffe einsetzen. Mit Hilfe dieses Gegenmittels wird er negative Emotionen, wie Anhaftung und dergleichen, überwältigen und zerstören, wann immer sie dabei sind zu entstehen oder gerade entstanden sind und sie auf diese Weise überwinden. Das ist die Praxis, mit der Bodhisattvas auf ein Gegenmittel vertrauen, um gegen negative Emotionen vorzugehen.

Aus der *Zierde der Sutren* stammt folgendes Zitat:

Negative Emotionen zerstören dich selbst, andere Wesen und die Disziplin.

Mehr dazu aus dem *Eintritt in das Leben zur Erleuchtung*:

Die Feinde, wie Begierde, Zorn und dergleichen mehr,
haben weder Arme noch Beine,
sind weder tapfer noch intelligent.
Wie kommt es also, dass ich mich von ihnen überwältigen
    lasse?

Die negativen Emotionen haben es an sich, dass sie in diesem wie auch allen zukünftigen Leben nur Negatives verursachen und körperliches wie geistiges Leid hervorrufen. Da sie uns wie auch anderen Schaden zufügen, sind die mit ihnen verbundenen Nachteile als sehr schwerwiegend anzusehen. Aus diesem Grund sollte man danach streben, negative Emotionen vollständig aufzugeben, da sie voller Nachteile sind.

Im *Eintritt in das Leben zur Erleuchtung* wird angeführt:

Meine einzige Leidenschaft besteht von nun an darin, negative Emotionen erbittert zu bekämpfen.

Und ebenso:

Negative Emotionen, vom Auge der Weisheit für immer
    verbannt,
wohin werdet ihr euch wenden, wenn ihr aus meinem
    Geist vertrieben seid?

Die Methode, mit der negative Emotionen aufgegeben werden können, besteht darin, die Achtsamkeit als Wächter zu postieren, der negative Emotionen in demselben Moment erkennt, da sie ihren Kopf hervorrecken. Wenn man sie als Feind erkannt hat, sollte man sie sofort mit dem Speer des Gegenmittels zur Strecke bringen. Wenn man es jedoch einfach akzeptiert, dass sie auftauchen, gewinnen sie an Stärke, und es wird schwierig sie wieder los zu werden. Der Kampf gegen den Feind, die negativen Emotionen, wird im *Eintritt in das Leben zur Erleuchtung* im Kapitel über Fleiß beschrieben. Ein Beispiel daraus:

> Genau auf die Weise, wie sich ein alter, erfahrener Kämpfer den Schwertern seiner Feinde auf dem Schlachtfeld nähert, werde ich den Waffen der negativen Emotionen ausweichen und diesen Feind geschickt überwinden.

Genau wie ein Krieger, der im Kampf gegen den Feind erfahren und daher geschickt ist, müssen auch wir geschickt sein im Anwenden von Gegenmitteln in unserem Kampf gegen negative Emotionen.

> Wenn jemandem in der Schlacht das Schwert aus der Hand fällt,
> wird er es aus Angst augenblicklich wieder ergreifen.
> Ebenso sollten wir, sobald uns die Waffe der Achtsamkeit entgleitet,
> sie aus Angst vor den Höllenbereichen schnell wieder ergreifen.

Wenn jemandem in der Schlacht das Schwert aus der Hand fällt, so wird er keine Zeit verlieren, es unverzüglich wieder zu ergreifen. Genauso sollten wir, sobald uns die Waffe der Achtsamkeit entgleitet, mit deren Hilfe wir das Gegenmittel zum Einsatz bringen, unverzüglich aus Angst vor den niederen Bereichen unsere Achtsamkeit wieder stärken.

> Genau wie Gift durch den Blutstrom
> im ganzen Körper verteilt wird,
> überfluten Fehler meinen Geist,
> sobald negative Emotionen eine Gelegenheit dazu wittern.

Wenn man von einem giftigen Pfeil verwundet wird, muss man die Wunde sofort öffnen und das Gift entfernen. Auf gleiche Weise muss man negative Emotionen in dem Moment bekämpfen, in dem sie auftauchen.

> Sei achtsam wie ein von Angst erfüllter Mann, der ein bis zum Rand gefülltes Gefäß mit Senföl trägt und dabei von einem bewaffneten Mann mit dem Tod bedroht wird, sollte er auch nur einen einzigen Tropfen verschütten.
> Auf diese Weise sollten sich Praktizierende in Achtsamkeit schulen.

Im Kampf gegen den Feind, die negativen Emotionen, darf man in seiner Aufmerksamkeit nie nachlassen und muss stets achtsam sein.

> Genau wie ich hurtig aufspringen würde,
> wenn eine Schlange auf meinen Schoß kriecht,
> werde ich Schlaf und Müßiggang unverzüglich verjagen,
> sobald sie mich zu überwältigen drohen.

All diese Zitate belegen, dass wir gegen negative Emotionen in dem Moment vorgehen müssen, in dem sie erscheinen. Aus Sorge, dass es zu viel Platz einnehmen könnte, habe ich die Bedeutung der Zitate nicht im Detail erläutert.

Der Meister Atisha lehrte:

> Wenn negative Emotionen auftreten, muss man sich daran erinnern, Gegenmittel zum Einsatz zu bringen. Welchen Sinn hätte der Dharma, der negativen Emotionen freien Lauf gewährt?

Weiter lehrte er:

> Wer negative Emotionen mit dem Gegenmittel zerstört,
> sobald sie erscheinen,
> ist ein erhabenes Wesen und wahrhaft ein Held.

Und:

> Man muss Konzepte zerstören, sobald sie erscheinen,
> indem man ihnen mit Hilfe von Gegenmitteln den Todes-
> stoß versetzt.

Dromtonpa sagte auch:

> Es handelt sich um den Dharma, wenn er als Gegenmittel
> gegen negative Emotionen eingesetzt wird.
>
> Wenn er nicht als Gegenmittel gegen negative Emo-
> tionen verwendet wird, handelt es sich nicht um den
> Dharma.

Gonpawa sagte:

> Um negative Emotionen aufgeben zu können, müssen wir
> ihre Mängel, ihre Eigenschaften und die dazu gehörigen
> Gegenmittel sowie die Ursache ihres Erscheinens kennen.
> Wenn man ihre Mängel versteht, ist man sich auch ihrer
> negativen Qualitäten bewusst und sieht sie als Feind.
> Wenn man ihre Mängel nicht versteht, kann man sie
> nicht als Feind erkennen. Diese Überlegung stimmt mit
> dem überein, was im *Eintritt in das Leben zur Erleuchtung*
> und in der *Zierde der Sutren* gelehrt wird.

Überdies sagte er:

> Um die Eigenschaften negativer Emotionen verstehen zu
> können, muss man den Abhidharma studieren. Zumindest
> sollte man die Eigenschaften der fünf Aggregate studieren,
> um die hauptsächlichen und untergeordneten negativen
> Emotionen verstehen zu können. Wenn eine Emotion
> erscheint, wie zum Beispiel Anhaftung oder Abneigung,
> sollte man denken: „Das ist jetzt diese Emotion. Nun ist
> sie erschienen." Eine Emotion auf diese Weise zu identifi-
> zieren hilft sie zu bekämpfen.

Puchungwa sagte Folgendes:

> Selbst wenn negative Emotionen mich hart bedrängen
> sollten, werde ich meine Zähne zusammenbeißen und
> niemals aufgeben.

Potowa erklärte:

> Durch das Aufrechterhalten steter Achtsamkeit bemüht
> man sich darum, seinen Geistesstrom zu beobachten.
> Denn vor negativen Emotionen sollte man sich schützen
> und daher sofort gegen sie vorgehen.

Ben Kungyal sagte Folgendes:

> Von nun an habe ich nichts anderes zu tun, als unablässig
> mit dem Speer des Gegenmittels bewaffnet am Tor zur
> Festung meines Geistes zu wachen. Wenn mein Speer
> erhoben ist, bin ich wachsam. Wenn er gesenkt ist, hat
> meine Achtsamkeit nachgelassen.

Langri Tangpa sagte:

Während aller Alltagsaktivitäten sollte man sich unabläs-
sig beobachten,
und sobald negative Emotionen entstehen,
muss man sie sofort mit aller Kraft abwehren,
da sie heimtückisch und gefährlich für einen selbst und
für andere sind.

Und:

Dadurch, dass man woanders hingeht oder einfach nur
sein Gesicht abwendet, können negative Emotionen beru-
higt werden.

Nyugrumpa erläuterte:

Wenn negative Emotionen auftauchen, sollte man auf keinen Fall nachlässig sein, sondern sie mit Hilfe eines Gegenmittels sofort beseitigen. Wenn es einem nicht gelingt
sie zu beseitigen, sollte man aufstehen, den Lamas und
Yidams ein Mandalaopfer darbringen und ihren Beistand
erbitten. Während man sich auf sie konzentriert, sollte
man gleichzeitig zornvolle Mantras rezitieren. Dadurch
werden sich negative Emotionen beruhigen.

Gyalse Togme selbst sagte:

So lange bis alle Gedanken und Erscheinungen als Dharmakaya erstehen,
muss man sich darin üben,
die Gedanken der drei Geistesgifte während der Meditationspausen zu zähmen.
Erinnert euch deshalb daran, wenn es notwendig ist.
Gewährt verwirrten Gedanken nicht freien Lauf,
ihr Mani Rezitierer!

Und:

> Zuerst muss man negative Emotionen erkennen, wenn sie entstehen.
> Dann muss man sie beseitigen, indem man sich der Kraft des Gegenmittels bedient.
> Und schließlich muss man sich darum bemühen, dass sie in Zukunft nicht mehr entstehen.

Er selbst praktizierte genau auf diese Weise.

36

Anderen durch Achtsamkeit nutzen

Kurz gesagt, womit auch immer sie gerade beschäftigt sein
  mögen,
fragen sie sich: „Was tut mein Geist gerade?"
Auf diese Weise üben Bodhisattvas sich darin, mit ständiger
  Achtsamkeit
und Gewissenhaftigkeit dem Wohl anderer zu dienen.

W as also ist zusammengefasst die Essenz der verschiedenen Übungsstufen der Bodhisattvas, die in den vorangegangenen Kapiteln erläutert wurden? Der Kernpunkt ist, dass man in seiner Achtsamkeit und Gewissenhaftigkeit nie nachlassen darf. Wann immer man eine der vier Aktivitäten ausübt, sollte man unaufhörlich wachsam sein und sich fragen: „Was tut mein Geist gerade? Ist seine Ausrichtung tugendhaft oder untugendhaft?"

Auf diese Weise mit der höchsten, uneigennützigen Einstellung zum Wohl aller fühlenden Wesen tätig zu sein ist die allen Übungen zugrundeliegende kostbare Essenz, mit der Bodhisattvas zu ihrem eigenen Nutzen und zum Nutzen anderer wirken.

Im *Eintritt in das Leben zur Erleuchtung* heißt es:

Wer sich in diesen Übungen schulen möchte,
sollte seinen Geist ständig überwachen.

Um sich in diesen Übungen zu schulen, muss man seinen Geist beobachten. Dazu, wie man seinen Geist beobachtet, sagt dieselbe Quelle:

> Alle, die ihren Geist beobachten möchten,
> müssen dies beharrlich, achtsam und gewissenhaft durchführen.
> Darum bitte ich alle eindringlich.

Auf diese Weise wird betont, dass man auf ununterbrochene Achtsamkeit vertrauen muss, um seinen Geist zu überwachen. Achtsamkeit bedeutet, dass man keinen Punkt vergisst bezüglich dessen, was man tun oder nicht tun sollte. Wie im *Brief an einen Freund* erklärt wird, ist dies von äußerster Wichtigkeit:

> Übe dich sorgfältig und aufrichtig in Achtsamkeit,
> denn wenn du in deiner Achtsamkeit nachlässt,
> werden alle Dharmas zerstört.

Aus dem *Eintritt in das Leben zur Erleuchtung* stammt folgendes Zitat:

> Wenn man den elefantengleichen Geist fest
> mit dem Seil wahrer Achtsamkeit fesselt,
> verflüchtigen sich alle Ängste.

Diese Zitate zeigen sowohl die Vorteile davon auf, dass man Achtsamkeit bewahrt, als auch die Nachteile, dass man in seiner Achtsamkeit nachlässt.

Gewissenhaftigkeit heißt, dass man sich der Aktivitäten der Drei Tore ständig bewusst ist und erkennt, ob das eigene Verhalten gut oder schlecht ist.

Diesbezüglich wird im *Eintritt in das Leben zur Erleuchtung* angeführt:

Handlungen durch Geist, Rede u. Körper

248

Immer wieder die Aktivitäten von Körper und Geist zu
    überprüfen
ist, kurz gesagt, die Definition von Gewissenhaftigkeit.

Es wird gelehrt, dass, gleich ob man Sutra oder Tantra praktiziert,
alle Praktiken ausschließlich von Achtsamkeit und Gewissenhaftigkeit abhängen. Diese sind daher von äußerster Wichtigkeit.
    Aus einem Sutra stammt folgendes Zitat:

Sorgfalt ist die Grundlage all dessen,
was als tugendhafte Qualität bezeichnet wird.

Die Essenz der Sorgfalt, die Grundlage tugendhafter Qualitäten, besteht darin, dass man untugendhafte Handlungen aufgibt und sich stattdessen in tugendhaften Handlungen übt. Es
gibt vielerlei Vor- und Nachteile von Sorgfalt beziehungsweise
Unachtsamkeit, aber in diesem Zusammenhang werden diese
beschrieben.
    Wie in dem *Sutra des vollkommen reinen Verhaltens* gelehrt
wird, üben Bodhisattvas, kurz gesagt, all ihre Aktivitäten auf
der Grundlage von Achtsamkeit und Sorgfalt aus. Sie üben sich
darin, direkt oder indirekt alles zur Ursache für das Wohlergehen anderer und für ihre eigene Erleuchtung werden zu lassen,
indem sie alles, was sie tun, mit einer altruistischen Einstellung
tun.
    Das *Sutra der Unterweisungen für den König* lehrt Folgendes:
Alle Übungen eines Bodhisattvas lassen sich in einer zusammen-
fassen: den strebenden Erleuchtungsgeist, der sich zum Wohle
aller Wesen um vollkommene Erleuchtung bemüht, rein zu
erhalten.
    Im *Kompendium der Übungen* wird auch angeführt:

Während aller Aktivitäten sollte man sich im Erleuchtungsgeist üben und diesen auch allen Aktivitäten voran-
gehen lassen.

Und:

> Die Schulung eines Bodhisattvas besteht ausschließlich darin, seinen Geist vollständig zu reinigen.

Wenn man die Geisteshaltung aufgibt, die zum Wohle anderer nach Erleuchtung strebt, hat man sowohl den strebenden als auch den tätigen Erleuchtungsgeist, das Bodhichitta der Absicht und das der Anwendung, aufgegeben. Unabhängig davon, ob man dazu fähig ist, anderen direkt zu helfen oder nicht, darf einem auf keinen Fall die Absicht abhanden kommen, anderen von Nutzen sein zu wollen.

Aus dem *Kommentar zum erleuchteten Geist*:

> Selbst wenn es noch nicht in deiner Macht steht, anderen
>   zu helfen,
> hege doch stets die Absicht, anderen von Nutzen sein zu
>   wollen.
> Wer diese Absicht hegt, ist tatsächlich schon tätig.

Der Meister Atisha sagte:

> Die Tore deiner Sinneswahrnehmung solltest du stets
> mit Hilfe von Achtsamkeit, Gewissenhaftigkeit und Sorg-
>   falt bewachen.
> Beobachte deinen Geistesstrom Tag und Nacht und
> überprüfe vergangene, gegenwärtige und zukünftige
>   Handlungen.

Er fuhr fort:

> Die beste Eigenschaft ist eine wohlwollende Absicht.
> Die beste mündliche Unterweisung ist, stets ein Auge auf
>   den eigenen Geist zu haben.
> Die besten Freunde sind Achtsamkeit und Gewissenhaf-
>   tigkeit.

Gonpawa sagte Folgendes:

Was gibt es zu tun, außer den eigenen Geist Tag und Nacht zu überwachen?

Potowa erklärte: *gehen, sich bewegen, Liegen, sitzen*

Wenn man die Vier Aktivitäten achtsam und gewissenhaft ausführt, wird man, wenn man geht, mit liebevoller Zuneigung und Bodhichitta gehen. Wenn man sich bewegt, wird man sich mit liebevoller Zuneigung und Bodhichitta bewegen. Jede Aktivität der Drei Tore wie Schlafen, Essen und Ähnliches sollte von einer liebevollen Einstellung und dem Erleuchtungsgeist durchdrungen sein.

Langri Tangpa sagte:

Da es im Großen Fahrzeug sonst nichts zu tun gibt, außer fühlenden Wesen von Nutzen zu sein, sollte der Mantel der Uneigennützigkeit nicht zu dünn sein.

Sharawa lehrte auch:

Alle Handlungen sollten stets achtsam und gewissenhaft ausgeführt werden. Jede Handlung, die man mit Körper, Rede oder Geist ausführt, sollte vom Erleuchtungsgeist inspiriert sein.

Gemäß des *Sutra des reinen Betätigungsfeldes* wird gelehrt, dass man unabhängig von der Handlung, die man gerade ausübt, stets die Absicht hegen sollte, anderen von Nutzen sein zu wollen.

Geshe Dragyabpa erläuterte:

Zu allen Zeiten sollte man von Achtsamkeit und Sorgfalt durchdrungen sein, und den Geist gewissenhaft überwachen.

Gyalse Togme selbst erläuterte:

> Der Geist ist sanft, wenn er von Achtsamkeit und Sorgfalt durchdrungen ist.

Und:

> Kurz gesagt, man überwacht achtsam seinen Geistesstrom, damit das, was der Dharma lehrt, und die eigene Praxis nicht in Konflikt zueinander geraten.
> Es ist sehr wichtig, eine solche Entschlossenheit zu entwickeln.

Er fuhr fort:

> Da es die Besonderheit des Großen Fahrzeugs ist, solltest du die Absicht entwickeln, anderen von Nutzen zu sein.
> Da es dem Verhalten eines Bodhisattvas entspricht, solltest du durch deine Drei Tore zum Wohl anderer wirken.

Er selbst übte sich genau auf diese Weise.

37

Tugendhafte Handlungen der Erlangung vollkommener Erleuchtung widmen

Damit alles, was auf diese Weise mit Fleiß an tugendhaften
   Handlungen
angesammelt wurde, das Leid unendlich vieler Wesen besei-
   tige,
ist es die Übung der Bodhisattvas,
im Wissen um die völlige Reinheit der Drei Sphären,
dieses Verdienst dem Erlangen der Erleuchtung zu widmen.

Tugend oder Verdienst entsteht, indem man sich, wie zuvor beschrieben, beharrlich in den Praktiken der Bodhisattvas übt und diese verwirklicht. Das geschieht mit großem Fleiß, der wiederum bewirkt, dass man sich freudig in den Übungen schult. So wie in diesem Abschnitt beschrieben, müssen alle tugendhaften Handlungen ausnahmslos gewidmet werden, die man selbst und andere in den Drei Zeiten angesammelt hat und noch ansammeln wird, damit sie das Leid unendlich vieler Wesen beseitigen und zur Ursache für das Erlangen vollkommener Erleuchtung zum Wohl anderer werden können. Die Widmung erfolgt im Wissen um die Abwesenheit eigenständiger Existenz: Sie ist vollständig frei von dem Makel, die Drei Sphären, das Objekt der Widmung, den, der widmet, und den Akt des Widmens selbst als wahrhaft existent anzusehen. Das ist die Praxis, mit der Bodhisattvas auf geschickte Weise bewirken, dass tugendhafte Ansammlung von Verdienst nicht vergeudet, sondern größer und größer wird.

Aus einem Sutra stammt folgendes Zitat:

> Alles entsteht in Abhängigkeit und hängt ausschließlich
> von unserer Absicht und unserem Bestreben ab.
> Demgemäß wird das Ergebnis ausfallen.

Wer alle angesammelten guten Handlungen widmet, erzielt ein entsprechendes Resultat. Deshalb ist es notwendig, seine tugendhaften Handlungen zu widmen.

Diesbezüglich heißt es im *Eintritt in das Leben zur Erleuchtung*:

> Man bemüht sich, direkt oder indirekt,
> ausdauernd um nichts anderes als das Wohl der fühlenden
> Wesen.
> Alles widmet man der Erlangung von Erleuchtung
> zum Wohle aller fühlenden Wesen.

Eine Widmung ist notwendig, um zum Wohl aller fühlenden Wesen vollkommene Erleuchtung zu erlangen. Das ist die höchste Form der Widmung, da sich durch sie das Verdienst nicht erschöpft, bevor Erleuchtung erlangt ist, sondern weiter zunimmt.

In dem *Von unerschöpflicher Intelligenz erbetenen Sutra* wird Folgendes angeführt:

> Wenn man sein Verdienst dem Erlangen von Erleuchtung
> widmet,
> erschöpft es sich nicht, bevor man die Essenz der Erleuchtung erlangt hat.

Andererseits ist die Wirkung nicht völlig unerschöpflich, wenn man es versäumt das Verdienst zu widmen, es inkorrekt widmet, es unzulänglicherweise dem Erlangen einer Geburt im Existenzkreislauf oder dem Erlangen von Befreiung daraus widmet. Aber sobald man sein Verdienst, die Ursache der Tugend, der Erlangung vollkommener Erleuchtung widmet, wird es unerschöpflich.

Ein Sutra wählt als Beispiel für die Auswirkung fehlender Widmung das Bild eines Wassertropfens, der auf trockenen Boden fällt. Ein Tropfen Wasser, der in den Ozean fällt, versinnbildlicht die Auswirkung, wenn Verdienst der Erlangung vollkommener Erleuchtung gewidmet wird.

Im *Eintritt in das Leben zur Erleuchtung* wird dazu der Vergleich zwischen der Frucht eines wundersamen Baumes und der Frucht der Bananenstaude[29] herangezogen. Zur Art der Widmung wird in einem Sutra gesagt:

Wenn eine Widmung die Drei Sphären umfasst, ist sie keine Widmung.
Eine Widmung jenseits von Konzepten ist die wahre Widmung.

Daher stellt eine Widmung, die im Glauben an die eigenständige Existenz der Drei Sphären (des Objekts der Widmung, des widmenden Subjekts und des Aktes der Widmung selbst) erfolgt, keine vollkommen reine Widmung dar.

Die Drei Sphären besitzen keinerlei Existenz aus sich selbst heraus und sind nichts anderes als eine Konvention und geistige Benennung. Eine Widmung auf Grundlage dieser Erkenntnis wird eine Widmung vollkommener Reinheit genannt.

Der Meister Atisha lehrte:

Selbst wenn man durch die Drei Tore Tag und Nacht Verdienst ansammelt, kann es durch ein paar falsche Gedanken zerstört werden, wenn man nichts von der Widmung zur Erlangung vollkommener Erleuchtung weiß.

Und:

Man sollte sich auf verschiedenste Weise in allen Tugenden üben und dieses Verdienst sofort der Erlangung von Allwissenheit widmen. Wenn man das tut, wird die Ansammlung von Verdienst zu Weisheit und die Ansammlung von Weisheit verdienstvoll.

Überdies lehrte er:

Was immer man in den Drei Zeiten an Tugend ansammelt,
sollte der Erlangung höchster und vollkommener Erleuchtung gewidmet werden.
Dieses Verdienst wird auf alle fühlenden Wesen abfärben.

Dromtonpa sagte:

Das Verdienst, die Ursache der Tugend, sollte allen fühlenden Wesen und der Erlangung vollkommener Erleuchtung gewidmet werden. Dabei nimmt man alle Phänomene wahr, ohne ein Konzept von Subjekt, Objekt und Handlung zu hegen.

Potowa erläuterte:

Alles Verdienst, die Wurzel der Tugend, hängt von deinem Bestreben ab. Daher wird gelehrt, wie wichtig es ist, im Anschluss an das Ansammeln von Tugend Wunschgebete zu sprechen.

Kharagpa erklärte:

Selbst wenn das Ausmaß des Verdienstes gering ist,
kann seine Auswirkung sich bis zur Unerschöpflichkeit vergrößern.

Deshalb sollte man jedes Mal den Erleuchtungsgeist in
  sich wachrufen,
bevor man das in den Drei Zeiten angesammelte Verdienst
  widmet.

Geshe Dragyabpa sagte Folgendes:

Man sollte nichts anderes tun als mit der Dharmapraxis,
die man kennt, beharrlich und so gut wie möglich fortzu-
fahren und darüber hinaus Wunschgebete und Ähnliches
für das Wohlergehen aller fühlenden Wesen zu sprechen.

Sharawa lehrte, dass die umfassende geschickte Methode darin
besteht, sich in allen Praktiken, wie zum Beispiel den Sechs Paramitas, zu üben, indem man den Wunsch hegt, Buddhaschaft zum
Wohle aller Wesen zu erlangen. Die geschickte Methode vollkommener Reinheit besteht darin, dies aus der Einsicht heraus zu tun,
die um das Fehlen eigenständiger Existenz weiß. Die unerschöpf-
liche geschickte Methode besteht darin, das Verdienst der Erlangung unübertrefflicher Erleuchtung zu widmen, damit es sich
nicht erschöpft, bevor die Essenz der Erleuchtung erreicht ist.
  Gyalse Togme selbst sagte:

Die beste Methode, Verdienst ins Unermessliche anwach-
  sen zu lassen, ist,
jedes angesammelte Verdienst, ob groß oder klein,
mit der Einsicht in die Reinheit der Drei Sphären dahin-
  gehend zu widmen,
dass alle Wesen Erleuchtung erlangen mögen.

Wann immer er selbst etwas Tugendhaftes getan hatte, widmete
er es auf umfassende und machtvolle Weise wie im Folgenden
beschrieben:

So wie die Bodhisattvas Manjushri und Samantabhadra
  ihr Verdienst widmeten,

widme auch ich dieses Verdienst dem Erlangen des höchsten Guts mit Hilfe dieser höchsten Widmung,
die von den Buddhas aller Zeiten gepriesen wird.

TEIL 3

DER ABSCHLUSS:
ZUSAMMENFASSUNG UND BEDEUTUNG

Der Abschluss:

Zusammenfassung und Bedeutung

Der Abschluss beinhaltet fünf Themenbereiche:

1. Gründe für das Verfassen des Textes
2. Zeigen, dass die Übungen fehlerfrei sind
3. Den Stolz bezwingen und um Verzeihung bitten
4. Durch das Verfassen des Textes angesammeltes Verdienst dem Erlangen der Erleuchtung widmen
5. Das mit den Vier ausgezeichneten Faktoren ausgestattete Schlusswort

Gründe für das Verfassen des Textes

Die Inhalte, die in den Sutren, den Tantren und den Abhandlungen ausgeführt werden,
habe ich gemäß den Belehrungen der Erhabenen zum Wohle aller,
die sich auf dem Bodhisattvapfad üben möchten,
in den „Siebenunddreißig Übungen eines Bodhisattvas"
zusammengefasst.

Das heißt, dass ich hier die Bedeutung dessen herausgearbeitet habe, was auf so außergewöhnliche Weise gelehrt wird in den Sutren und Tantren des Erhabenen, im *Bodhisattva-Pitaka* und dergleichen ebenso wie in den Kommentaren, die die erleuchtete Absicht dieser Schriften erläutern. Dem allgemeinen Beispiel derer folgend, die vor uns den Weg zu Ende gegangen sind, habe ich mich dabei vor allem auf die Lehren des Meisters Atisha und seiner Erben, der spirituellen Meister der Kadampatradition sowie auf die meiner eigenen Lehrer gestützt.

Ich habe diesen Text zum Wohle aller verfasst, die sich auf dem Pfad der Bodhisattvas üben möchten. Dazu habe ich all diese Lehren in siebenunddreißig Übungen zusammengefasst, mit denen man sich auf unverfälschte Weise in all den Disziplinen eines Bodhisattvas schulen kann.

Zeigen, dass die Übungen fehlerfrei sind

Da ich weder über ausgeprägte Intelligenz noch viel Gelehrsamkeit verfüge,
ist dies keine Abhandlung, die Gelehrten zur Freude gereichen wird.
Da sie aber auf den Lehren der Sutren und den Schriften der Erhabenen fußt,
glaube ich, dass die „Übungen eines Bodhisattvas" frei von Fehlern sind.

Damit soll zum Ausdruck gebracht werden, dass ich, der Verfasser, von Geburt an über keine ausgeprägte Intelligenz verfügte und mein aus der Praxis entstandenes Wissen ein flüchtiges ist. Daher fehlt meinen Worten in Bezug auf den literarischen Stil jeder Glanz, der die Herzen der Gelehrten erfreut hätte, die über ausgezeichnete Intelligenz verfügen und versiert sind in den Schriften.

Dennoch ist das Geschriebene nicht meine eigene Schöpfung. Es gründet, wie zuvor erläutert, auf den Sutren und den Lehren der Erhabenen. Dies macht es zu einem ausgezeichneten Werk. Daher bin ich der Überzeugung, dass diese Praktiken oder Übungen eines Bodhisattvas frei sind von allen Verblendungen und Fehlern.

Den Stolz bezwingen und um Verzeihung bitten

Da jedoch die Handlungen der Bodhisattvas unermesslich
  sind
und jemand wie ich mit geringer Auffassungsgabe sie
nur schwer verstehen kann,
bitte ich all die Erhabenen um Verzeihung für die Vielzahl
  von Fehlern, Widersprüchen und Ungereimtheiten,
die sich in den Text eingeschlichen haben mögen.

Wie schon zuvor erwähnt, bin ich davon überzeugt, dass meine Erläuterungen zu den Übungen der Bodhisattvas fehlerfrei sind. Da jedoch die Verhaltensweisen der Bodhisattvas in ihrer Grenzenlosigkeit, Großartigkeit, Tiefgründigkeit und Unermesslichkeit dem Ozean gleichen, können sie von jemandem wie mir, der nur über eine geringe Auffassungsgabe verfügt, nur schwer verstanden werden.

Aus diesem Grund bitte ich die wahrhaft Vertrauenswürdigen um Vergebung für die Vielzahl etwaiger Fehler, die sich in meine Erklärungen eingeschlichen haben mögen, wie auch für Widersprüchlichkeiten zwischen verschiedenen Aussagen und fehlende Übereinstimmung von Bedeutung und verwendetem Wort.

Durch das Verfassen des Textes angesammeltes Verdienst dem Erlangen der Erleuchtung widmen

Mögen alle Wesen durch das entstandene Verdienst und
mit Hilfe des relativen und absoluten höchsten Erleuchtungs-
  geistes
dem Beschützer Avalokiteshvara gleich werden
und weder im Extrem der Existenz noch im Extrem des Frie-
dens verweilen.

Möge durch das Verdienst, das durch die Erläuterung der Übungen eines Bodhisattvas entstanden ist, im Geist aller Wesen die Weisheit entstehen, die die letztendliche Leerheit direkt versteht und dem letztendlichen Erleuchtungsgeist entspricht. Möge in allen durch großes, unparteiisches Mitgefühl, das dem relativen Erleuchtungsgeist entspricht, die Absicht entstehen, zum Wohl aller Wesen vollkommene Erleuchtung zu erlangen.

Mögen alle Wesen, nachdem sie rasch diese zwei Aspekte entwickelt haben, durch das höchste Wissen, die Kraft des Mitgefühls und den Erleuchtungsgeist des Großen Fahrzeugs weder im Extrem von Samsara noch in dem des Friedens verweilen.

Mögen sie daher dem Beschützer der Drei Welten, dem höchsten und unvergleichlichen Avalokiteshvara gleich werden, der jenseits der zwei Extreme weilt, da er vollkommene Erleuchtung erlangt hat. Er steht den fühlenden Wesen durch sein unparteiisches, großes Mitgefühl und seine herausragenden Aktivitäten der geschickten Methoden bei, solange Samsara besteht.

Das mit den Vier ausgezeichneten Faktoren ausgestattete Schlusswort

Dies wurde in der Ngulchu-Rinchen-Höhle von dem Mönch Togme,
  einem Befürworter der Schriften und der Beweisführung, verfasst,
um sich selbst und anderen zu helfen.

Dies entspricht einem Schlusswort, das mit den Vier ausgezeichneten Faktoren im Sinne von Inhalt, Zweck, Autor und Ort ausgestattet ist.

Schlusswort des Verfassers

Als Grundlage für diesen Kommentar zu den Übungen eines Bodhisattvas mit dem Titel *Einheit der schriftlichen Überlieferung und der mündlichen Unterweisung* habe ich Texte verwendet wie eine Kurzfassung der Lebensgeschichte des kostbaren Gyalse, die von Nyenpo Palrin verfasst wurde und als ein sinnerläuternder Kommentar zu den *Siebenunddreißig Übungen eines Bodhisattvas* angesehen wird. Ich habe einige Male erwähnt, wie Gyalse Togme selbst praktizierte. Einzelheiten dazu können seiner Lebensgeschichte entnommen werden.

Den einleitenden und abschließenden Versen des Textes habe ich nur eine Erläuterung der Worte beigefügt. Im Hauptteil habe ich zu jeder der siebenunddreißig Übungen zuerst einen kurzen Kommentar und dann, gemäß der allgemein üblichen Art, eine Schrift zu erklären, einige Zitate aus Schriften, wie zum Beispiel den Sutren, angeführt. Diese wurden zur Ausschmückung mit verschiedenen Ratschlägen des Meisters Atisha und der Linienmeister versehen und durch die nektargleiche Sprache der mündlichen Unterweisungen des kostbaren Bodhisattvas Gyalse Togme selbst ergänzt.

Obwohl ich auf diese Weise Schrift und mündliche Unterweisungen in verschiedenen Abschnitten behandelt habe, stehen diese doch in keinem Widerspruch zueinander.

Wenn man den Text ausführlich erläutern wollte, würde er sehr lang, und ich glaube nicht, dass dies von Nutzen wäre. Aus diesem Grund habe ich nur wenige Zitate angeführt, indem ich oft nur den ersten Vers einer Strophe benutzt und die Erklärungen im Allgemeinen kurz gehalten habe.

Wenn man an einer noch knapperen Version interessiert ist, könnte man nur den Kommentar zu den Wurzelversen lesen, vielleicht unter Heranziehung einiger Erklärungen aus den Schriften.

Der Grund dafür, dass ich hauptsächlich auf Unterweisungen der Kadampameister vertraut habe, liegt darin, dass die meisten

Belehrungen von Gyalse Togme, einschließlich der hier angeführten, genau der Geistesschulung nach Kadampa-Art entsprechen. Außerdem hat die Person, die diesen Kommentar von mir erbeten hat, selbst großes Interesse an der in der Kadampatradition üblichen Art der Geistesschulung. Im Allgemeinen liegt kein besonderer Nutzen darin, ein Zitat nach dem anderen anzuführen, doch hier habe ich wiederholt die Erhabenen zitiert, deren Worte einen machtvollen Segen beinhalten, damit ich selbst und andere ähnlich Begünstigte immer wieder zu Glauben und Entsagung inspiriert werden und so zu Gewissheit gelangen.

Die Erläuterungen dieses Textes, die einer mit Edelsteinen geschmückten Vase voll des Nektars mündlicher Unterweisungen gleichen,
gewähren allen begünstigten, nach Befreiung strebenden Wesen
die Herrlichkeit höchsten unvergänglichen Friedens.

Mögen durch die Verdienste, die durch diese Bemühungen entstanden sind,
alle Wesen durch das Tor des Höchsten Fahrzeugs treten,
im Bodhisattvaverhalten vollständig zur Reife gelangen
und reichlich mit einer Fülle ausgezeichneter Qualitäten gesegnet werden.

Welchen Schaden ich fühlenden Wesen während meiner langen und verwirrten Wanderschaft in Samsara in Gedanken oder Taten auch immer zugefügt haben mag:
Möge all das, was in den Herzen der Siegreichen und ihrer Kinder Schmerzen hervorgerufen hat, vollständig gereinigt und geklärt werden.
Mögen unsere Aktivitäten von Körper, Rede und Geist anderen niemals Schaden zufügen,
sondern stets Ursache für das Glück und Wohlergehen zahlloser fühlender Wesen sein.

Wenn bösartige Wesen Gutes mit Schlechtem vergelten
und Wesen niederer Gesinnung uns verspotten,
sollten wir auf ihre Bosheit, die uns großen Schaden zufügt
und die nur schwer zu ertragen ist, nur so reagieren,
dass wir zu ihrem Wohl tätig werden.

Mögen auf diese Weise alle Wesen, die von den Siegreichen noch nicht gezähmt wurden,
fest auf der Ebene der Siegreichen verankert werden.
Mögen auch wir zu Trägern erleuchteten Wirkens werden
und auf diese Weise alle Taten der Siegreichen verwirklichen.

Nachdem wir die unfassbaren Tore durchschritten haben,
die das geschickte Verhalten der Siegreichen kennzeichnen,
mögen wir durch das Erreichen der illusionsgleichen Befreiungen
rasch die Qualitäten von Vollkommenheit, Reifung und Reinigung verwirklichen.

Möge sich die Lehre weiter verbreiten und die Zahl ihrer Erhalter weiter ausdehnen.
Mögen ich und alle Wesen Glück und Freude finden,
indem wir zeitweilig die höheren Bereiche und letztendlich höchste Erleuchtung erlangen.
Möge mein Wohl und das anderer ohne Anstrengung und spontan verwirklicht werden.

Wiederholt ermuntert von dem heiligen Meister der Zuflucht Orgyen Lhundrub, dem Meister und Herrn der Yogis, der als Mönch im Kloster von Ser Lhatse lebt, wurde dies von Chökyi Dragpa verfasst.

Möge es segensreich sein!

Siebenunddreissig Übungen
eines Bodhisattvas

von Gyalse Togme

Namo Lokeshvaraya

Da er erkannt hat, dass alle Phänomene jenseits von Entstehen und
    Vergehen sind,
strebt er ausschließlich nach dem Wohlergehen der fühlenden Wesen.
Vor dem höchsten Meister und Beschützer, vor Avalokiteshvara,
verneige ich mich unaufhörlich und respektvoll mit Körper, Rede
    und Geist.

Vollkommen Erleuchtete, Quellen jeglichen Nutzens und Glücks,
    gibt es, weil sie den Dharma verwirklicht haben.
Da diese Verwirklichung davon abhängt, dass man die dafür not-
    wendigen Übungen kennt,
werde ich im Folgenden die Übungen eines Bodhisattvas erläutern.

Jetzt, da sie das seltene rettende Schiff der Freiheiten
und günstigen Bedingungen erreicht haben, ist es die Übung der
    Bodhisattvas,
ohne Ablenkung Tag und Nacht zuzuhören, zu reflektieren und zu
    meditieren,
um sich selbst und andere aus dem Ozean von Samsara zu retten.

Die Anhaftung an Freunde tobt wie ein reißender Fluss;
der Hass gegenüber Feinden lodert wie ein Feuer.
Daher ist es die Übung der Bodhisattvas, jene Heimat aufzugeben,

*in der die Dunkelheit der Dummheit vorherrscht, die vergisst was
anzunehmen und was abzulehnen ist.*

*Wenn man negative Plätze aufgibt, nehmen störende Emotionen
    allmählich ab;
wenn man frei von Ablenkung ist, vermehrt sich spontan die Praxis
    der Tugend;
mit erhöhtem Gewahrsein entsteht Vertrauen in den Dharma;
in der Abgeschiedenheit zu verbleiben ist die Übung der Bodhisattvas.*

*Getrennt von allen schon lange vertrauten Gefährten,
schwer erarbeiteten Besitz und Reichtum zurücklassend,
verlässt das Bewusstsein den Körper wie ein Gast seine Herberge.
Daher ist es die Übung der Bodhisattvas, es aufzugeben
ständig mit weltlichen Aktivitäten beschäftigt zu sein.*

*Wenn sich durch die Freundschaft mit jemandem die Drei Gifte
    vermehren,
die Aktivitäten von Studium, Reflexion und Meditation vermindern
und liebevolle Zuneigung und Mitgefühl verschwinden,
dann ist es die Übung der Bodhisattvas, diese schlechte Gesellschaft
    zu meiden.*

*Wer auf einen erhabenen spirituellen Freund vertraut, dessen Fehler
    verschwinden
und die Menge seiner guten Qualitäten wächst wie der zunehmende
    Mond.
Daher ist es die Übung der Bodhisattvas, solch einen spirituellen
    Freund höher zu schätzen als das eigene Leben.*

*Wen könnten die weltlichen Götter beschützen,
wenn sie doch selbst im Kerker von Samsara gefangen sind?
Daher ist es die Übung der Bodhisattvas,
Zuflucht zu nehmen zu den unfehlbaren Drei Juwelen.
Alles Leid der niederen Bereiche, das so schwer zu ertragen ist,
wird von dem Weisen als Folge negativer Handlungen erklärt.*

Daher ist es die Übung der Bodhisattvas,
nie negative Handlungen zu begehen, auch wenn es das eigene Leben
kosten mag.

Das Glück der drei Bereiche ist wie ein Tautropfen an der Spitze
eines Grashalms;
Von einem Moment auf den nächsten vergeht es von selbst.
Daher ist es eine Übung der Bodhisattvas
nach der höchsten Ebene der Befreiung zu streben, die unveränder-
lich ist.

Wenn alle Mütter leiden, die seit anfangsloser Zeit für uns gesorgt
haben, was nützt uns dann unser eigenes Glück?
Daher üben sich Bodhisattvas darin den Erleuchtungsgeist zu ent-
wickeln,
um grenzenlos viele fühlende Wesen zu befreien.

Alles Leid entsteht ohne Ausnahme aus dem Verlangen nach dem
eigenem Glück.
Vollkommene Erleuchtung jedoch entsteht aus einer Geisteshaltung,
die auf das Wohl anderer bedacht ist.
Daher ist es die Übung der Bodhisattvas,
das eigene Glück auf richtige Weise gegen das Leid anderer auszu-
tauschen.

Wenn jemand von großer Begierde überwältigt,
ihnen das gesamte Vermögen stiehlt oder andere dazu anstiftet,
so ist es die Übung der Bodhisattvas, dieser Person
den eigenen Leib, allen Besitz und alle Tugenden der drei Zeiten zu
widmen.

Selbst wenn ihnen jemand den Kopf abschlagen will,
obwohl sie frei sind von jeder noch so geringen Schuld,
ist es die Übung der Bodhisattvas, diese Missetat
durch die Kraft des Mitgefühls auf sich zu nehmen.
Selbst wenn jemand alle möglichen Verleumdungen über sie

im dreitausendfachen Universum verbreitet,
ist es die Übung der Bodhisattvas,
die Qualitäten desjenigen immer wieder liebevoll
hervorzuheben.

Sogar wenn jemand inmitten einer großen Menschenmenge
ihre Fehler aufdeckt und verletzend über sie spricht,
ist es die Übung der Bodhisattvas, denjenigen als spirituellen Meister
zu betrachten und sich respektvoll vor ihm zu verneigen.

Selbst wenn jemand sie als Feind betrachtet,
für den sie liebevoll wie für ein eigenes Kind gesorgt haben,
ist es die Übung der Bodhisattvas, ihn genauso hingebungsvoll zu
    lieben, wie eine Mutter ihr krankes Kind.

Auch wenn jemand, der ihnen gleichgestellt oder unterlegen ist,
sie aufgrund der Macht des Stolzes herabsetzt,
ist es die Übung der Bodhisattvas, ihn
wie den Meister über dem Scheitel ihres Kopfes zu verehren.

Selbst wenn sie ihres Lebensunterhalts beraubt,
von jedem ständig herabgesetzt und von schwerer Krankheit oder
dämonischen Einflüssen heimgesucht werden,
ist es die Übung der Bodhisattvas, alles Leid und alles Negative der
Wesen auf sich zu nehmen, ohne niedergeschlagen zu sein.

Auch wenn sie von vielen Wesen bejubelt und verehrt werden
und ihr Wohlstand dem Vaishravanas ähnelt,
ist es die Übung der Bodhisattvas, nicht arrogant zu werden.
Denn sie haben erkannt, dass Ruhm und Reichtum in Samsara ver-
    gänglich und daher ohne Bedeutung sind.
Wer seinen Feind, den eigenen Zorn, nicht bändigt,
wird durch das Unterwerfen äußerer Feinde deren Zahl nur ver-
    größern.
Daher ist es die Übung der Bodhisattvas, ihren Geist
mit einem Heer von liebevoller Zuneigung und Mitgefühl zu zähmen.

Sinnesvergnügen sind wie Salzwasser:
So sehr man ihnen auch zusprechen mag, das Verlangen danach
    wird immer größer.
Daher ist es die Übung der Bodhisattvas, Objekte,
die Anhaftung erzeugen, sofort aufzugeben.

Was auch immer erscheint, ist nur der eigene Geist.
Der Geist selbst ist seit jeher jenseits aller gedanklichen Vorstellungen.
Dies erkennend ist es die Übung der Bodhisattvas,
nicht mehr an den Attributen von Subjekt und Objekt festzuhalten.

Wenn sie auf ein schönes Objekt treffen,
sollten sie erkennen, dass es wie ein Regenbogen im Sommer ist:
Obgleich er attraktiv erscheint, wird er dennoch nicht als real vor-
    handen angesehen.
Auf diese Weise Anhaftung aufzugeben ist daher die Übung der
    Bodhisattvas.

Die verschiedenen Leiden sind wie der Traum vom Tod des eigenen
    Kindes;
wie kräftezehrend ist es, diese Traumerscheinung für wahr zu halten!
Wenn sie daher mit widrigen Umständen konfrontiert werden,
ist es die Übung der Bodhisattvas, sie als Illusion zu betrachten.

Wenn man, um Erleuchtung zu erlangen, sogar den eigenen Körper
    opfern muss,
braucht nicht eigens erwähnt zu werden, dass man auch äußere
    Objekte dafür aufgeben muss.
Daher ist es die Übung der Bodhisattvas, großzügig zu sein,
ohne dabei auf Belohnung oder positive karmische Resultate zu
    hoffen.

Wenn es einem an Disziplin mangelt, kann man nicht einmal zum
    eigenen Wohl wirken,
und dann erscheint der Wunsch lächerlich, zum Wohle anderer wir-
    ken zu wollen.

Daher ist es die Übung der Bodhisattvas, Disziplin zu wahren, ohne weltliche Ziele damit zu verfolgen.

Für einen Bodhisattva, der nach dem Ergebnis tugendhaften Handelns strebt,
gleicht jeder, der ihm Probleme bereitet, einem kostbaren Schatz.
Daher ist es die Übung der Bodhisattvas, Geduld zu entwickeln und niemandem Gefühle des Hasses oder der Feindseligkeit entgegenzubringen.

Selbst Shravakas und Pratyekabuddhas, die nur nach ihrem eigenen Wohl streben,
sind dabei so eifrig wie jemand, der ein Feuer löscht, das sein Haar erfasst hat.
Daher ist es die Übung der Bodhisattvas, sich zum Wohle aller Wesen in Fleiß, der Grundlage aller Qualitäten, zu üben.

Wenn sie verstehen, dass Klares Sehen auf der Grundlage Friedvollen Verweilens negative Emotionen vollständig zerstört,
ist es die Übung der Bodhisattvas, eine meditative Konzentration zu kultivieren, die die Vier formlosen Bereiche überschreitet.

Wenn Weisheit fehlt, sind die ersten fünf Paramitas nicht ausreichend um vollkommene Erleuchtung zu erlangen.
Daher ist es die Übung der Bodhisattvas, Weisheit zu entwickeln,
die mit dem Aspekt der Methode eine Einheit bildet und über die Konzepte der Drei Sphären hinausgeht.

Wenn man es versäumt, sich seiner Verwirrung bewusst zu werden,
ist es möglich, dass man ein Dharmapraktizierender zu sein scheint,
in seinen Handlungen jedoch dem Dharma widerspricht.
Daher ist es die Übung der Bodhisattvas, sich ihrer Verwirrung zu entledigen, indem sie sie aufdecken.

Wer aufgrund negativer Emotionen über die Fehler anderer Bodhisattvas spricht, schadet damit sich selbst.

Daher ist es die Übung der Bodhisattvas, nicht über die Fehler derer
  zu sprechen,
die den Mahayanapfad betreten haben.

Da Streitigkeiten der Ehre und des Reichtums wegen die Aktivitäten
des Studierens, Reflektierens und Meditierens verderben,
ist es die Übung der Bodhisattvas, jegliche Anhaftung
an die Haushalte von Familie, Freunden und Sponsoren aufzugeben.

Verletzende Worte verstören den Geist anderer
und bewirken, dass das Verhalten des Bodhisattvas befleckt wird.
Daher ist es die Übung der Bodhisattvas,
verletzende, für andere unangenehme Worte aufzugeben.

Sobald man sich an negative Emotionen gewöhnt hat, kommen
Gegenmittel kaum mehr gegen sie an.
Wenn daher Begierde und dergleichen auftreten,
ist es die Übung der Bodhisattvas, mit Achtsamkeit
sofort das waffengleiche Gegenmittel anzuwenden und negative
Emotionen zu zerstören.

Kurz gesagt, womit auch immer sie gerade beschäftigt sein mögen,
fragen sie sich: „Was tut mein Geist gerade?"
Auf diese Weise üben Bodhisattvas sich darin, mit ständiger Acht-
  samkeit und Gewissenhaftigkeit dem Wohl anderer zu dienen.

Damit alles, was auf diese Weise mit Fleiß an tugendhaften Hand-
  lungen angesammelt wurde,
das Leid unendlich vieler Wesen beseitige,
ist es die Übung der Bodhisattvas,
im Wissen um die völlige Reinheit der Drei Sphären,
dieses Verdienst dem Erlangen der Erleuchtung zu widmen.

Die Inhalte, die in den Sutren, den Tantren, und den Abhandlun-
  gen ausgeführt werden,
habe ich gemäß den Belehrungen der Erhabenen zum Wohle aller,

die sich auf dem Bodhisattvapfad üben möchten,
in den „Siebenunddreißig Übungen eines Bodhisattvas" zusammen-
    gefasst.

Da ich weder über ausgeprägte Intelligenz noch viel Gelehrsamkeit
    verfüge,
ist dies keine Abhandlung, die Gelehrten zur Freude gereichen wird.
Da sie aber auf den Lehren der Sutren und den Schriften der Erha-
    benen fußt,
glaube ich, dass die „Übungen eines Bodhisattvas" frei von Fehlern
    sind.

Da jedoch die Handlungen der Bodhisattvas unermesslich sind
und jemand wie ich mit geringer Auffassungsgabe sie
nur schwer verstehen kann,
bitte ich all die Erhabenen um Verzeihung
für die Vielzahl von Fehlern, Widersprüchen und
Ungereimtheiten, die sich in den Text eingeschlichen haben mögen.

Mögen alle Wesen durch das entstandene Verdienst und
mit Hilfe des relativen und absoluten höchsten Erleuchtungsgeistes
dem Beschützer Avalokiteshvara gleich werden,
und weder im Extrem der Existenz noch im Extrem des Friedens
verweilen.

Dies wurde in der Ngulchu-Rinchen-Höhle von dem Mönch
    Togme,
einem Befürworter der Schriften und Beweisführung, verfasst,
um sich selbst und anderen zu helfen.

Fussnoten

1. Gyalse Togme ist auch unter dem Namen Togme Zangpo (Thog med bzang po) bekannt.

2. Die Übersetzung des Kommentars basiert auf der Ausgabe, die in *Rgyal sras lag len rtsa 'grel* von *Si khron mi rigs dpe skrun khang,* 1992, zu finden ist.

3. Siehe E. Gene Smith, *Among Tibetan Texts: History and Literature of the Himalayan Plateau* (Boston: Wisdom Publications, 2002), S. 235–250.

4. Tubten Chökyi Dragpas Madhyamaka-Wissen steht dem englischsprachigen Leser zur Verfügung in dem Band: *Two Buddhist Commentaries on the Ninth Chapter of Shantideva's Bodhicharyavatara, Wisdom Publications* (Peyzac-le-Moustier, France: Editions Padmakara, 1993).

5. Kelsang Chökyi Gyaltsens (Skal bzang chos kyi rgyal mtshan) *History of Buddhism in Tibet and Mongolia* (*Bod sog chos 'byung* in *Gangs can rig brgya'i sgo 'byed lde mig,* Band 18, 1993, S. 436) erklärt den Ursprung der Kadampa-Schule auf folgende Weise: „Der große Meister, der glorreiche Atisha, war der Initiator, und der kostbare Lehrer Dromtonpa war der Gründer. Während die drei Brüder [Potowa, Chen-ngawa, and Puchungwa] dafür sorgten, dass [die Bewegung] gedieh, bewirkten Langri Tangpa, Sharawa und andere, dass sie sich noch mehr verbreitete."

6. Diese historischen Anmerkungen basieren hauptsächlich auf Michael Sweets exzellentem Artikel „Mental Purification *(Blo sbyong):* A Native Tibetan Genre of Religious Literature" in *Tibetan Literature* von Cabezon und Jackson (New York: Snow Lion Publications, 1996) S. 244–60 und auf „Historical and Thematic Introduction" von Michael J. Sweet und Leonard Zwilling in Geshe Lhundub Sopas *Peacock in the Poison Grove* (Boston: Wisdom Publications, 2001), S. 1–23.

7. In Kelsang Chökyi Gyaltsens *Bod sog chos 'byung* (in *Gangs can rig brgya'i sgo 'byed lde mig,* Band 18, 1993, S. 460–461) wird erwähnt, auf welche Weise Atishas Aktivität einen Einfluss auf das Entstehen der Kagyu-, Sakya-, und Gelug-Übertragungslinien hatte. So wird zum Beispiel gelehrt, dass der große Übersetzer Marpa (1012–1097) Atisha getroffen und von ihm Unterweisungen erhalten hatte. Der überragende Meister Gampopa (1097–1153) war Schüler eines direkten Anhängers von Atisha und wurde dafür bekannt, dass er die zwei spirituellen Ströme von Mahamudra und Kadam vereinte. Gampopas produktiver Schüler Pagmo Drupa (1110–1170) erhielt Unterweisungen von Geshe Dolpa (1059–1131), der oft in diesem Kommentar zitiert wird. Überdies wird gesagt, dass Karmapa Dusum Khyenpa (1110–1193) von einem Schüler Sharawas (1070–1141) namens Naljorpa Sherab Dorje (11. Jh.) Unterweisungen erhielt. In der Sakya-Schule war Panchen Sakya Jamyang (12. Jh.) ein Schüler von Neuzurpa (1042–1118), und der berühmte Gelug Ahnherr Tsongkhapa (1357–1419) erhielt Unterweisungen von den Kadampas Khenchen Namkha Gyaltsen (14. Jh.) und Dragor Khenchen Chokhyab Zangpo (14. Jh.).

8. Bezüglich der Etymologie des Begriffs *blo sbyong* siehe *Tibetan Literature,* S. 245–246, und *Peacock in the Poison Grove,* S. 15–17 (siehe Fußnote 7).

9. (*'ja' lus*). Wenn ein Praktizierender stirbt, der durch die Praxis der Großen Vollendung eine hohe Realisation erlangt hat, lösen sich die fünf Elemente, aus denen der physische Körper besteht, in ihre Essenz, ein fünffarbiges Regenbogenlicht, auf.

10. In *Bka' gdams chos 'byung (mtsho sngon mi rigs dpe skrun khang,* 1996) von Sonam Dragpa Gyaltsen (Bsod nams grags pa rgyal mtshan) wird gesagt: „Der spirituelle Freund Dromtonpa mit Naljorpa, Gonpawa, den drei Brüdern, Neuzurpa und Sharawa sind als die Acht Gesichter der Kadampas bekannt."

11. Skt. *Abhidharmasamuccaya;* Tib. *Mngon pa kun btus.*

12. zang zing med pa'i sdug bsngal.

13. Diese Geschichte wird in Kelsang Chökyi Gyaltsen's *Bod sog chos 'byung* (in *Gangs can rig brgya'i sgo 'byed lde mig,* Band 18, 1993, S. 467) erzählt.

14. Kelsang Chökyi Gyaltsen führt in *Ldeb bco brgyad pa (Gangs can rig brgya'i sgo 'byed lde mig,* 1993, S 436) aus, dass „Kadam" bedeute, dass die Worte des Buddha als mündliche Unterweisung aufscheinen.

15. Die anderen fünf Texte sind: *Compendium of Trainings / Kompendium der Übungen (Śikṣāsamuccaya)* von Shantideva; *The Stages of a Bodhisattva / Stufen der Bodhisattvas (Bodhisattvabhūmi)* und *Ornament of the Sutras / Zierde der Sutren (Mahāyānasūtrālamkāra)* von Maitreya durch Asanga; *Garland of Buddha's Birth Stories / Jataka-Geschichten (Jātakamāla)* von Aryashura; und *Purposeful Expressions / Zweckmäßige Aussagen (Udānavarga)* von Dharmatratta.

16. Um zu zeigen wie wertvoll ein menschliches Leben ist, werden Beispiele aus den Schriften zitiert, zum Beispiel das mit der blinden Schildkröte, die durch Zufall beim Auftauchen ihren Kopf durch ein hölzernes Joch steckt, das auf dem Weltozean umhertreibt. Zahlenbeispiele zeigen, dass die Zahl der Bewohner der niederen Bereiche mit jeder Stufe viel größer wird als die Zahl der Bewohner der höheren Bereiche. Bezüglich der Ursache bedenkt man, dass umfangreiches Ansammeln von Tugend auf der Grundlage reiner Disziplin geleitet von aufrichtigem Streben notwendig sind, um einen menschlichen Körper zu erlangen.

17. Dieses Zitat stammt aus Chandrakirtis *Entering into the Middle Way (Eintritt in den Mittleren Weg).*

18. Zum Beispiel Gegenstände, die vielleicht gestohlen sind und so tatsächlich jemand anderem gehören.

19. Die drei Arten der Schulung sind Disziplin, Meditation und Wissen.

20. Auf gleiche Weise ist die beste Praxis für alle Dharmapraktizierenden die ständige Beschäftigung mit Angelegenheiten dieses Lebens aufzugeben.

21. Die zentrale Unterweisung des *Sutra of the Wise and the Fool* (Sutra über die Weisen und die Narren) bezieht sich auf Karma, Ursache und Wirkung.

22. Die angegebenen Zahlen sind nicht wörtlich zu nehmen, sondern im umgangssprachlichen Sinn zu verstehen.

23. Diese Praxis ist im Tibetischen als *tonglen* bekannt. Beim Einatmen stellt man sich vor, alles Leid und alle Negativität der fühlenden Wesen in sich aufzunehmen. Beim Ausatmen überlässt man sein eigenes Glück und seine Tugenden den anderen.

24. Vaishravana ist eine Gottheit des Reichtums.

25. Die Erleuchtung eines *Shravakas*, die Erleuchtung eines *Pratyekabuddhas* und die Erleuchtung eines *Bodhisattvas*.

26. Gemäß der Abhidharma-Kosmologie ist dies der geistige Zustand der Götter der vierten Stufe des Formbereichs.

27. Nur wenn die ersten fünf Paramitas wie Großzügigkeit und dergleichen von Weisheit durchdrungen sind, verdienen sie tatsächlich die Bezeichnung Paramita.

28. Im tibetischen Text folgt auf Atishas Worte folgende Aussage Potowas, die ich leider nicht entschlüsseln konnte. Der tibetische Text lautet wie folgt: pu to bas kyang// rnyed sogs bzhi po gzhan la snang yang// de nyid shi zin 'dra bar shes bya/ /mdo smad jo bos sprang mar blangs bzhin// de bas rnyed sogs bzhi la dgrar gzung/ Eine mögliche Interpretation, für die ich Geshe Tsulga von Sera Je Trehor Khamtsen Dank schulde, lautet: „Wann immer in deinem Geist einer der weltlichen Belange wie Gewinnstreben und dergleichen auftaucht, dann falle nicht unter seine Herrschaft, sondern stelle dich tot. Wenn du unter seine Herrschaft gerätst, wirst du nicht das Glück erreichen nach dem du strebst, sondern nur unerwünschtes Leid erfahren. Es ist wie in der Geschichte von Jowo aus Amdo, der Verlangen nach Honig verspürte und ihn aus der Honigwabe holen wollte. Aber anstatt den ersehnten Honig zu bekommen, wurde er von Bienen gestochen und litt furchtbar. Daher sollte man die Acht weltlichen Belange stets als Feinde ansehen."

29. Der wundersame Baum trägt ständig Früchte, die Bananenstaude nur einmal und dann nie mehr.

Glossar

Abhidharma (Tib. *chos mgon pa*). Buddhistische Psychologie und Metaphysik. Der dritte Teil des Tripitaka.

Anhaften an ein Selbst (Tib. *bdag 'dzin*). Gewohnheitsmäßiges Festhalten an der falschen Vorstellung, dass das „Ich" eine unabhängige, einzelne und andauernde Entität sei. Das Festhalten an einem Ich ist die Quelle der störenden Emotionen und die Basis für alle karmischen Handlungen, die zu zahllosen Wiedergeburten in Samsara führen.

Arhat (Tib. *dgra bcom pa*). Wörtlich „Feindzerstörer", jemand, der das Nichtvorhandensein eines persönlichen Selbst erkannt und Nirvana erlangt hat, die vierte und höchste Stufe des Hinayana-Pfades.

Atisha (Skt. *atiśa*; Tib. *jo bo rje*) (982–1055). Ein berühmter indischer Meister, der einer der vorrangigen Lehrer an der Vikramaśīla Universität war. Atisha war auch als Dipamkara bekannt. Nachdem er von berühmten Meistern viele Unterweisungen über Bodhichitta erhalten hatte, wurde er vom König Westtibets eingeladen, den Buddhismus in Tibet wieder aufleben zu lassen. Er ist der Autor der *Bodhipathapradīpa (Lampe auf dem Weg zur Erleuchtung)* und anderer bedeutender Texte. Atishas wichtigster tibetischer Schüler war Dromtonpa, der Begründer der Kadampa-Linie. Die Linie der Geistesschulung begann mit Atisha und wurde von Dromtonpa und seinem Schüler Potowa fortgesetzt.

Avalokiteshvara (Skt. *avalokiteśvara;* Tib. *spyan ras gzigs*). Der Bodhisattva, der erleuchtete liebevolle Zuneigung und Mitgefühl verkörpert.

Befreiung (Skt. *moksa;* Tib. *thar pa*). Befreiung aus dem Kreislauf der Wiedergeburt.

Ben Kungyal (Tib. *'ban kung rgyal*) (11. Jh.). Auch bekannt als Geshe Ben, ein Schüler Gonpawas.

Bhrikuti (Skt. *bhrkut ;* Tib. *khro gnyer can*). Eine zornvolle Manifestation Taras.

Bhumi (Skt. *bhūmi*; Tib. *sa*). Wörtlich Boden, Ebenen, Stadien in der Entwicklung der Qualitäten eines Bodhisattvas. Beginnend mit dem ersten direkten Erkennen der inhärenten Natur durchschreiten Bodhisattvas zehn Bhumis, bevor sie vollkommene Erleuchtung erlangen.

Bodhgaya (Tib. *rdo rje gdan*). Ort an dem Buddha die Erleuchtung erlangte. Bodhgaya liegt in Nordindien im jetzigen Bundesstaat Bihar.

Bodhichitta (Skt. *bodhicitta;* Tib. *byang chub kyi sems*). Erleuchtungsgeist, das Streben nach Erleuchtung zum Wohle aller Wesen.

Bodhisattva (Tib. *byang chub sems dpa'*). Eine Person, die Bodhichitta entwickelt hat. Ein Praktizierender des Mahayanapfades, im Besonderen jemand, der den ersten Bhumi erreicht hat.

Buddha (Tib. *sangs rgyas*). Ein erleuchtetes Wesen, das vollständig alle Verdunkelungen bereinigt und alle guten Qualitäten zur Vollendung gebracht hat. Ein Bodhisattva, der vollkommene und wahrhaftige Erleuchtung erlangt, wird zum Buddha. Shakyamuni Buddha, der Buddha unserer Zeit, lebte in Indien ungefähr 600 v. Chr. Es gab zahllose Buddhas in vergangenen Zeitaltern, die den Weg zur Erleuchtung aufgezeigt haben. In diesem Zeitalter werden eintausend Buddhas erscheinen, von denen Buddha Shakyamuni der vierte ist.

Chagtri Chog (Tib. *phyag khri mchog*) (11. Jh.). Ein berühmter Yogi, der ein Schüler des Meisters Atisha war.

Chekawa Yeshe Dorje (Tib. *mchad kha ba ye shes rdo rje*) (1101–1175). Ein Kadampameister, der die Unterweisungen zur Geistesschulung im Text *Geistesschulung in sieben Punkten (blo sbyong don bdun ma)* systematisch zusammenfasste. Chekawa war ein Schüler Sharawas.

Chen-ngawa (Tib. *spyan snga ba*) (1033–1103). Berühmter Kadampameister. Einer der wichtigsten Schüler Dromtonpas und einer der drei Brüder. Chen-ngawa war der Begründer der Übertragungslinie für die mündlichen Unterweisungen der Kadampalehren.

Dakini (Skt. *dākinī;* Tib. *mkha 'gro ma*). Weibliches Prinzip für Leerheit und Weisheit.

Der in die Glückseligkeit Eingegangene (Skt. *sugata;* Tib. *bde bar bshegs pa*). Bezeichnung für einen Buddha.

Dharma (Tib. *chos*). Bezeichnet im Allgemeinen die Lehren des Buddha, steht auch für Phänomene, Attribute, Qualitäten oder mentale Objekte.

Dharmameister Gotsang (Tib. *chos rjes rgod tshang*) (1189–1258). Kadampameister

Dharmakaya (Skt. *dharmakāya;* Tib. *chos sku*). Der Körper der Qualitäten, der der mentale oder nicht manifeste Aspekt des erleuchteten Geistes ist. Steht für den Geist eines Buddha oder die Erleuchtung selbst. Nicht entstandener ursprünglicher Geist, der frei von mentalen Konstrukten ist und die letztendliche Natur bezeichnet.

Dolpa (Tib. *dol pa*) (1059–1131). Geshe Dolpa, ein Kadampameister, der das *Blaue Euter* verfasste und ein Schüler Potowas war.

Dragyabpa (Tib. *brag rgyab pa*) (11. Jh.). Schüler Atishas

Drei Arten der Schulung (Tib. *bslab pa gsum*). Disziplin, Meditation und Wissen.

Drei Bereiche der Existenz (Skt. *tribhava;* Tib. *srid pa gsum*). Synonym für die drei Bereiche: *(khams gsum),* Begierdebereich, Formbereich und Formloser Bereich.

Drei Brüder (Tib. *kum ched gsum*). Die drei berühmtesten Schüler Dromtonpas, nämlich Puchungwa, Potowa und Chen-ngawa.

Drei Geistesgifte (Tib. *dug gsum*). Die Geistesgifte Anhaftung, Zorn und Ignoranz.

Drei Juwelen (Skt. *triratna;* Tib. *dkon mchog gsum*). Buddha, Dharma, und Sangha.

Drei Sphären (Skt. *trimandala;* Tib. *'khor gsum*). Konzept betreffend Subjekt, Objekt und Handlung.

Drei Tore (Tib. *sgo gsum*). Die drei Arten, karmische Saat anzuhäufen: durch Handlungen von Körper, Rede und Geist.

Drei Zeiten (Tib. *dus gsum*). Vergangenheit, Gegenwart und Zukunft.

Drogon Viele Meister tragen diesen Titel. Es ist daher nicht klar, auf wen sich Chökyi Dragpa hier bezieht.

Dromtonpa (Tib. *'brom ston pa*) (1005–1064). Gründer der Kadampalinie und vorrangiger tibetischer Schüler Atishas, der wesentlich daran beteiligt war, Atisha zum Verbleiben in Tibet zu überreden.

Dualistische Fixierung (Tib.*gnyis 'dzin*). Geistige Dichotomie von

Subjekt und Objekt, Erfahrung, die in Wahrnehmenden und Wahrgenommenes unterteilt.

Erleuchtung (Skt. *bodhi;* Tib. *byang chub*). Gewöhnlich dasselbe wie der Zustand der Buddhaschaft. Charakterisiert durch Vervollkommnung der Ansammlungen von Verdienst und Weisheit und Reinigung der Zwei Verdunkelungen. Bezieht sich manchmal auch auf die niederen Befreiungsstufen eines Arhats oder Pratyekabuddhas.

Erleuchtungsgeist *Siehe* **Bodhichitta.**

Eternalismus (Skt. *śāśvatānta;* Tib. *rtag lta*). Glaube, dass etwas von Dauer oder bleibend ist.

Extrem der Existenz (Tib. *srid pa'i mtha*). Samsara, das Gegenteil des Extrems des Friedens in Nirvana. Erleuchtung ist an keines der beiden Extreme gebunden.

Extrem des Friedens (Tib. *zhi ba'i mtha'*). Das Gegenteil des Extrems der Existenz in Samsara. Erleuchtung ist jenseits der beiden Extreme.

Extrem des Nihilismus (Skt. *ucchedānta;* Tib. *chad mtha*). Der Glaube, dass es keine vergangenen und keine zukünftigen Leben gibt und die Nichtbeachtung von Karma (Ursache und Wirkung).

Formloser Bereich (Skt. *arūpadhātu;* Tib. *gzugs med khams*). Der subtilste Zustand innerhalb der zyklischen Existenz, der ohne jedes physische Element ist. Da es hier nicht einmal mentale Genüsse gibt, verharren die Wesen dieses Bereichs in unveränderlichem Gleichmut.

Fünf Aggregate (Skt. *pañaskandha;* Tib. *phung po lnga*). Die Aggregate von Form, Gefühl, Wahrnehmung, mentalem Schaffen und Bewusstsein. Auf ihrer Grundlage unterstellen fühlende Wesen eine persönliche Identität.

Fünf Arten von Fleiß (1) Rüstungsgleicher Fleiß, (2) angewandter Fleiß, (3) unerschrockener Fleiß, (4) unumkehrbarer Fleiß, (5) unersättlicher Fleiß.

Geben und Nehmen (Tib. *gtong len*). Eine Praxis, in der man alles Leid und alles Untugendhafte der fühlenden Wesen mit dem Einatmen auf sich nimmt und mit dem Ausatmen eigenes Glück und eigene Tugenden auf andere überträgt.

Geshe (Skt. *kalyānamitra;* Tib. *dge bshes [dge ba'i bshes gnyen]*). Wörtlich „Spiritueller Freund". Allgemeine Bezeichnung für einen Kadampalehrer. Heutzutage Bezeichnung für einen Mönch, der das traditionelle Ausbildungssystem der Gelugpas durchlaufen und den akademischen Titel eines Geshe erworben hat.

Geshe Nambarwa Keine Information zu dieser Person verfügbar.

Geshe Namo Keine Information zu dieser Person verfügbar.

Gonpawa (Tib. *dgon pa ba*) (1016–1082). Auch bekannt als Dzeng Wangchug Gyaltsen *('dzeng dbang phyug rgyal mtshan)*. Einer von Atishas Schülern, Linienhalter des Lamrim oder Stufenpfades.

Große mündliche Übertragungslinie (Tib. *snyan brgyud chen mo*). Linie, in der Unterweisungen mündlich vom Lehrer auf den Schüler übertragen werden.

Große Vollendung (Tib. *rdzogs pa chen po*). Gemäß der Nyingmaschule das höchste aller Fahrzeuge.

Großes Fahrzeug *Siehe* **Mahayana.**

Gyalse Togme (Tib. *rgyal sras mtogs med*) (1295–1369). Kadampameister und Autor des Wurzeltextes *Siebenunddreißig Übungen eines Bodhisattvas (rgyal ba'i sras kyi lag len sum chu so bdun ma);* auch bekannt als Togme Zangpo.

Herr der Geheimnisse (Skt. *guhyapati;* Tib. *gsang ba'i bdag po*). Bezeichnung für Vajrapani.

Hinayana (Skt. *hīnayāna;* Tib. *theg pa dman pa*). Wörtlich „Kleines Fahrzeug". Fahrzeug der Shravakas und Pratyekabuddhas, für welche das Hauptziel die Erlangung individueller Befreiung ist.

Höhere Bereiche (Skt. *svarga;* Tib. *mtho ris*). Umfassen die Bereiche der Menschen, Halbgötter und Götter.

Hungergeister (Skt. preta; Tib. *yi dvags*). Eine der sechs Klassen fühlender Wesen. Sie leiden unter ihrer unreinen karmischen Wahrnehmung, die ihnen schreckliche Qualen von Gier, Hunger und Durst verursacht.

Ichlosigkeit (Skt. *anātmaka;* Tib. *bdag med*). Abwesenheit oder Mangel an einer eigenständigen Entität der Person, des Geistes und der Materie. Ichlosigkeit ist der natürliche Zustand aller Phänomene.

Indra (Tib. *lha'i dbang po*). Wörtlich „König der Götter". Er residiert im Begierdebereich in einem Palast auf der Spitze des Berges Meru.

Ishvara (Skt. *īśvara;* Tib. *dbangs phyug*). Der Allmächtige; ein Hindu-Schöpfergott.

Jayulwa (Tib. *bya yul ba*) (1075–1138). Berühmter Kadampameister.

Kadampaübertragungslinie (Tib. *bka'gdams*). Gegründet von Dromtonpa, einem Schüler Atishas. Üblicherweise als Reformistische Schule dargestellt, deren eine wichtige Zielsetzung war, die Grundlagen des Buddhismus auf eine dem Klerus und dem gelehrten Laienpublikum leicht zugängliche Weise zu präsentieren. Den Unterweisungen Atishas folgend, lag die Betonung auf Mitgefühl, Studium und reiner Disziplin. Die Lehren der Kadampaschule wurden in alle anderen Schulen des tibetischen Buddhismus integriert, als diese Schulen das monastische Modell der Kadampas nachahmten.

Kamapa (Tib. *ka ma pa shes rab 'od*) (1057–1131). Kamapa war ein Schüler Gonpawas.

Karma (Tib. *las*). Wörtlich „Handlung". Handlungen von Körper, Rede und Geist, die dem Geist Gewohnheitsmuster einprägen.

Karshapana (Skt. *kārsāpana*). Währung des alten Indien.

Kaya (Skt. *kāya;* Tib. *sku*). Wörtlich „Körper", aber im Sinne eines Körpers oder einer Verkörperung zahlreicher Qualitäten. Die zwei Kayas sind der *rupakaya* oder Formkörper und der *dharmakaya* oder Körper der Qualitäten.

Khamlungpa (Tib. *khams lung pa*) (1085–1175). Kadampameister, der für sein Mitgefühl und seine liebevolle Zuneigung berühmt war.

Kharagpa Gomchung (Tib. *kha rag pa sgom chung*) (11. Jh.). Wörtlich „Kleiner Meditierender aus Kharag". Als Kadampameister und Schüler Potowas ist Kharagpa berühmt für seine Ausdauer und strikte Anwendung der Lehren. Man sagt, dass er Unterweisungen in der Großen Vollendung erhielt und den Regenbogenkörper erlangte.

Kyangtsa Doltsul (Tib. *rkyang tsha rdol tshul*) (11.–12. Jh). Schüler Potowas.

Lama (Skt. *guru;* Tib. *bla ma*). Ein spiritueller Lehrer.

Langri Tangpa (Tib. *glang ri thang pa*) (1054–1123). Autor des ersten Textes (*Geistesschulung in acht Versen*) *(blo sbyong tshigs brgyad ma)*, der tatsächlich die Bezeichnung „Geistesschulung" *(blo sbyong)* trug. Lehrer von Sharawa und Schüler Geshe Potowas. Gründer des Langtang-Klosters.

Leerheit (Skt. *śūnyatā;* Tib. *stong pa nyid*). Der Zustand aller Phänomene, frei von unabhängiger, wahrer Existenz.

Mahayana (Skt. *mahayana;* Tib. *theg pa chen po*). Das „Große Fahrzeug" der Bodhisattvas, die zum Wohle aller Wesen nach vollkommener Erleuchtung streben.

Maitreya (Tib. *byams pd*). Buddha der Zukunft, er wird der fünfte (und nächste) in diesem Zeitalter sein. Zur Zeit Buddha Shakyamunis Regent.

Mandala (Skt. *mandala;* Tib. *dkyil 'khor*). Wörtlich „Mitte und Peripherie". Zeremoniell eine symbolische Opfergabe, die das gesamte Universum umfasst.

Manjushri (Skt. *mañjuśrī;* Tib. *'jam dpal dbyangs*). Bodhisattva, der Weisheit und höchstes Wissen verkörpert.

Meditationspausen (Tib. *rjes thob*). Wörtlich „nachfolgendes Erlangen", der Zustand zwischen Phasen meditativen Gleichgewichts.

Meditatives Gleichgewicht (Tib. *mnyam gzhag*). Im Meditationszustand verweilen. Kann sich auch auf das direkte Erkennen der Natur aller Dinge beziehen.

Meru (Tib. *ri rab*). Der König der Berge in der buddhistischen Abhidharma-Kosmologie.

Mittlerer Weg (Skt. *madhyamaka;* Tib. *dbu ma*). Philosophisches System des Großen Fahrzeugs. Durch logische Argumentation wird der konzeptuelle Geist abgebaut, sodass die Leerheit aller Phänomene erkannt wird.

Naga (Skt. *nāga;* Tib. *klu*). Wesen mit Schlangen ähnlichen Körpern, die entweder wohl gesonnen oder bösartig sind und oft als Hüter von Erdschätzen angesehen werden.

Nagarjuna (Skt. *nāgārjuna;* Tib. *klu grub*). Berühmter indischer Meister, der vermutlich im zweiten Jahrhundert gelebt hat. Begründer der Schule des Mittleren Weges und Autor zahlreicher Schriften über philosophische und medizinische Themen.

Naljorpa Chenpo (Tib. *rnal 'byor pa chen po*) (1016–1078). Ein Kadampameister und Schüler Atishas, der nach Dromtonpas Tod (1065) dessen Platz einnahm.

Neuzurpa (Tib. *sne'u zur pa*) (1042–1118). Kadampameister und Schüler Gonpawas.

Ngulchu Togme (Tib. *dngul chu mtogs med*). *Siehe* **Gyalse Togme.**

Niedere Bereiche (Skt. *apāya;* Tib. *ngan song*). Die drei leidvollen Bereiche der Höllenwesen, Hungergeister und Tiere.

Nirvana (Skt. *nirvāna;* Tib. *myang 'das*). Erlöschen der Ursachen für den Kreislauf der Wiedergeburten. Das geringere Nirvana bezieht sich auf die von einem Praktizierenden des Hinayana erlangte Befreiung aus dem Kreislauf der Wiedergeburt. Im Zusammenhang mit einem Buddha spricht man vom Nicht-verweilenden-Nirvana der Erleuchtung, das weder in das Extrem der samsarischen Existenz noch in den passiven Zustand des Friedens fällt, der von einem Arhat erreicht wird.

Nyetang (Tib. *snye thang*). Ort in Zentraltibet *(dbus)*, an dem Atisha starb.

Nyugrumpa (Tib. *nyug rum pa*). Kadampameister, der im Jahr 1175 starb.

Paramita (Skt. *pāramitā;* Tib. *pha rol tu phyin pa drug*). Wörtlich „Erreichen des anderen Ufers". Bezieht sich hauptsächlich auf die transzendenten Handlungen von Großzügigkeit, Disziplin, Geduld, Fleiß, meditativer Konzentration und Weisheit.

Pitaka *Siehe* **Tripitaka.**

Potowa *(*Tib. *po to ba rin chen gsal)* (1027–1105). Herzensschüler Dromtonpas und einer der drei Brüder. Autor von *Dharma durch Beispiel (Dpe chos).*

Pratyekabuddha (Tib. *rang sangs rgyas*). Wörtlich „Alleinverwirklicher". Jemand, der die Vollkommenheit des zweiten Hinayanafahrzeugs erlangt hat, hauptsächlich durch die Kontemplation der Zwölf Glieder des abhängigen Entstehens in umgekehrter Reihenfolge.

Puchungwa *(*Tib. *phu chung ba)* (1031–1106). Kadampameister, einer der Herzensschüler Dromtonpas und einer der drei Brüder.

Radreng (Tib. *rva sgreng*). Von Dromtonpa im Jahre 1057 gegründetes Kloster, das bis zum 15. Jh. der Hauptsitz des Kadampaordens war. Oft „Reting" ausgesprochen und auch so geschrieben.

Regenbogenkörper (Tib. *'ja' lus*). Wenn ein Praktizierender stirbt, der durch die Praxis der Großen Vollendung eine hohe Verwirklichung erlangt hat, lösen sich die fünf Elemente, aus denen der physische Körper aufgebaut ist, in ihre Essenz, ein fünffarbiges Regenbogenlicht, auf.

Reines Verhalten (Skt. *brahmacaryā;* Tib. *tshang spyod*). Wörtlich „Verhalten Brahmas", impliziert Zölibat.

Rinchen Gangpa (Tib. *rin chen sgang pa*) (1245–1302). Kadampameister.

Rinpoche (Tib. *rin po che*). Wörtlich „Kostbarer", Ehrenbezeichnung für einen tibetischen Lama.

Rupakaya (Skt. *rūpakāya;* Tib.*gzugs sku*). Der Formkörper Rupakaya ist der Sammelbegriff für die Einheit von Sambhogakaya und Nirmanakaya.

Samadhi (Skt. *samādhi;* Tib. *ting nge 'dzin*). Gleichmäßige Meditation. Hier oft als meditative Versenkung übersetzt.

Samantabhadra (Tib. *kun tu bzang po*). Einer der acht großen Bodhisattvas und eine Emanation Vajrasattvas.

Samaya (Tib. *dam tshig*). Verpflichtungen oder Gelübde eines Vajrayana-Praktizierenden. Das Vajrayana kennt viele derartige Verpflichtungen, doch man sagt, dass sie alle dadurch eingehalten werden, dass der Praktizierende ohne Unterlass Phänomene als den Vajrakörper sichtbarer Leerheit, Klang als die Vajrasprache hörbarer Leerheit sowie den Geist und mentales Geschehen als den Vajrageist gewahrsamer Leerheit wahrnimmt.

Sambhogakaya (Skt. *sambhogakāya;* Tib. *long spyod rdzogs pa'i sku*). Körper vollkommener Freude. Körper sichtbarer Leerheit eines Buddha, der sich manifestiert, um edle Wesen zu unterweisen. Bezieht sich auch auf den Klarheitsaspekt der Erleuchtung.

Samsara (Skt. *samsāra;* Tib. *'khor ba*). Zyklische Existenz, „Teufelskreis" oder Kreislauf von Geburt und Tod innerhalb der sechs Bereiche der Existenz, charakterisiert durch Leid, Vergänglichkeit und Unwissenheit. Der Zustand normaler fühlender Wesen, die durch Unwissenheit und dualistische Wahrnehmung, Karma und störende Emotionen gebunden sind.

Sangha (Skt. *sangha;* Tib. *dge 'dun*). Anhänger des Buddha, die andere auf dem Pfad anleiten. Bezieht sich auf Arhats und Bodhisattvas oder eine Versammlung von mindestens vier ordinierten Mönchen oder Nonnen. Manchmal auch weitläufig für alle Praktizierenden der buddhistischen Lehren verwendet.

Shabopa (Tib. *sha bo pa*) (1067–1131). Shabo Gangpa Pema Tsultrim *(sha bo sgang pa pad ma tshul khrims)*; Kadampameister.

Sharawa (Tib. *sha ra ba*) (1070–1141). Kadampameister, der ein Schüler Langri Tangpas und Potowas war. Lehrer von Chekawa.

Shenton Keine Information zu dieser Person verfügbar.

Shravaka (Skt. *śravaka;* Tib. *nyan thos*). Wörtlich „Hörer". Jemand, der den Unterweisungen des Buddha zuhört, das Samsara innewohnende Leid erkennt und sich darauf konzentriert zu verstehen, dass es kein inhärentes, eigenständiges Selbst gibt. Indem er die Emotionen besiegt, befreit er sich selbst und erlangt zuerst die Stufe eines „In-den-Strom-Eingetretenen" auf dem Pfad des Sehens, gefolgt von der Stufe des „Einmal-Zurückkehrers", der nur noch einmal im Begierdebereich wiedergeboren wird, und schließlich die Stufe des „Nicht-Zurückkehrers", der nicht mehr länger in Samsara wiedergeboren werden muss. Das Ziel ist ein Arhat zu werden. Das Fahrzeug der Shravakas ist bekannt als Shravakayana.

Shri Sambhava (Tib. *dpal 'byung ba*). *Die Biographie des Shri Sambhava* (Skt. *Śrīsam-bhavavimoksa*) ist ein Kapitel in dem *Sutra of the Ornamental Array / Sutra der geschmückten Ordnung (Gandavyuhasutra).*

Sieben Unterweisungen Keine Information dazu verfügbar.

Sutra (Skt. *sūtra;* Tib. *mdo*). Abhandlung oder Unterweisung des Buddha, die zum Tripitaka gehört. Bezieht sich auch auf alle ursächlichen Unterweisungen, die den Pfad als Ursache der Erleuchtung sehen.

Tantra (Tib. *rgyud*). Wörtlich „Kontinuität". Vajrayana-Unterweisungen, die vom Buddha in seiner Sambhogakaya-Form gegeben wurden. Bezieht sich im Allgemeinen auf die außergewöhnlichen tantrischen Schriften, die im Rang über den Sutren stehen.

Tara (Skt. *tārā;* Tib. *sgrol ma*). Weiblicher Bodhisattva, der aus einer Träne Avalokiteshvaras geboren wurde. Weibliche Manifestation von großem Mitgefühl und Erleuchtung.

Tathagata (Skt. *tathāgata;* Tib. *de bzhin gshegs pa*). Wörtlich „Der So-Gegangene", Bezeichnung für den Buddha.

Tazhi (Tib. *mtha' bzhi*). Tazhi ist sein Titel, während sein eigentlicher

Name Tong Sumgangwa *(stong gsum gang ba)* ist; keine Jahreszahlen dazu verfügbar.

Togme; Togme Zangpo *Siehe* **Gyalse Togme.**

Torma (Skt. *bali;* Tib. *gtor ma).* Rituelle Symbole, oft aus Teig und Butter geformt, werden als Opfergabe verwendet oder um Gottheiten zu repräsentieren.

Tripitaka (Skt. *tripitaka;* Tib. *sde snod).* Wörtlich „Drei Behälter". Bezieht sich auf die drei Teile der Lehren des Buddha: Vinaya, Abhidharma, Sutra.

Vaishravana (Skt. *vaiśravana;* Tib. *rnam thos bu).* Hüter des Nordens und ein Gott des Reichtums.

Vajra (Tib. *rdo rje).* Symbol für unzerstörbare Weisheit. Ein symbolischer Vajra wird in tantrischen Ritualen gemeinsam mit einer Glocke (wie auf der Titelseite der englischen Ausgabe abgebildet) verwendet. Glocke und Vajra zusammen symbolisieren die Einheit von Weisheit und Mitgefühl.

Vajrapani (Skt. *vajrapani;* Tib. *phyag na rdo rje).* Bodhisattva, der erleuchtete Kraft symbolisiert. In seiner rechten Hand trägt er einen lodernden Vajra und in seiner linken den König der Adler.

Vajrasattva (Tib. *rdo rje sems pa).* Ein Buddha der Vajra-Familie. Vajrasattva ist weiß und wird mit Reinheit und Reinigung assoziiert.

Vajrayana (Skt. *vajrayāna;* Tib. *rdo rje theg pa).* Fahrzeug, das das Ergebnis als den Pfad nimmt. Seine Lehren sind die Tantren.

Vier Aktivitäten (Tib. *spyod lam rnam bzhi).* Aktivitäten des Alltags, üblicherweise gehen, sich bewegen, liegen und sitzen.

Vier bedeutungsvolle Methoden der Anziehung. Eigentlich „Vier Methoden der Anziehung", aber in diesem Zusammenhang fügte Chökyi Dragpa der üblichen Verwendung *(don che ba)* hinzu, das für „bedeutungsvoll", „inhaltsschwer" steht. In Chökyi Nyima Rinpoches Einleitung werden die vier Punkte folgendermaßen erklärt: (1) Großzügigkeit, (2) Sprechen freundlicher Worte, (3) Geben angemessener Unterweisungen, (4) Übereinstimmung zwischen dem was man sagt und was man tut.

Vier Befreiungen des Shakya Shri Keine Information dazu verfügbar.

Vier edlen Wahrheiten (Skt. *catuhsatya;* Tib. *bden pa bzhi).* Die Wahrheit vom Leiden, die Wahrheit vom Ursprung des Leidens, die

Wahrheit von der Beendigung des Leidens, die Wahrheit des Pfades, der zum Ende des Leidens führt.

Vier Extreme (Tib. *mtha' bzhi*). Die ontologischen Extreme der Behauptungen von Existenz, Nicht-Existenz, Existenz und Nicht-Existenz zugleich, von keinerlei Existenz noch Nicht-Existenz.

Vier Ursachen (Tib. *rgyu bzhi*). (1) Fühlende Wesen als die eigene Mutter ansehen, (2) sich ihrer Güte erinnern, (3) ihre Güte erwidern, (4) ausgezeichnete Vorsätze entwickeln.

Vinaya (Tib. *'dul ba*). Die Unterweisungen des Buddha zu Disziplin und ethischem Verhalten, die die Grundlage jeder Dharmapraxis von Laien und Ordinierten sind. Einer der drei Teile des Tripitaka.

Wahrheit vom Leiden (Skt. *duhkhasatya;* Tib. *sdug bden*). Die erste der Vier edlen Wahrheiten: Alles Bedingte ist leidvoll.

Wahrheit vom Ursprung des Leidens (Skt. *samudayasatya;* Tib. *kun 'byung bden pa*). Die zweite der Vier edlen Wahrheiten: Der Ursprung des Leidens sind Karma und störende Emotionen.

Weise, der (Skt. *muni;* Tib. *thub pa*). Bezeichnung für den Buddha.

Yerba Shangtsun (Tib. *yer ba'i zhang btsun*). (11. Jh). Schüler Atishas.

Yidam (Skt. *adhideva;* Tib. *lhag pa'i lha*). Die persönliche Gottheit eines Praktizierenden. Unter den Drei Wurzeln ist sie die Wurzel der Verwirklichung.

Yoga (Tib. *rnal 'byor*). Wörtlich „Im natürlichen Zustand *(rnal)* vereinen *('byor)*".

Zehn Richtungen (Tib. *phyogs bcu*). Die vier Haupthimmelsrichtungen, die vier Zwischenhimmelsrichtungen, oben und unten.

Zehn tugendhafte Handlungen (Tib. *dge ba bcu*). Im Allgemeinen sich der Zehn untugendhaften Handlungen enthalten und sich in den entgegengesetzten Handlungen üben.

Zehn untugendhafte Handlungen (Tib. *mi dge ba bcu*). Die untugendhaften Handlungen des Körpers sind töten, nehmen, was nicht gegeben wurde, und sexuelles Fehlverhalten. Die untugendhaften Handlungen der Rede sind lügen, entzweiende Rede, grobe Worte und sinnloses Geschwätz. Die untugendhaften Handlungen des Geistes sind Habgier, böse Absicht und falsche Ansichten.

Zwei Ansammlungen (Skt. *divarga;* Tib. *tsogs gnyis*). Ansammlung von Verdienst mit Konzepten, und die Ansammlung von Weisheit jenseits von Konzepten.

Zwei Kayas *Siehe* **Kaya.**

Zweifacher Nutzen (Tib. *don gnyis*). Der Nutzen für sich selbst und der Nutzen für andere.

Zwei Verdunkelungen (Tib. *sgrib pa gnyis*). Die Verdunkelung durch die groben negativen Emotionen und die Verdunkelung bestehend aus dualistischen Konzepten.

Zwölf Praktiken des Dharmameisters Gotsang. Keine Information dazu verfügbar.

Zyklische Existenz *Siehe* **Samsara.**

Quellen

D = *Aus der Derge Ausgabe des tibetischen Tripitaka*

Abhidharma Compendium / Abhidharma-Kompendium, D4049 (Skt. *Abhidharmasamuccaya;* Tib. *Mngon pa kun btus*) von Asanga.

Abhidharma Treasury / Abhidharma-Schatzkammer, D4089 (Skt. *Abhidharmakośa;* Tib. *Mngon pa mdzod*) von Vasubandhu.

Blue Udder / Blaues Euter (Tib. *Be'u bum sngon po*) von Geshe Dolpa (dge bshes dol pa).

Bodhisattva Pitaka / Bodhisattva-Pitaka, D56 (Skt. Bodhisattvapitaka; Tib. *Byang chub sems dpa'i sde snod*).

Commentary on the Enlightened Mind / Kommentar zum erleuchteten Geist, D1800 (Skt. Bodhicittavivarana; Tib. *Byang chub sems kyi 'grel pa*) von Nāgārjuna.

Compendium of Trainings / Kompendium der Übungen, D3940 (Skt. Śikśāsamuccaya; Tib. *Slab btus*) von Śāntideva.

Dharma through Example /Dharma durch Beispiel (Tib. *Dpe chos*), von Potowa (Po to ba).

Enlightenment of Vairochana, The / Die Erleuchtung Vairochanas, D494 (Skt. Mahāvairocānabhisambodhi; Tib. *Rnam snang mgon byang*).

Entering into the Middle Way / Eintritt in den Mitteren Weg, D3861 (Skt. Madhyamakāvatāra; Tib. *Dbu ma la 'jug pa*) von Candrakīrti.

Essence of the Middle Way / Essenz des Mittleren Weges, D3855 (Skt. Madhyamakahrdayakārikā; Tib. *Dbu ma snyin po*) von Bhāvaviveka.

Four Hundred Verses of the Middle Way / Vierhundert Verse des Mittleren Weges, D3846 (Skt. Catuhśataka; Tib. *Dbu ma bzhi brgya pa*) von Āryadeva.

Hundred Verses / Hundert Verse, D4332 (Skt. Śatagāthā; Tib. *Tshig bcad brgya pa*) von Vararuci.

Individual Liberation of the Bodhisattva / Individuelle Befreiung eines Bodhisattvas, Keine Information dazu verfügbar.

Jataka Stories / Jataka-Geschichten, D32 (Skt. Jātakanidāna; Tib. *Skyes rabs*).

King of Samadhi Sutra / König-des-Samadhi-Sutra, D127 (Skt. Samādhi-rājasūtra; Tib. *Ting 'dzin rgyal po).*

Letter to a Friend / Brief an einen Freund, D4182 (Skt. Suhrllekha; Tib. *Bshes springs)* von Nāgārjuna.

Method for Accomplishing the Path of the Mahayana / Methode zur Verwirklichung des Mahayanapfades, D3954 (Skt. Mahāyānapathasādhana; Tib. *Teg chen lam gyi sgrub thabs)* von Atiśa.

Mind Training/ Geistesschulung (Tib. *Blo sbyong)* bezieht sich hier auf: *Die einem Rad gleiche scharfe Waffe der Geistesschulung (The Wheel-Weapon Mind Training)* (*Blo sby-ong mtshon cha 'i khor lo),* die dem indischen Lehrer Dharmaraksita zugeschrieben wird.

Moon Lamp Sutra / Mondlicht-Sutra, (Tib. *Zla ba sgron me mdo).* Siehe *King of Samadhi Sutra / König-des-Samadhi-Sutra.*

Nirvana-Sutra, D120 (Skt. Mahāparinirvānasūtra; Tib. *Mya ngan las 'das pa'i mdo).*

Ornament of the Sutras / Zierde der Sutren, D4020 (Skt. Sūtrālamkāra; Tib. *Mdo sde'i rgyan)* von Maitreya.

Paramita Compendium, The / Paramita-Kompendium, D3944 (Skt. Pāramitāsamāsa; Tib. *Phar phyin bsdus pa)* von Āryaśūra.

Precious Garland of the Middle Way / Kostbare Girlande des Mittleren Weges, D4158 (Skt. Rājaparikathāratnamālā; Tib. *Dbu ma rin chen phreng ba)* von Nāgārjuna.

Purposeful Expressions / Zweckmäßige Äußerungen, D4099 (Skt. Udānavarga; Tib. *Ched du mjod pa'i mtshoms)* zusammengestellt von Dharmattrāta.

Questions and Answers of the Father Teaching, The / Die Fragen und Antworten der Belehrungen des Vaters, (Tib. *Pha chos zhu len)* von Dromtonpa ('Brom ston pa).

Seal Sutra of the Development of Faithful Strength / Siegelsutra zur Entwicklung gewissenhafter Stärke, D201 (Skt. Śraddhābalādhānā-vatarāmudrāsūtra; Tib. *Dad pa'i stobs bskyed pa la 'jug pa'i phyag rgya zhes bya ba'i mdo).*

Seal Sutra That Regards Certainty and Uncertainty / Siegelsutra der Betrachtung von Gewissheit und Ungewissheit, D202 (Skt. Niyatāniyaragati-mudrāvatarāsūtra; Tib. *Nges pa dang ma nges par 'gro ba'i phyag rgya la 'jug pa zhes bya ba'i mdo).*

Seventy Admonitions / Siebzig Ermahnungen, (Tib. *Am yig dun chu pa*)
von Kharagpa (kha rag pa).

Seventy Stanzas of Taking Refuge / Siebzig Stanzen der Zufluchtnahme,
D3971 (Skt. Triśaranagamanasaptati; Tib. *Skyabs 'gro bdun cu pa*)
von Candrakīrti.

Supreme Continuity, The / Die höchste Kontinuität, D4024 (Skt. Utta-
ratantraśūstra; Tib. *Rgyud bla ma*) von Maitreya.

*Supreme Jeweled Cloud Sutra / Sutra der höchsten juwelengeschmückten
Wolke*, D231 (Skt. Ratnameghasūtra; Tib. *Dkon mchog sprin*).

*Sutra of the Application of Mindfulness / Sutra über die Anwendung von
Achtsamkeit*, D287 (Skt. Smrtyupasthānasūtra; Tib. *Dran pa nyer
bzhag mdo*).

*Sutra of the Authentic Compilation of All Phenomena / Sutra der richtigen
Zusammensetzung aller Phänomene*, D238 (Skt. Dharmasamgītisūtra;
Tib. *Chos thams cad yang dag par sdud pa'i mdo*).

*Sutra of Completely Pure Conduct / Sutra des vollkommen reinen Verhal-
tens*, Keine Information dazu verfügbar.

Sutra of the Great Display / Sutra der großen Entfaltung, D95 (Skt.
Lalitavistarasūtra; Tib. *Rgya cher rol pa*).

Sutra Inspiring Supreme Intention / Höchste Absicht inspirierendes Sutra,
D69 (Skt. Adhyāśāyasamcodanasūtra; Tib. *Lhag bsam bskul ba'i
mdo*).

Sutra of Instructions to the King / Sutra der Unterweisungen für den König,
D214 (Skt. Rājādeśasūtra; Tib. *Rgyal po la gdams pa'i mdo*).

*Sutra of the Magical Ascertainment of Utter Peace / Sutra über die magi-
sche Feststellung höchsten Friedens*, D129 (Skt. Praśāntaviniścaya-
prātihāryasamādhisūtra; Tib. *Rab tu zhi ba rnam par nges pa'i chos
'phrul gyi mdo*).

Sutra of the Ornamental Array / Sutra der geschmückten Ordnung, D44,
45 (Skt. Gandavyūhasūtra; Tib. *Sdong po bkod pa'i mdo*).

*Sutra Requested by the Householder Ugra / Vom Haushaltsvorstand Ugra
erbetenes Sutra*, D63 (Skt. Grhapati ugrapariprcchāsūtra; Tib. *Drag
shul chen gyis zhus pa'i mdo*).

*Sutra Requested by Inexhaustible Intelligence / Von unerschöpflicher Intel-
ligenz erbetenes Sutra*, D152 (Skt. Sāgaramatipariprcchāsūtra, Tib.
Blo gros rgya mtshos zhus pa'i mdo).

Sutra Requested by Kashyapa / *Von Kashyapa erbetenes Sutra*, D40 (Skt. Mahākāśyapasūtra; Tib. *'Od srung kyis zhus pa'i mdo*).

Sutra Requested by Narayana / *Von Narayana erbetenes Sutra*, D684 (Skt. Nārāyanapariprcchāsūtra; Tib. *Sred med kyi bus zhus pa'i mdo*).

Sutra Requested by Shridatta / *Von Shridatta erbetenes Sutra*, D72 (Skt. V iradattag,hapatiparip,cchasutra; Tib. *Dpal byin gyis zhus pa'i mdo*).

Treasure of Precious Well-Spoken Statements, The / *Schatz wertvoller wohlgesetzter Erläuterungen* (Tib. *Legs bshad rin po che'i gter*) von Sakya Pandita (Sas skya pandita).

Way of the Bodhisattva, The / *Eintritt in das Leben zur Erleuchtung*, D3871 (Skt. Bodhicaryāyatāra; Tib. *Spyod 'jug*) von Sāntideva.

Die Autoren

Tubten Chökyi Dragpa (gestorben ca. 1908), auch bekannt als Minyag Kunzang Sönam, war des berühmten Patrul Rinpoche wichtigster Schüler aus der Tradition der Gelugpas.

Chökyi Nyima Rinpoche (geboren 1950) ist ein angesehener zeitgenössischer Lehrer des Buddhismus. Er ist Gründer und Leiter des Rangjung Yeshe Instituts in Kathmandu, Nepal und Autor des Buches „Die Einheit von Mahamudra und Dzogchen".

Heidi I. Köppl arbeitet seit vielen Jahren in Kathmandu als Übersetzerin für tibetische Lamas. An der Universität Kopenhagen graduierte sie in Tibetologie.

Weitere Titel aus dem Arbor Verlag

Patrul Rinpoche
Die Worte meines vollendeten Lehrers
Ein Leitfaden für die vorbereitenden Übungen der Herzessenz
der weiten Dimension des Dzogchen

Einer der größten tibetischen Meditationsmeister des 19.
Jahrhunderts, geachtet und beliebt in allen Schulen des
tibetischen Buddhismus, führt in diesem Standardwerk
ein in Theorie und Praxis des Vajrayâna. Von den grundlegenden moralischen, ethischen und philosophischen Vor-
aussetzungen über die Vorbereitenden Übungen bis hin zu
fortgeschrittenen Praktiken wie der „Opferung des eigenen
Körpers" im Chö-Ritual und der „Bewußtseinsübertragung
beim Nahen des Todes" (Phowa) werden hier alle wesent-
lichen Aspekte der Praxis zur Vorbereitung auf die „Große
Vollkommenheit" (Dzogchen) erläutert.
Patrul Rinpoche schrieb dieses Buch nicht vorrangig für
gelehrte Mönche, sondern vor allem für ein Laienpublikum
– was es für den heutigen westlichen Leser besonders zugänglich macht. Zugleich findet seine von der essentiellen
Weisheit der „Großen Vollkommenheit" geprägte Sicht in
allen seinen Darlegungen Ausdruck. In dieser einzigartigen
Kombination von farbiger Anschaulichkeit und unauslot-
barer Tiefgründigkeit weisen die „Worte meines vollendeten Lehrers" den Weg zu einer authentischen Praxis des
tibetischen Buddhismus. Das wegweisende Werk wurde
unter Anleitung moderner tibetischer Meister, die zu den
Dharma-Erben Patrul Rinpoches gehören, direkt aus dem
Tibetischen übertragen.

Hardcover, ISBN 3-924195-72-2

Nyoshul Khenpo & Surya Das
Der Buddha im Inneren
Unterweisungen zur Verwirklichung
der natürlichen Großen Vollkommenheit

„Ein jedes Ding und Lebewesen ist – so, wie es ist – seiner
Natur nach vollkommen." Das ist, auf einen Satz gebracht, die
alle Vorstellungen von einem „Pfad der meditativen Entwicklung" über den Haufen werfende Essenz der höch-sten Lehren
des tibetischen Buddhismus: des Dzogchen, der Mahamudra
und des Mittleren Weges (Madhyamaka). Diese Lehre, auch das
„tibetische Zen" genannt, entspricht dem Aspekt der absoluten
Wahrheit.

Vom relativen Standpunkt unserer gewohnten Sicht der Dinge
gesehen, hat diese revolutionäre Aussage seit je zu einem gra-
vierenden Mißverständnis geführt: Wenn wir sowieso schon
„vollkommen" sind, warum sollten wir uns dann noch darum
bemühen, ein besserer Mensch zu werden? Was soll dann all das
Gerede von einer spirituellen Schulung? Und ist das Streben
nach Erleuchtung mit meditativen Methoden dann nicht ein
gigantischer Irrtum?

Nyoshul Khenpo war einer der bedeutendsten tibetischen
Meditationsmeister der Moderne. Als Vertreter der „nichtsektiererischen" Übertragungslinie erhielt er noch in Tibet eine umfassende spirituelle Schulung durch die größten Meister aller Linien
des tibetischen Buddhismus. Nach seiner Flucht lehrte dieser
lebende Buddha auch im Westen und pflanzte hier den Samen
der Übertragungslinie der natürlichen Großen Vollkommenheit.
In diesem ungemein inspirierenden Buch macht er deutlich, daß
der relative und der absolute Aspekt der Wahrheit – also auch
„innere Entwicklung" und „immer schon vorhandene natürliche
Vollkommenheit" – einander nicht widersprechen. Erst im aus-
gewogenen Zusammenspiel beider Sichtweisen wird ein Schuh
daraus. Ein Schuh, in dem wir den Pfad unserer eigenen natürlichen Großen Vollkommenheit beschreiten können.

ISBN 3-936855-00-5

Marcia Binder Schmidt
Das große Dzogchen-Handbuch
Buddhistisches Geistestraining als Weg zu Liebe und Mitgefühl

Dzogchen liegt jenseits der Beschränkungen, denen unser Glaube, unsere intellektuellen Konstrukte oder unser Alltagsverständnis unterworfen sind. Marcia Binder Schmidt hat hier die zugänglichsten Schriften zusammengetragen, die geeignet sind, uns auf dem Weg dieser Praxis zu begleiten. Entstanden ist ein Lehrbuch für ernsthaft am buddhistischen Weg Interessierte, mit Schriften u.a. von Milarepa, Padmasambhava, Shantideva, Paltrul und Chögyam Trungpa.
Das große Dzogchen-Handbuch vermittelt die Grundlagen für Verständnis und Praxis und lädt dazu ein, sich auf freudvolle Art und Weise mit dem Herz des tibetischen Buddhismus vertraut zu machen – ein Leitfaden zum Studieren, Reflektieren und Meditieren.

ISBN 3-936855-01-3

Tulku Urgyen Rinpoche
Die Worte des Buddha

„Die Worte des Buddha" entfaltet den Weg der Erleuchtung – jene allmähliche Enthüllung des erwachten Geistes, der schon jetzt in jedem von uns präsent ist. Dabei betont Tulku Urgyen Rinpoche, dass wir Buddhaschaft nicht außerhalb von uns finden werden. Sie ist kein „Ding", das auf magische Weise zu uns herabsteigt und die Menschen in einen Buddha verwandelt. Es ist unsere persönliche Erfahrung, die uns auf den buddhistischen Weg führt. Ein Weg, aus dem heraus sich unsere Erkenntnis nährt. Diese sehr eigene Art buddhistischer Unterweisung, bekannt geworden als „Instruktion durch persönliche Erfahrung", macht Die Worte des Buddha zu einem kostbaren Begleiter auf jedem Weg spiritueller Praxis. Ein Buch für alle Praktizierenden des Dharma – das auch als Einstieg in

Tulku Urgyen Rinpoches Werk geeignet ist. Präzise, in wenigen Worten und äußerst einfühlsam gelingt es Tulku Urgyen Rinpoche, die praktische Bedeutung der Meditation zu skizzieren – untrennbar verwoben mit den Fragen und Praktiken des täglichen Lebens.

ISBN 3-924195-85-4

Tulku Urgyen Rinpoche
Regenbogenbilder
Aspekte der Dzogchenpraxis

Tulku Urgyen Rinpoche versteht es auf einzigartige Weise, sich auf die einfache Herangehensweise eines Meditierenden zu konzentrieren. Ihm gelingt das seltene Kunststück, die Dinge klar und einfach darzustellen, während er dem Schüler die Möglichkeit eröffnet, durch Fragen und Anweisungen persönliche Erfahrung anzusammeln. Eine Methode, die von direkten und tiefgründigen Anweisungen durchdrungen ist und „Instruktion durch persönliche Erfahrung" genannt wird.
Ein Buch für alle ernsthaften Praktizierenden des Dharma. Regenbogenbilder richtet sich vor allem an jene Praktizierende des Dharma, die Opfer von Zweifeln, Missverständnissen und falschen Ansichten geworden sind. Meditierende also, die etwas von ihrem Enthusiasmus verloren haben.

ISBN 3-924195-84-6

Chökyi Nyima Rinpoche & David R. Shlim
Medizin und Mitgefühl

Chökyi Nyima Rinpoche und David Shlim beschreiben in diesem Buch, wie es gelingt, auf einer realistischen Basis Mitgefühl in die medizinisch-therapeutische Praxis einzubinden.
Aus buddhistischer Sicht ist Mitgefühl eine Qualität, die unsere alltäglichen Aktivitäten durchdringen kann, eine Eigenschaft,

die unser Tun effektiver werden läßt. Um das uns innewohnende Mitgefühl wachzurufen, bedarf es der Übung, einen entspannten Geisteszustand zu erlangen. Wenn uns dies gelingt, kann Mitgefühl frei fließen.

Basierend auf der in Jahrtausenden gewachsenen buddhistischen Heilkultur Tibets bietet Medizin und Mitgefühl Einsichten in den Ursprung und die Kultivierung von Mitgefühl. Erkenntnisse, die hier erstmals für Heilberufe anwendbar umgesetzt werden – und dies, ohne Buddhismus als Philosophie oder Religion übernehmen zu müssen.

ISBN 3-924195-93-5

Pema Chödrön
Tonglen
Der tibetische Weg, mit sich selbst und anderen Freundschaft zu schließen

Tonglen ist eine Meditationspraxis, die Liebe und Mitgefühl in den Mittelpunkt unseres Gewahrseins rückt. Es ist ein sanfter Prozess der Öffnung des Herzens – Schritt für Schritt.

Die Anwendungsmöglichkeiten reichen von den kleinen Irritationen und Unannehmlichkeiten des Alltags über Probleme in Familie und Partnerschaft oder den Umgang mit Schmerz, Sucht und Krankheit bis hin zur Begleitung Sterbender und der Übung für Verstorbene.

ISBN 3-924195-73-0

Gerne informieren wir Sie über unsere weiteren Veröffentlichungen. Schreiben Sie uns oder besuchen Sie uns im Internet unter:

www.arbor-verlag.de

Hier finden Sie umfangreiche Leseproben, aktuelle Informationen zu unseren Büchern und Veranstaltungen, Links und unseren Buchshop.

Arbor Verlag • D-79348 Freiamt
Tel: 0761. 401 409 30 • info@arbor-verlag.de